U0676942

国情教育研究书系

田慧生◎主编　曾天山◎副主编

中国高等教育发展报告 *2013*

张男星 等 著

教育科学出版社

·北京·

丛书编委会

主　　编：田慧生

副 主 编：曾天山

编委会成员（按姓氏笔画排序）：

于发友　马晓强　王　素　王　燕　田慧生　刘　芳　刘占兰

刘明堂　刘建丰　刘贵华　刘俊贵　刘晓楠　孙　诚　孙智昌

李　东　李晓强　杨润勇　吴　键　吴　霓　张男星　张敬培

陈如平　所广一　单志艳　孟万金　郝志军　姚宏杰　高宝立

彭霞光　葛　都　曾天山　赖　立

丛书总序

为打造具有国家水准、国际视野的教育科研成果，更好地服务于办好人民满意的教育，服务于全面建成小康社会，在中央级公益性科研院所基本科研业务费专项基金的支持下，我院开展了对国内外重大教育理论与现实问题的系统研究，形成了"国情、国视、国菁、国际"四大书系。

"国情"教育研究书系以年度发展报告的形式，全面反映我国各级各类教育的成就、经验和挑战，对全国各省（自治区、直辖市）教育发展和政策进行区域比较，对我国各级各类教育的发展水平进行国际比较，力求对我国教育的规模、结构、质量和效益做出科学判断。

"国视"教育研究书系聚焦社会关注的教育热点难点，着眼于基础性、长远性、前瞻性问题，以了解事实、回应关切、提供政策建议为主要目的，探索教育发展规律。

"国菁"教育调研书系专门研究大中小学生的学习生活状态，涉及学校生活、家庭生活、社会生活、网络生活等，通过调查研究，了解当代学生的思想情感和行为特点，为研究如何促进学生的身心健康发展提供科学依据。

"国际"教育研究书系分为著作和译作两类，主要反映国际教育改革发展动态，回顾国际教育的历史进程，跟踪国际教育的改革动态，把握国际教育的发展趋势。

四大书系既各自独立又相互联系，在保持各书系特点的同时，力求做到：

一、"从事实切入"。"事实"是"事件真实的情形"，是在过去和现在被验证且中立的信息。在科学研究中，事实是指可证明的概念，是研究的起点。客观的事实是逻辑的基础和内容，逻辑是事实的理论再现。从实际对象出发，从实际情况出发，能够提高研究问题的针对性和实效性。

二、"用数据说话"。数据是研究和决策的基础。四大书系力图建立在数据和事实的基础之上，通过对数据的搜集、提炼、整合、分析，发现问题，探索规律。

三、"做比较分析"。没有比较就没有鉴别。四大书系力求通过国别比较、区域比较、类型比较、结构比较，找到差距，发现真知，提供卓见。

四、"搞协同创新"。协同创新是提高创新效率和创新水平的战略要求。四大书系研究调动院内外、系统内外、国内外资源，注重人员交叉、学科交叉、方法交叉，力求有所创新、有所突破。

五、"靠政策影响"。建言献策是智库研究的最终目的。四大书系以教育公共政策为研究对象，以影响政府决策为研究目标，以公共利益为研究导向，以社会责任为研究准则，建可信之言，献可行之策。

四大书系的编辑出版是我院全面提高教育科研水平的一项整体努力，也是建设国家一流教育智库的客观要求。在研究和编写过程中，书系得到了相关机构和同仁，特别是教育部相关司局及有关部委的大力支持，前期成果也受到了广大读者的欢迎，在此一并致谢！我们将以此为起点，不懈努力，加快中国特色新型智库建设，为推动中国教育事业科学发展发挥不可替代的重要作用。

中国教育科学研究院
2014 年 11 月

目 录
CONTENTS

本报告依据大量国内外统计数据和文献资料，分析我国高等教育总体发展状况，比较 31 个省份（不含港澳台）高等教育的综合发展水平，探寻我国高等教育的世界位置和相对水平，并对高等教育改革、实践及年度热点问题进行深入探讨。

一、国际趋势

当今社会，大学全方位地影响着人类文明的发展，成为经济社会变革的"加速器"。为此，世界各国都更加努力推动高等教育的发展。在这样一个进程中，各国高等教育出现了许多共性问题，呈现出共同的发展趋势。总体看，作为世界高等教育的重要组成部分，中国高等教育的发展与国际教育发展趋势是一致的，并在共性中凸显自身的特点和重点。

（一）积极关注高等教育公平

教育公平是社会公平的基础，是实现社会合理流动、改变阶层固化的重要手段。追求更大程度和更高水平的教育公平已经成为当今世界高等教育改革的重要主题。2008 年 8 月美国出台了《高等教育机会法案》（Higher Education Opportunity Act），这项法案修改了美国的高等教育法，对不断上涨的大学学费、复杂的联邦奖学金申请手续、学生贷款发放程序、校园安全等关键问题进行改革，旨在为更多的美国青年提供高等教育机会。近年来，我国围绕高等教育公平出台了《中西部高等教育振兴计划（2012—2020 年）》、《关于做好进城务工人员随迁子女接受义务教育后在当地参加升学考试工作的意见》等政策，理论界也就教育公平开展了许多研究，如关于公平和质量的关系、教育公平与政府的责任、区域高等教育发展、考试招生制度、高等教育资源分配等问题的研究。

（二）高度重视高等教育质量

随着高等教育规模的扩大和经济社会发展的要求，高等教育质量日趋受到重视。从全球来看，各个国家为了迅速提高国家核心竞争力，都把目光瞄准了世界一流大学建设，实施了不同形式的世界一流大学建设计划，如德国的"卓越大学计划"、日本的"21世纪卓越中心计划"、韩国的"21世纪智慧韩国工程"以及中国的"985工程"等。这些工程的目标就是创建一流大学，培养高质量的精英人才。近年来，我国高等教育已经进入了"后大众化"时代，质量成为高等教育发展新的诉求，"钱学森之问"成为中国高等教育事业发展的一道艰深命题；同时，严峻的大学生就业形势直接倒逼高等学校提升办学质量。基于此，国家出台了《关于全面提高高等教育质量的若干意见》等政策，引导高校开展质量评估，重视内涵发展。在这样一种背景下，高校亟需转变育人模式、创新教学方法、提高人才培养质量。围绕高等教育质量，理论界开展了高等教育质量观、人才培养模式、专业设置、课程教材、质量保障体系等方面的研究。

（三）强化调整高等教育结构

高等教育结构的调整，既是经济社会发展的需求，也是大学自身发展优化的过程。西方发达国家的高等教育结构调整，主要是通过竞争性资源的获得来实现，比如美国、英国、德国、日本等国家，通过绩效拨款等政策实现高等教育资源的优化，进而推动高校、学科、专业的优胜劣汰。在我国，党的十八大报告强调，推动高等教育内涵式发展。近年来，我国高校积极转变发展路线，探索内涵式发展，主要表现在如下几个方面：一是优化内部结构，包括学科专业结构的调整、人才培养结构的调适、师资队伍结构的改善等；二是我国高等教育的区域布局整体优化，比如重点支持中西部高校的发展，开展对口支援，引导地方本科院校的转型发展，面向市场和社会办学等。围绕高等教育内涵发展和结构优化，相关研究主题包括现代大学制度、大学文化、学科专业优化、地方院校转型、高校资源配置等。

(四) 有力推进高等教育协同合作

高等教育发展从来就不是系统内部的事情，和外部经济社会环境也有非常大的关系。在国外，高等教育非常重视高校之间和高校内部跨学科的交流协作。比如欧洲自从实施博洛尼亚进程后，各国就强化了高等教育的区域合作，目的是增强其全球竞争力，其中欧洲学分转换系统的实施、文凭补充 (Diploma Supplement) 政策的出台、资格框架的设计及质量保证体系的建设等，都为世界各国高等教育改革提供了参考和借鉴；同时，美国著名的大学联盟如常春藤联盟 (The Ivy League)、十大盟校 (The Big Ten)、太平洋十校联盟 (Pac-10 Conference) 等都是大学地域合作的典范；此外，美国、德国、日本的高校非常注重和企业、社区的合作。当前，我国高等教育领域综合改革不断深入，逐步建立和完善政府管教育、高校自主办学、社会广泛参与的发展新格局。同时，理论界进一步呼吁大学要适应经济社会的发展，并做出应有贡献，倡导产学研用一体化，与企业共同培养人才等。关于协同合作的研究主题涉及大学职能、办学模式、协同创新、人才培养等。

(五) 不断扩展高等教育国际交流

国际化是高等教育现代化的重要表征之一。自20世纪80年代以来，伴随互联网的普及，高等教育加速推进国际交流。各国政府、教育主管部门以及高校的战略规划纷纷将高等教育国际化摆在了核心位置，通过合作办学、学术交流和科研合作、学生输出和短期互访、管理理念和课程教材交流、建立区域性和全球性学术组织等形式，积极参与到高等教育国际化的进程中来。高等教育的国际融合实际上也是一种国家间高等教育在知识、人才、资源等方面的交流与互动，具有巨大的经济利益。随着经济全球化和科技信息化的发展，高等教育的国际融合趋势逐步深入。作为世界上最大的留学输出国和仅次于美国和英国的世界第三大留学输入国，我国政府非常重视出国和来华留学工作，也非常重视各种形式的国际化合作和交流，并且取得了许多成效。理论界也围绕高等教育国际化中相关问题开展了一系列的研究。

二、世界位置

随着高等教育大众化的深化，中国在高等教育规模、结构、公平和质量等各个方面都取得了巨大的成绩。依据最新国际数据分析，中国高等教育发展的世界位置表现如下。

（一）毛入学率持续增长，接近世界平均水平

2012 年，中国高等教育毛入学率持续提高，已达 26.7%，接近发展中国家或地区的平均水平（29.6%），但与世界平均水平（38.3%）和发达国家或地区平均水平（70.2%）仍有一定差距。我国男、女生高等教育毛入学率分别为 25.2% 和 28.4%，我国高等教育女性入学人数明显高于男性。中国每十万人口中高等教育平均在校生数持续增加，在世界 146 个国家或地区中排名第 87，与发达国家差距正逐渐缩小。

（二）规模居世界第一，本科生比例略低于世界平均值

2012 年，中国高等教育在校生已达到 3258.6 万人，绝对数量居世界第一，远远超过世界平均水平（116.7 万人）、发达国家或地区平均水平（140.6 万人）和发展中国家或地区平均水平（110.3 万人），比第二名的印度（2852.6 万人）以及第三名的美国（2099.4 万人）分别高出 406 余万人和 1159 余万人。我国本科、专科、研究生在校生占普通高校在校生的比例分别为 55.7%、37.6% 和 6.7%。与世界平均值、发达国家或地区平均值及发展中国家或地区平均值相比，中国专科生所占比例较高，本科生所占比例略低于世界平均值。

（三）高等教育占政府教育支出比例接近世界平均水平，教师数量有绝对优势

2011 年，中国高等教育支出占政府教育支出比例约为 21.7%，分别高于发展中国家或地区平均值（19.2%）以及世界平均值（20.4%），但略低于发达国家或地区平均值（24.1%）。2012 年，我国高等学校教师人数为 160.7 万人，高等学校教师数以绝对数量居世界第一，但中国高等教育在校生众多，师生比依然有较大的提升空间。

（四）国际影响力稳步提升，在发展中国家处于领先地位

中国出国留学生数居世界第一，来华留学生数大幅增长。2012 年，我国高等教育出国留学人数约占全球高等教育留学生总数的 18.5%；同年，来华留学人数迅速增加，生源国更加多元化，2012 年排名前 10 位的生源国依次为韩国、美国、日本、泰国、俄罗斯、印度尼西亚、越南、印度、巴基斯坦和哈萨克斯坦。2013 年中国在 EI、SCI 索引期刊上发表论文数量稳居世界第一和第二，在 SSCI 索引期刊的论文发表数量占第七。中国高校的国际排名在发展中国家处于领先地位。

三、总体特征

在全面深化教育综合改革的统领下，我国高等教育通过稳定规模、促进公平、优化结构、提高质量，取得了许多新成绩、新成效。总体来看，呈现出如下一些特征。

（一）发展规模总体增幅平缓，呈现差异

1. 高校数量总体不断增长，民办高校数量增长较快

从 2008—2012 年，全国普通高校总体数量呈现数量递增、增幅放缓的态势，由 2008 年的 2263 所增长至 2012 年的 2442 所，增幅为 7.9%。其

中，成人高等学校从 2008 年的 400 所减少到 2012 年的 348 所，降幅 13%；中央部属高校、地方高校数量相对稳定，民办高校数量增长较快，从 2008 年的 638 所增加到 2012 年的 706 所，增幅近 10.7%。

2. 人才培养规模有所扩大，不同层次学生数量均有增长

全国普通高校的招生规模从 2008 年的 650 万人缓增为 2012 年的 746 万人，增幅 14.7%，其中本科生数量增长最多，增加了 77 万人。而在校生规模在 2008—2012 年间从 2144 万人扩大到 2559 万人，增幅近 19.4%，其中硕士在校生增长率最高，约为 38.8%。普通高校毕业生大幅度增加，本科、硕士和博士毕业生规模增幅较大，分别为 34.6%、45.9% 和 26.3%。

3. 办学经费投入规模波动增长，生均教育经费投入大幅提升

2011 年，国家财政性教育经费的投入规模达 4023 亿元，约占普通高校教育经费的 58.5%。普通高校教育经费总收入占教育经费总收入的比例出现波动，从 2007 年的 29.9% 回落至 2010 年的 28.1%，2011 年又上升至 28.8%。普通高校教育经费支出逐年增长，生均事业性经费支出从 2007 年的 14968 元增长到 2011 年的 23783 元，增幅 58.9%。

4. 高校教师数量总体平稳增长，女性教师占比接近一半

2012 年，全国普通高校专任教师总数约为 144 万人，比 2010 年增加了 9.7 万人，增长了 7.2%。有 14 个省份的普通高校专任教师人数在全国平均线以上，有 17 个省份在平均线以下，其中普通高校专任教师较多的 3 个省份是江苏、山东和广东，分别为 10.6 万人、9.6 万人和 8.7 万人，这 3 个省的专任教师总和占全国的 1/5；普通高校专任教师最少的省份是西藏，有 2400 人。同时，2012 年，全国普通高校女性专任教师为 68.1 万人，占全国普通高校专任教师总数的 47.3%。

（二）结构调整不断推进，渐趋优化

1. 高等教育结构逐步调整，本科生增幅显著

2008—2012 年，高等教育结构逐步优化。普通高等学校的数量和比例持续增加，从 2263 所增加到 2442 所，增长了 7.9%。高等教育的类型结构相对稳定，本科院校占普通高校总数的 47% 左右，高职（专科）院校占普

通高校总数的53%左右。我国各层次高等教育学生规模持续扩大的同时，结构也得到优化，尤其是本科生和硕士研究生，在普通高校在校生中占比分别增至55.8%、5.5%，分别比2008年增加了4.3%、0.8%，而专科在校生的规模则减少了5.1%。

2. 教师队伍不断优化，博士学位专任教师稳步增长

专任教师数量逐年增长，博士学位专任教师占专任教师的比例可以在一定程度上代表教师队伍的水平，博士学位专任教师所占比例稳步提高，从2008年的12.3%提高到2012年的17.7%。但同时，高校师生比有所下降，2008年全国普通高校师生比为1∶17.2，2012年全国普通高校师生比为1∶17.5。

3. 地方高校转型推动高等教育结构调整，"2011计划"促使资源优化

2013年6月，由35所地方本科院校发起的应用技术大学（学院）联盟成立，成为推动我国高等教育结构调整和整体优化的一个契机。同时，旨在推动高校和社会、企业合作的"2011计划"有计划地稳步推进，首次产生了14个国家级协同创新中心，高等教育资源的重组，对传统的知识生产和转化方式产生了巨大影响。

（三）促进公平实效初显，持续改善

1. 不同地区学生接受高等教育的机会存在差异，但逐渐在缩小

2012年，我国每十万人口高等教育平均在校生2335人，比2008年增加293人，增长了14.4%。而中南、西北、西南地区的每十万人口高等教育平均在校生数都低于全国平均水平，分别为2219人、2101人、1847人，但同期中南、西北、西南地区的增幅则达到17.7%、21.8%、27.4%，高等教育入学机会的地区差异正在日渐缩小。同时，少数民族学生接受高等教育的机会日益增多，在高校大学生和研究生中的比例逐年增长。

2. 异地高考方案出台，12个省份首次对进城务工人员子女招生

2013年，为了落实国家《关于做好进城务工人员随迁子女接受义务教育后在当地参加升学考试工作的意见》的政策，28个省份都出台了相应的方案，并有12个省份率先实行了异地高考。虽然异地高考政策设置了一些

条件，参与人数在当年 900 万考生中只是极少数的群体，但却是中国高等教育招生制度改革的一个重要进步，对于促进教育公平、社会稳定发挥了极其重要的作用。

3. 颁布《中西部高等教育振兴计划》，支持中西部高等教育发展

2013 年 5 月，教育部、国家发改委、财政部三部委联合颁布了《中西部高等教育振兴计划（2012—2020 年）》。在 2012—2015 年的一期工程中，将投入 100 亿元支持 100 所中西部的地方本科高校。全国高校招生计划中专门安排 18.5 万个名额由东部高校招收中西部考生，还将之前面向集中连片特困地区的 1 万名重点高校招生计划增至 3 万名，同时，对中西部地区特色学科专业研究生招生、少数民族人才培养等也有倾斜，此外，在优质教育资源、人才队伍建设上也向中西部高等教育倾斜。

（四）质量提升效果显著，切实加强

1. 高等学校办学质量全面提升，各个方面成效明显

2012 年，我国普通高校专任教师中具有博士学位的专任教师比例为 17.7%，比 2008 年增加了 5.4%。我国 2012 届大学毕业生的就业率为 90.9%，比 2008 届大学毕业生的就业率增长了 5.3%。同时，从学科建设情况来看，2013—2014 年我国大陆地区有 19 个学科进入 ESI 排名。2012 年我国普通高校共发表学术论文 79.7 万篇，比 2008 年增长了 20.64%；出版科技著作 1.2 万本，比 2008 年增长了 4.25%；取得的重大科技成果比 2008 年增长了近 27.8%。此外，高校技术转让合同数量比 2008 年增加了 1867 项，增幅为 22.2%；技术转让合同金额增加了 8.2 亿元，增幅为 27%；2011 年，我国高校共有国家级大学科技园 85 个，比 2008 年增长了 23.2%；拥有在孵企业 6923 个，比 2008 年增长近 9.4%。

2. 以"研究生教育全面收费"为契机，提升高等学校办学质量

2013 年，我国出台了《关于完善研究生教育投入机制的意见》，从完善财政拨款制度、完善奖助政策体系、建立健全收费制度等方面做了全面部署。各个高校以"研究生培养全面收费"为契机，完善投入机制，提高研究生待遇，创新人才培养模式。以完善研究生教育投入机制作为突破

口，有利于实现研究生教育发展方式、类型结构转变、培养模式、质量评价的转变，为我国培养出更多高质量、高层次的专业人才。它对高校办学水平的提高，对整个高等教育质量提升具有至关重要的作用。

3. "慕课"（MOOC$_s$）的兴起，促进优质教育资源的共享

2013 年 "慕课" 大规模进入中国高校。北大、清华、上海交大等重点高校紧跟时代步伐，积极参与并融入了国际在线教育发展，同时在搭建大规模在线教育平台方面迈出了坚实步伐。以 "慕课" 建设与发展为契机，国内顶尖高校紧密合作，引领和推动我国在线教育的发展和高等教育的创新，实现优质高等教育资源的共享。

四、区域差异

我国高等教育总体发展较快，但从办学规模和结构、办学条件及办学成效来看，全国 31 个省份的发展仍然存在较大差异，西部省份虽然有所进步，但总体上看，还是东部高校领跑全国。

（一）东部高校规模数量占优，新增院校以中西部为主

2012 年，高等教育规模总体上稳中有升，普通本、专科在校生总体规模高于百万的省份共有 10 个，排名前三位的依次是江苏、山东和广东。同时，2010—2012 年，全国普通高校共增加 84 所，其中普通本科 33 所，普通专科 51 所。2012 年，全国普通本、专科在校生总数为 2391 万人，其中新增普通高校集中在中西部省份，且以专科院校为主。

（二）东部拥有更多优质资源，中西部综合发展水平排名提高迅速

从空间布局来看，我国东部省份仍集中了大部分的高等教育优质资源，其中江苏本、专科高校数量居全国首位。我国普通高校本、专科在校生主要集中在东部，东部的研究生在校生超过全国一半。从高校隶属关系来看，在北京、上海和江苏的中央部属高校占全国中央部属高校总数的一

半。2012 年，中西部高等教育规模发展迅速，综合发展水平排名有所提高的省份主要分布在中西部地区。

（三）东部高校教师博士学位占优，教育财政性投入呈现"中部凹陷"

2012 年全国普通高校拥有博士学位的专任教师为 25.44 万人，占专任教师总数的 17.7%，增长速度迅猛。这一比例高于 20% 的有 4 个省份，分别是北京（48.7%）、上海（41.7%）、天津（27.4%）和江苏（21.9%）。拥有博士学位的专任教师在全国的分布呈现不均衡态势，西藏、青海、宁夏和新疆地区的比例都低于 10%，其中，青海省这一比例最低，只有 6.1%。普通高校国家财政性教育经费投入呈现"中部凹陷"现象，大部分省份地方财政对高等教育的投入力度有待加强，地区投入差异较为明显。

（四）东部办学成效占绝对优势，中西部发展迅速

优势学科集中在东部高校，北京、江苏和上海优势学科（全国排名前十）拥有量位列全国前三。进入 ESI 排名学科数量最多的 3 个省份是北京、上海和江苏。东部高校科技成果和产出具有绝对优势，2012 年，我国普通高校共出版科技专著 1.2 万本，人文社科专著 1.3 万本。在科技专著中，排名前三的省份是北京、江苏和辽宁；在社科专著中，排名前三的省份是北京、上海和湖北。普通高校获国家三大奖前三的省份是北京、江苏和上海，这 3 个省份的获奖量占获奖总数的 46.4%。中西部留学生培养发展较快，其中学位授予比例较高的 3 个省份是内蒙古、江西和河南，分别达到了 66.9%、60.7% 和 49.9%。

（五）31 个省份高等教育总体差异明显，东部领先，中西部提速较快

我国高等教育东、中、西部地区发展水平具有明显的差异，无论是在高等教育综合发展水平上，还是在高等教育发展的各个维度上，整体呈现由东部到西部逐渐降低的态势。总体上看，东部省份的高等教育综合发展水平高于西部。北京、上海、江苏始终处于高等教育综合发展水平的领先位置；中西部地区高等教育综合发展水平提升速度相对较快。

[第一章]

高等教育的总体发展

2008—2012 年，中国高等教育取得了显著的成就，院校规模稳步增长，人才培养规模进一步扩大，教师队伍结构更加合理，教育经费持续增加，硬件设施条件得到改善。本章通过对 2008—2012 年五年的数据进行纵向比较，描述中国高等教育的规模发展、内涵发展和条件建设的情况。

一、高等教育规模平缓增长

近年来，我国普通高等学校数量不断增加，本科与硕士层次人才培养规模持续扩大，呈现平稳增长的态势。

（一）机构数量总体增加

1. 普通高校数量不断增加，成人高校与民办高等教育机构的数量和比例持续下降

2012 年全国高等教育机构共 3613 所，其中普通高等学校有 2442 所，占高等教育机构总数的 67.59%；成人高等学校 348 所，占 9.63%；民办高等教育机构 823 所，占 22.78%（图 1-1）。与 2008 年相比，2012 年全国高等教育机构总数增加了 84 所。

2008—2012 年三类不同性质的高等教育机构数量均有所变化，普通高

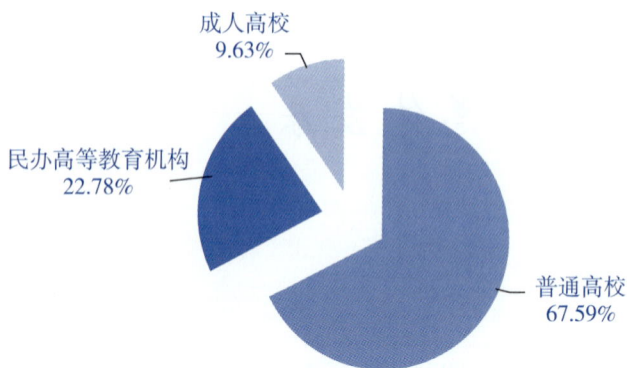

图1-1　2012年全国按性质分高校结构①

等学校的数量在不断增加，而成人高校和民办高等教育机构的数量则在不断减少。普通高等学校从2263所增加到2442所，增长了7.91%；成人高校从400所减少到348所，减少了13%；民办高等教育机构从866所减少到823所，减少了4.97%（图1-2）。

图1-2　2008—2012年全国不同性质高校的数量变化②

① 中华人民共和国教育部. 中国教育统计年鉴2012［M］. 北京：人民教育出版社，2013.
② 中华人民共和国教育部. 中国教育统计年鉴2008［M］. 北京：人民教育出版社，2009；中华人民共和国教育部. 中国教育统计年鉴2009［M］. 北京：人民教育出版社，2010；中华人民共和国教育部. 中国教育统计年鉴2010［M］. 北京：人民教育出版社，2011；中华人民共和国教育部. 中国教育统计年鉴2011［M］. 北京：人民教育出版社，2012；中华人民共和国教育部. 中国教育统计年鉴2012［M］. 北京：人民教育出版社，2013.

从三种不同性质的高等教育机构在整个高等教育体系中所占的比例来看，普通高校的比例在不断增加，成人高校和民办高等教育机构的比例在不断减少。2008—2012 年，普通高校占高等教育机构总数的比例从64.13%增加到67.59%；成人高校的占比从11.33%减少到9.63%；民办高等教育机构的占比从24.54%减少到22.78%（图1-3）。

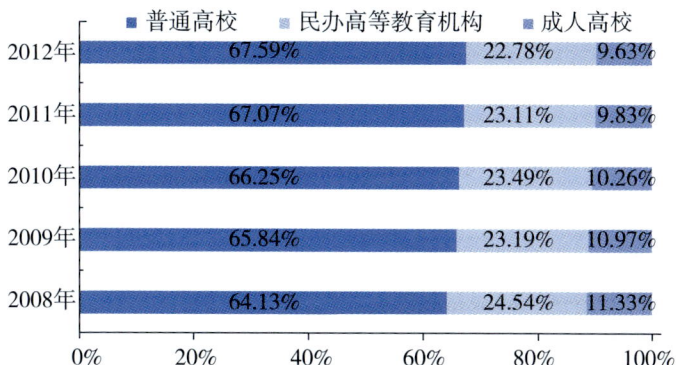

图 1-3　2008—2012 年全国按性质分高校结构[①]

2. 民办高校和地方高校数量有所增加，三种不同隶属关系高校的比例基本稳定

我国普通高等学校按所属关系可以分为公办高校和民办高校，其中公办高校又分为中央部门所属高校和地方所属高校。2012 年，我国 2442 所普通高等学校中，中央部门所属高校有 113 所，占普通高校总数的 4.63%；地方所属高校 1623 所，占普通高校总数的 66.46%；此外还有民办高校706 所，占普通高校总数的 28.91%（图 1-4）。

三类不同所属关系的普通高校在 2008—2012 年期间院校数量都有所增加，其中中央部门所属高校从 111 所增加到 113 所，增长了 1.80%；地方

---

① 中华人民共和国教育部. 中国教育统计年鉴 2008 [M]. 北京：人民教育出版社，2009；中华人民共和国教育部. 中国教育统计年鉴 2009 [M]. 北京：人民教育出版社，2010；中华人民共和国教育部. 中国教育统计年鉴 2010 [M]. 北京：人民教育出版社，2011；中华人民共和国教育部. 中国教育统计年鉴 2011 [M]. 北京：人民教育出版社，2012；中华人民共和国教育部. 中国教育统计年鉴 2012 [M]. 北京：人民教育出版社，2013.

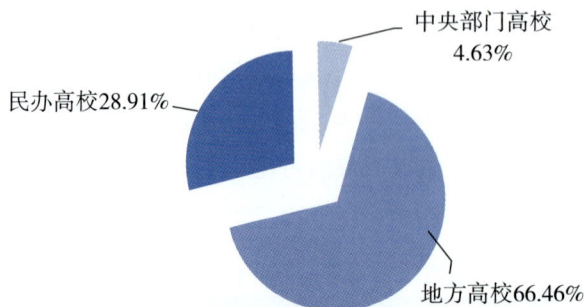

图 1-4　2012 年全国普通高校按所属关系分高校结构①

高校从 1514 所增加到 1623 所，增长了 7.20%；民办普通高校从 638 所增加到 706 所，增长了 10.66%（图 1-5）。

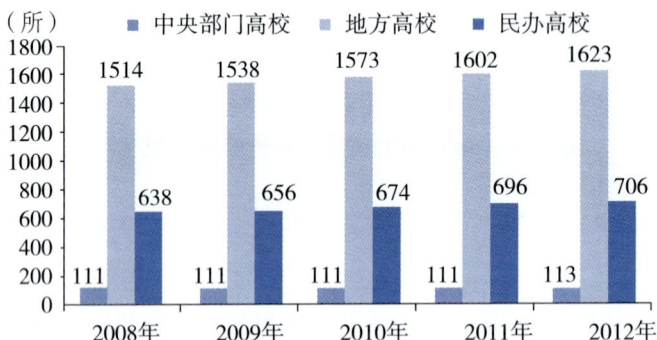

图 1-5　2008—2012 年全国普通高校按所属关系分高校数量变化②

　　在结构上，2008—2012 年三种不同隶属关系的普通高校占全国普通高校总数的比例基本保持稳定，中央部门所属高校占比从 4.90% 降至 4.63%；地方高校占比从 66.90% 降至 66.46%；民办高校占比从 28.19% 增至 28.91%（图 1-6）。

---

　　①　中华人民共和国教育部. 中国教育统计年鉴 2012 [M]. 北京：人民教育出版社，2013.
　　②　中华人民共和国教育部. 中国教育统计年鉴 2008 [M]. 北京：人民教育出版社，2009；中华人民共和国教育部. 中国教育统计年鉴 2009 [M]. 北京：人民教育出版社，2010；中华人民共和国教育部. 中国教育统计年鉴 2010 [M]. 北京：人民教育出版社，2011；中华人民共和国教育部. 中国教育统计年鉴 2011 [M]. 北京：人民教育出版社，2012；中华人民共和国教育部. 中国教育统计年鉴 2012 [M]. 北京：人民教育出版社，2013.

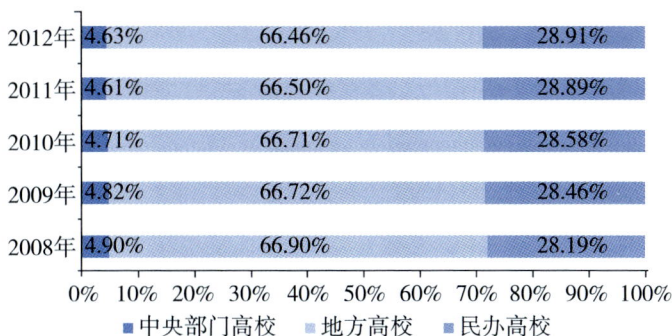

图1-6 2008—2012年全国普通高校按所属关系分高校结构①

3. 高等教育类型结构相对稳定，本科院校和高职（专科）院校各占一半

（1）本科院校和高职（专科）院校的数量均有所增加

2012年，全国普通高等学校中，本科院校有1145所，占普通高校总数的46.89%；高职（专科）院校有1297所，占普通高校总数的53.11%。2008—2012年，本科院校和高职（专科）院校的数量持续增加。其中，本科院校的数量从1079所增加到1145所，增长了6.12%；高职（专科）院校的数量从1184所增加到1297所，增长了9.54%（图1-7）。

（2）本科院校和高职（专科）院校在普通高等学校中各占一半左右

在结构上，本科院校与高职（专科）院校在全国普通高校中的占比相对比较稳定。2012年本科院校占普通高校总数的46.89%，比2008年（47.68%）下降了0.79%；高职（专科）院校占普通高校总数的比例为53.11%，比2008年（52.32%）增加了0.79%。总的来看，两类院校在普通高等学校中各占一半左右，高等教育类型结构近年来基本保持稳定（图1-8）。

---

① 中华人民共和国教育部. 中国教育统计年鉴2008［M］. 北京：人民教育出版社，2009；中华人民共和国教育部. 中国教育统计年鉴2009［M］. 北京：人民教育出版社，2010；中华人民共和国教育部. 中国教育统计年鉴2010［M］. 北京：人民教育出版社，2011；中华人民共和国教育部. 中国教育统计年鉴2011［M］. 北京：人民教育出版社，2012；中华人民共和国教育部. 中国教育统计年鉴2012［M］. 北京：人民教育出版社，2013.

■ 本科院校　　■ 高职（专科）院校

图 1-7　2008—2012 年全国不同类型普通高校的数量变化①

■ 本科院校　　■ 高职（专科）院校

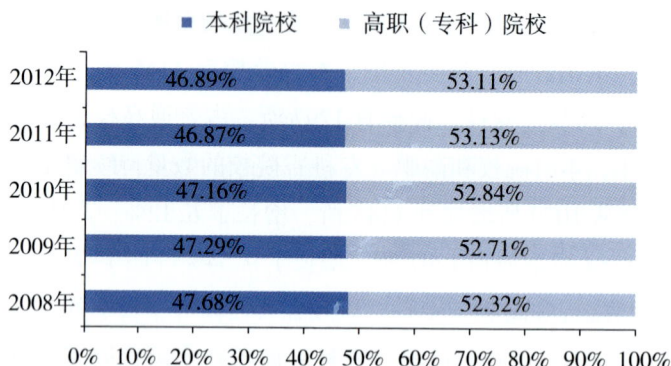

图 1-8　2008—2012 年全国普通高校按类型分高校结构②

（二）人才培养规模稳步增长

1. 各层次人才培养规模持续增长，硕士和本科生数量增加明显

我国普通高校各层次人才培养规模持续扩大，尤其本科生、硕士生和博士生的规模增长较快。层次结构出现小幅变化，本科教育在整个高等教

---

①② 中华人民共和国教育部. 中国教育统计年鉴 2008 ［M］. 北京：人民教育出版社，2009；中华人民共和国教育部. 中国教育统计年鉴 2009 ［M］. 北京：人民教育出版社，2010；中华人民共和国教育部. 中国教育统计年鉴 2010 ［M］. 北京：人民教育出版社，2011；中华人民共和国教育部. 中国教育统计年鉴 2011 ［M］. 北京：人民教育出版社，2012；中华人民共和国教育统计年鉴 2012 ［M］. 北京：人民教育出版社，2013.

育体系中的占比有所上升，专科教育占比有所下降。

（1）本科生和硕士生招生规模不断扩大，招生人数占比持续上升，专科招生人数占比下降。

2012 年，全国普通高校共招收研究生和普通本、专科生 746.38 万人，其中博士生占当年普通高校招生总数的 0.86%，硕士生占 6.85%，本科生占 50.12%，专科生占 42.17%（图 1-9）。

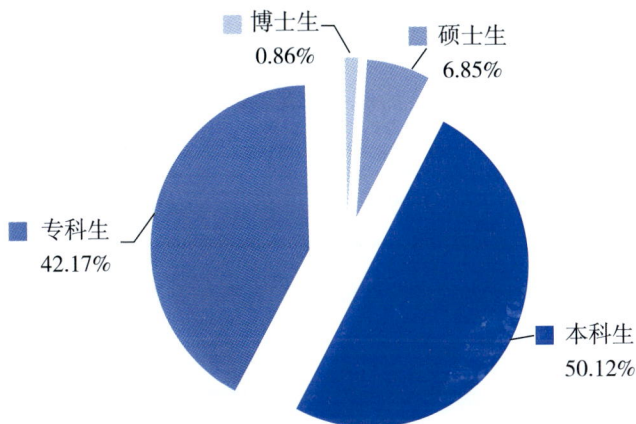

图 1-9　2012 年全国普通高校招生层次结构①

从 2008—2012 年全国普通高校各层次招生规模变化来看：各级人才的招生规模持续扩大，尤其硕士生、本科生和博士生的招生规模增幅较大，在整个高等教育体系中的比例不断上升。其中，博士生招生人数从 2008 年的 5.36 万人增加到 2012 年的 6.41 万人，增长了 19.63%；硕士生招生人数从 37.55 万人增加到 51.13 万人，增长了 36.16%；本科生招生人数从 297.06 万人增加到 374.06 万人，增长了 25.92%；专科生招生人数从 310.60 万人增加到 314.78 万人，增长了 1.34%（图 1-10）。

从 2008—2012 年全国普通高校招生层次结构变化来看：博士生招生人数占全国普通高校招生总人数的比例相对较稳定，保持在 0.8% 左右；硕士生招生人数比例有小幅增加，从 5.77% 增至 6.85%，增加了 1.08%；本

---

①　中华人民共和国教育部. 中国教育统计年鉴 2012［M］. 北京：人民教育出版社，2013.

科生招生人数比例有较显著增加，从 45.66% 增至 50.12%，增加了 4.46%；专科生招生人数比例有较显著减少，从 47.74% 降至 42.17%，减少了 5.57%（图 1-11）。

（万人）

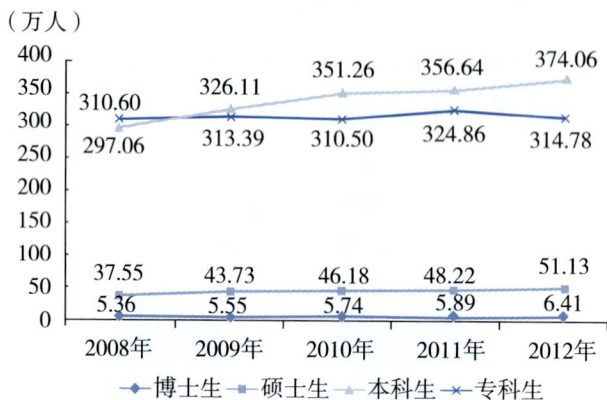

图 1-10 2008—2012 年全国普通高校各层次教育招生规模变化①

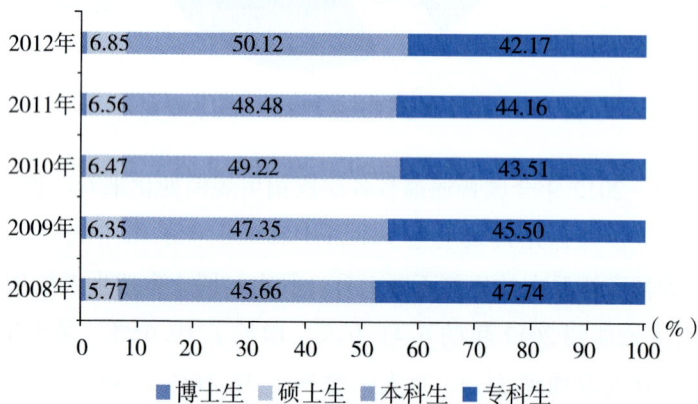

图 1-11 2008—2012 年全国普通高校招生层次结构变化②

---

①② 中华人民共和国教育部. 中国教育统计年鉴 2008 ［M］. 北京：人民教育出版社，2009；中华人民共和国教育部. 中国教育统计年鉴 2009 ［M］. 北京：人民教育出版社，2010；中华人民共和国教育部. 中国教育统计年鉴 2010 ［M］. 北京：人民教育出版社，2011；中华人民共和国教育部. 中国教育统计年鉴 2011 ［M］. 北京：人民教育出版社，2012；中华人民共和国教育部. 中国教育统计年鉴 2012 ［M］. 北京：人民教育出版社，2013.

（2）各级教育在校生规模持续扩大，本科在校生占比增加，专科在校生占比下降。

2012 年，普通高校的研究生和普通本专科在校生共计 2559.18 万人，其中，博士在校生占普通高校在校生总数的 1.05%；硕士在校生占5.51%；本科在校生占 55.76%；专科在校生占 37.68%（图1-12）。

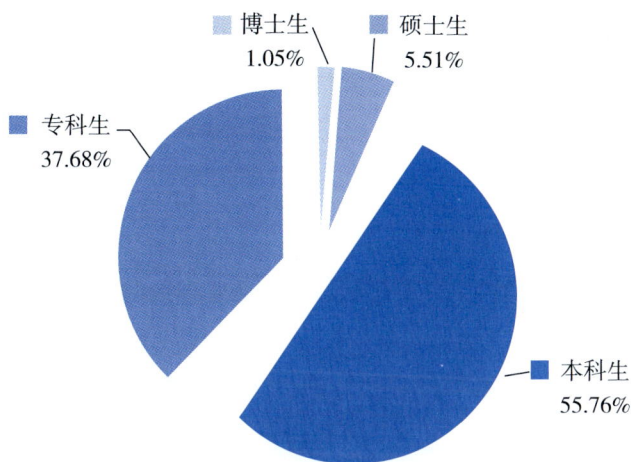

图 1-12　**2012 年全国普通高校在校生层次结构**①

2008—2012 年全国普通高校各层次教育在校生规模稳步增长，尤其是本科、硕士、博士在校生规模有较大幅度增长。具体来看，博士在校生数从 21.50 万人增加到 26.88 万人，增长了 25.05%；硕士在校生数从101.60 万人增加到 140.98 万人，增长了 38.76%；本科在校生数从1104.22 万人增加到 1427.09 万人，增长了 29.24%；专科在校生从 916.80万人增加到 964.23 万人，增长了 5.17%（图1-13）。

从 2008—2012 年全国普通高校在校生比例结构来看，博士在校生数占全国普通高校在校生总数的比例较为稳定，保持在 1% 左右；硕士在校生数比例有小幅上升，从 4.74% 增至 5.51%，增加了 0.77%；本科在校生数比例有较显著上升，从 51.50% 增至 55.76%，增加了 4.26%；专科在校生数比

---

①　中华人民共和国教育部. 中国教育统计年鉴 2012［M］. 北京：人民教育出版社，2013.

例有较显著下降，从 42.76% 降至 37.68%，减少了 5.08%（图 1-14）。

（万人）

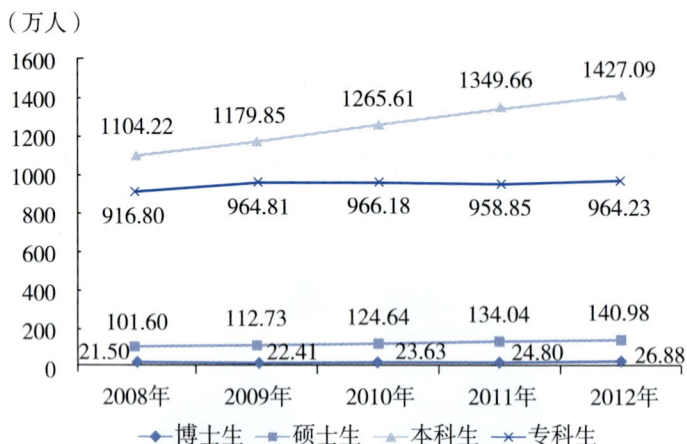

图 1-13　2008—2012 年全国普通高校各层次在校生规模变化①

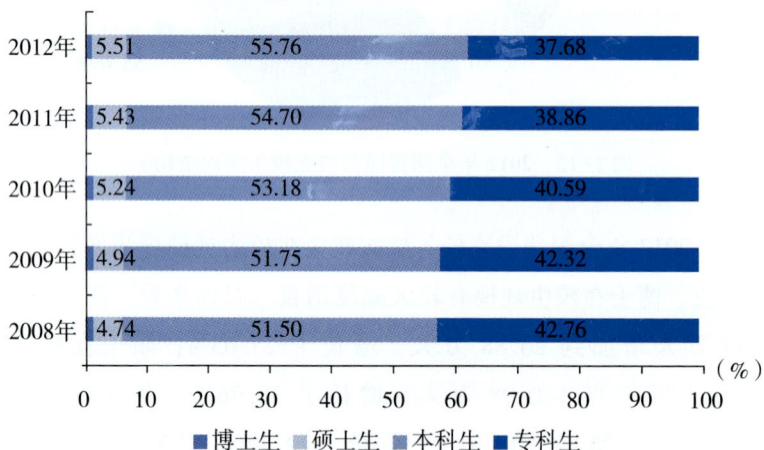

图 1-14　2008—2012 年全国普通高校在校生层次结构变化②

①②　中华人民共和国教育部. 中国教育统计年鉴 2008［M］. 北京：人民教育出版社，2009；中华人民共和国教育部. 中国教育统计年鉴 2009［M］. 北京：人民教育出版社，2010；中华人民共和国教育部. 中国教育统计年鉴 2010［M］. 北京：人民教育出版社，2011；中华人民共和国教育部. 中国教育统计年鉴 2011［M］. 北京：人民教育出版社，2012；中华人民共和国教育部. 中国教育统计年鉴 2012［M］. 北京：人民教育出版社，2013.

（3）硕士和本科毕业生规模显著增加，硕士和本科毕业生占比增加，专科毕业生占比下降。

2012 年，全国普通高校研究生和普通本、专科生共计有 672.34 万人，其中博士毕业生占全国普通高校毕业生总数的 0.72%；硕士毕业生占 6.36%；本科毕业生占 45.19%；专科毕业生占 47.73%（图 1-15）。

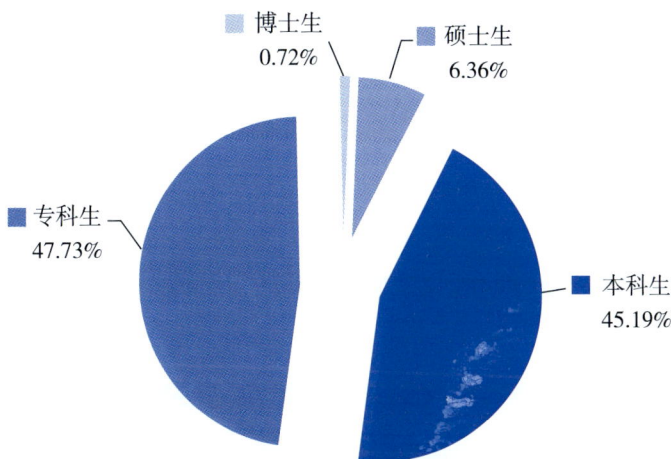

图 1-15　2012 年全国普通高校毕业生层次结构①

2008—2012 年全国普通高校各层次毕业生规模都有幅度不同的增加，尤其是本科、硕士和博士毕业生的规模增幅较大。这期间，博士毕业生数从 3.81 万人增加到 4.81 万人，增长了 26.31%；硕士毕业生从 29.32 万人增加到 42.79 万人，增长了 45.93%；本科毕业生从 225.68 万人增加到 303.85 万人，增长了 34.64%；专科毕业生从 286.27 万人增加到 320.89 万人，增长了 12.09%（图 1-16）。

2008—2012 年全国普通高校毕业生比例结构有小幅变化，其中博士毕业生占普通高校毕业生总数的比例保持在 0.70% 左右；硕士毕业生占比从 5.38% 增加到 6.36%，增加了 0.98%；本科毕业生占比从 41.40% 增加到 45.19%，增加了 3.76%；专科毕业生占比从 52.52% 减少到 47.73%，减少

---

① 中华人民共和国教育部. 中国教育统计年鉴 2012 [M]. 北京：人民教育出版社，2013.

了 4.79%（图 1-17）。

（万人）

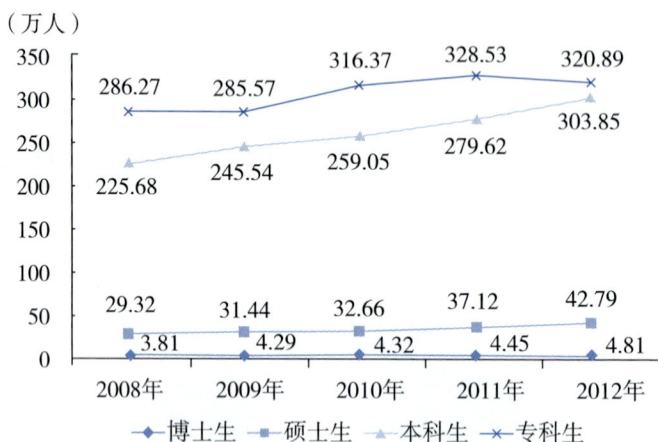

图 1-16　**2008—2012 年全国普通高校各层次毕业生规模变化**①

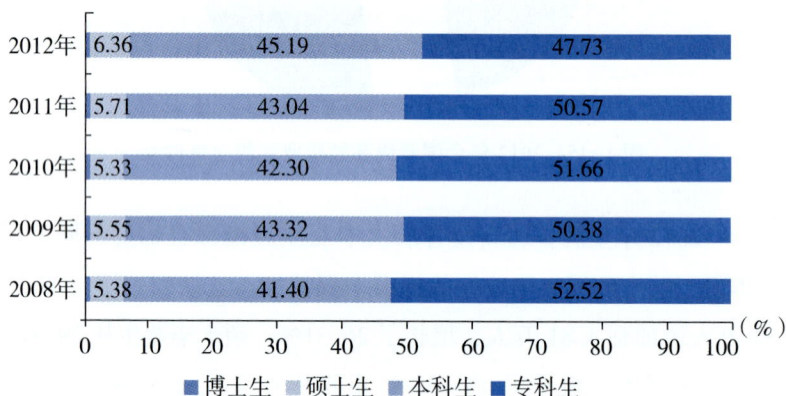

图 1-17　**2008—2012 年全国普通高校毕业生层次结构变化**②

---

①②　中华人民共和国教育部. 中国教育统计年鉴 2008 ［M］. 北京：人民教育出版社，2009；中华人民共和国教育部. 中国教育统计年鉴 2009 ［M］. 北京：人民教育出版社，2010；中华人民共和国教育部. 中国教育统计年鉴 2010 ［M］. 北京：人民教育出版社，2011；中华人民共和国教育部. 中国教育统计年鉴 2011 ［M］. 北京：人民教育出版社，2012；中华人民共和国教育部. 中国教育统计年鉴 2012 ［M］. 北京：人民教育出版社，2013.

2. 本科生、专科生、研究生毕业生数量最多的学科分别是管理学、财经类、工科

（1）本科毕业生的学科分布主要集中在工学、文学、管理学三个学科

从 2012 年全国普通高校本科毕业生的学科分布来看，攻读工学、文学、管理学的学生最多，分别占当年毕业生总数的 31.75%、19.36%、17.39%，其次是理学、经济学、医学、法学、教育学，攻读农学、历史学、哲学的学生最少，分别占当年毕业生总数的 1.77%、0.51%、0.07%。2012 年管理学本科毕业生数比例增加相对明显，比 2011 年增加了 0.48%，理学本科毕业生数比例下降相对明显，比 2011 年减少了 0.30%（表 1-1）。

表 1-1　2011—2012 年全国普通高校分学科本科毕业生数量与比例①

学科	2011 年		2012 年		比上年增长	
	人数	%	人数	%	人数	%
工学	884542	31.63	964583	31.75	80041	0.12
文学	537958	19.24	588198	19.36	50240	0.12
管理学	472776	16.91	528357	17.39	55581	0.48
理学	279101	9.98	294060	9.68	14959	-0.30
经济学	172583	6.17	188257	6.20	15674	0.03
医学	168582	6.03	178085	5.86	9503	-0.17
法学	117923	4.22	121634	4.00	3711	-0.22
教育学	95140	3.40	103884	3.42	8744	0.02
农学	51148	1.83	53789	1.77	2641	-0.06
历史学	14309	0.51	15588	0.51	1279	0.00
哲学	2167	0.08	2038	0.07	-129	-0.01

① 中华人民共和国教育部. 中国教育统计年鉴 2011 [M]. 北京：人民教育出版社，2012；中华人民共和国教育部. 中国教育统计年鉴 2012 [M]. 北京：人民教育出版社，2013.

（2）专科毕业生的学科分布主要集中在财经、制造、文化教育和电子信息大类

从 2012 年普通高校专科毕业生的学科分布来看，攻读财经、制造、文化教育、电子信息的毕业生最多，分别占当年专科毕业生总数的 20.94%、13.42%、12.12%、11.54%，其次是医药卫生、土建、艺术设计传媒、交通运输、旅游、生化与药品、轻纺食品、农林牧渔、法律、材料与能源、资源开发与测绘类专业，攻读公共事业、公安、环保、气象与安全、水利类专业的学生最少，分别占 0.97%、0.52%、0.46%、0.34%。2012 年土建大类、交通运输大类、财经大类的专科毕业生数比例增加相对显著，分别比 2011 年增长了 0.67%、0.37%、0.34%，文化教育大类、制造大类、电子信息大类的专业毕业生数比例下降相对显著，分别比 2011 年减少了 1.16%、0.68%、0.62%。总的来看，各学科的毕业生数和比例与 2011 年相比变化不大（表 1-2）。

表 1-2　2011—2012 年全国普通高校分学科专科毕业生数量与比例①

学　科	2011 年		2012 年		比上年增长	
	人数	%	人数	%	人数	%
财经大类	668498	20.60	671797	20.94	3299	0.34
制造大类	457549	14.10	430682	13.42	-26867	-0.68
文化教育大类	430851	13.28	388794	12.12	-42057	-1.16
电子信息大类	394674	12.16	370232	11.54	-24442	-0.62
医药卫生大类	276239	8.51	279290	8.70	3051	0.19
土建大类	252816	7.79	271421	8.46	18605	0.67
艺术设计传媒大类	152434	4.70	150028	4.68	-2406	-0.02
交通运输大类	116379	3.59	127177	3.96	10798	0.37
旅游大类	106716	3.29	108371	3.38	1655	0.09

① 中华人民共和国教育部. 中国教育统计年鉴 2011 ［M］. 北京：人民教育出版社，2012；中华人民共和国教育部. 中国教育统计年鉴 2012 ［M］. 北京：人民教育出版社，2013.

学　科	2011 年		2012 年		比上年增长	
	人数	%	人数	%	人数	%
生化与药品大类	85344	2.63	81411	2.54	-3933	-0.09
轻纺食品大类	64209	1.98	62363	1.94	-1846	-0.04
农林牧渔大类	59580	1.84	58308	1.82	-1272	-0.02
法律大类	48775	1.50	46825	1.46	-1950	-0.04
材料与能源大类	46523	1.43	45115	1.41	-1408	-0.02
资源开发与测绘大类	40777	1.26	43511	1.36	2734	0.10
公共事业大类	32915	1.01	31195	0.97	-1720	-0.04
公安大类	24066	0.74	16741	0.52	-7325	-0.22
环保、气象与安全大类	15955	0.49	14649	0.46	-1306	-0.03
水利大类	11036	0.34	10955	0.34	-81	0.00

（3）各学科研究生毕业生数量持续增长，科类结构相对稳定

从数量上来看，2012 年，普通高校的研究生毕业生共计 476019 人，毕业生数最多的学科是工学、管理学、医学、理学、法学，尤其工学研究生毕业人数最多，占 2012 年毕业研究生总数的 34.55%；其次是文学、教育学、经济学、农学；毕业生数最少的学科是历史学、哲学、军事学。

2008—2012 年，各学科研究生毕业生数均有所增长，其中，教育学、法学、医学、管理学的增幅最大，分别增长了 93.12%、68.11%、50.57%、48.99%；工学、理学、农学、哲学次之，分别增长了 39.49%、37.59%、26.27%、14.01%，增幅最小的是经济学、历史学、文学、军事学，分别增长了 12.57%、9.05%、5.52%、5.13%（表 1-3）。此外，自 2012 年开始学科门类由原来的 12 个增至 13 个，新增艺术学门类。2012 年毕业的艺术学研究生共计 11927 人，占当年研究生毕业生总数的 2.51%。

表 1-3　**2011—2012 年全国普通高校分学科研究生毕业生数量及增长情况①**

（单位：人）

学　科	2008 年	2009 年	2010 年	2011 年	2012 年	2012 年较2008 年的增幅（%）
工学	117894	124847	123337	139653	164447	39.49
管理学	39114	31110	32225	49757	58274	48.99
医学	36696	33995	34914	48342	55252	50.57
理学	34380	36813	38650	42711	47302	37.59
法学	23849	21269	25625	36451	40093	68.11
文学	28038	31400	33386	37496	29586	5.52
教育学	12127	13356	13497	19706	23420	93.12
经济学	17614	17812	18629	19232	19828	12.57
农学	12333	12859	13420	12164	15573	26.27
历史学	4908	5008	4781	5258	5352	9.05
哲学	4175	4340	4447	4708	4760	14.01
军事学	195	188	211	209	205	5.13

　　从结构上来看，2008—2012 年普通高校研究生毕业生的学科结构在基本稳定的基础上有所变化。一些学科的毕业生数比例有所增加，如教育学从 3.66% 增加到 4.92%；法学从 7.20% 增加到 8.42%；医学从 11.08% 增加到 11.61%；管理学从 11.81% 增加到 12.24%。一些学科的毕业生数比例有所减少，如文学从 8.46% 减少到 6.22%；经济学从 5.32% 减少到 4.17%；工学从 35.58% 减少到 34.55%；农学从 3.72% 减少到 3.27%；理学从 10.38% 减少到 9.94%；历史学从 1.48% 减少到 1.12%；哲学从

　　① 中华人民共和国教育部. 中国教育统计年鉴 2008 [M]. 北京：人民教育出版社，2009；中华人民共和国教育部. 中国教育统计年鉴 2009 [M]. 北京：人民教育出版社，2010；中华人民共和国教育部. 中国教育统计年鉴 2010 [M]. 北京：人民教育出版社，2011；中华人民共和国教育部. 中国教育统计年鉴 2011 [M]. 北京：人民教育出版社，2012；中华人民共和国教育部. 中国教育统计年鉴 2012 [M]. 北京：人民教育出版社，2013.

1.26%减少到1%；军事学从0.06%减少到0.04%（图1-18）。

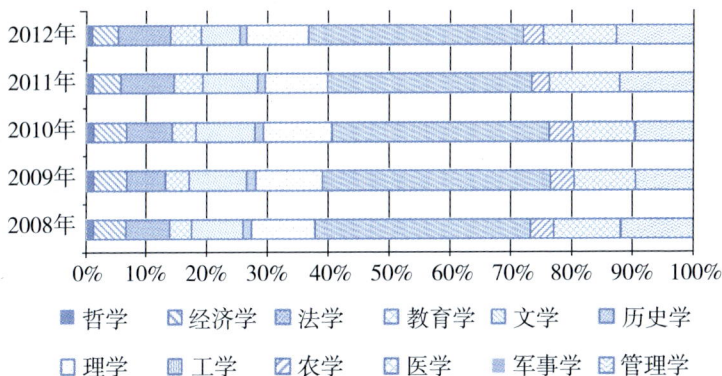

图1-18 2008—2012年全国普通高校研究生毕业生的学科结构变化①

二、高等教育内涵建设不断推进

近年来，我国高等学校的师资队伍质量、人才培养质量和科学研究质量都有较显著提高，并为社会提供了大量优质的教学服务、科技服务和创业服务，办学质量和社会效益不断提高。然而，不同区域的教育机会均等虽有所改善，但区域办学条件差异依然存在，教育公平有待进一步促进。

（一）教学科研质量不断提升

1. 人才培养质量持续提高

（1）师资队伍学历层次不断提高

师资队伍质量是影响高等教育质量的核心要素，也是高等教育质量的

---

① 中华人民共和国教育部. 中国教育统计年鉴2008［M］. 北京：人民教育出版社，2009；中华人民共和国教育部. 中国教育统计年鉴2009［M］. 北京：人民教育出版社，2010；中华人民共和国教育部. 中国教育统计年鉴2010［M］. 北京：人民教育出版社，2011；中华人民共和国教育部. 中国教育统计年鉴2011［M］. 北京：人民教育出版社，2012；中华人民共和国教育部. 中国教育统计年鉴2012［M］. 北京：人民教育出版社，2013.

重要体现。近年来，我国高等学校师资队伍的质量不断提升。2012年，普通高校专任教师中具有博士学位的教师25.44万人，占专任教师总数的17.66%；具有硕士学位的教师51.38万人，占专任教师总数的35.67%。总的来看，具有研究生学位的教师占专任教师总数的53.34%。2008—2012年，普通高校专任教师中的博士学位教师和研究生学位教师占比持续增长，博士学位教师占专任教师总数的比例比2008年（12.28%）增长了5.38%，研究生学位教师占专任教师总数的比例比2008年（44.67%）增长了8.67%（图1-19）。可见，普通高校专任教师的学历层次持续提升，师资队伍质量不断提高。

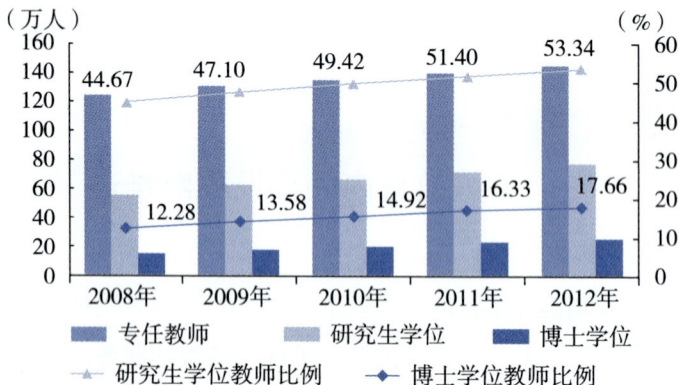

图1-19 2008—2012年全国普通高校研究生学历专任教师的数量与比例变化①

（2）大学生就业率持续上升

麦可思自2007年以来每年对毕业半年后大学生的就业状况进行调查，目前已调查了2006—2012届毕业半年后的大学生。根据其2013年发布的《中国大学生就业报告》，我国2012届大学毕业生毕业半年后的就业率为90.9%，其中本科院校学生毕业半年后的就业率为91.5%，高职高专院校学

① 中华人民共和国教育部. 中国教育统计年鉴2008 [M]. 北京：人民教育出版社，2009；中华人民共和国教育部. 中国教育统计年鉴2009 [M]. 北京：人民教育出版社，2010；中华人民共和国教育部. 中国教育统计年鉴2010 [M]. 北京：人民教育出版社，2011；中华人民共和国教育部. 中国教育统计年鉴2011 [M]. 北京：人民教育出版社，2012；中华人民共和国教育部. 中国教育统计年鉴2012 [M]. 北京：人民教育出版社，2013.

生毕业半年后的就业率为 90.4%。2008—2012 年，我国大学生毕业半年后的就业率逐年提升。2012 届毕业生的就业率比 2008 届（85.6%）增长了 5.3%，其中本科院校毕业生半年后的就业率比 2009 届增长了 3.5%，高职高专院校毕业生半年后的就业率比 2008 届增长了 6.9%（表1-4，图1-20）。

表1-4 2008—2012 届大学生的就业率①

（单位:%）

年　度	大学生	本科院校	高职高专院校
2008 届	85.6	—	83.5
2009 届	86.6	88.0	85.2
2010 届	89.6	91.2	88.1
2011 届	90.2	90.8	89.6
2012 届	90.9	91.5	90.4
2012 届比 2008/2009 届增加	5.3	3.5	6.9

注：2008 届本科院校毕业生半年后的就业率缺失。

图1-20 2008—2012 届大学生就业率的变化②

① ② 麦可思研究院. 2009 中国大学生就业报告［M］. 北京：社会科学文献出版社，2009；麦可思研究院. 2010 中国大学生就业报告［M］. 北京：社会科学文献出版社，2010；麦可思研究院. 2011 中国大学生就业报告［M］. 北京：社会科学文献出版社，2011；麦可思研究院. 2012 中国大学生就业报告［M］. 北京：社会科学文献出版社，2012；麦可思研究院. 2013 中国大学生就业报告［M］. 北京：社会科学文献出版社，2013.

（3）我国高校进入 ESI 世界前 1% 学科的数量显著增加

基本科学指标（Essential Science Indicators，ESI）是全球学术成果计量分析的权威工具。从进入各学科 ESI 排名前 1% 的高校数量可以看出，一国高等学校在各学科的国际学术竞争力。根据中国科学评价研究中心最新发布的《2013—2014 世界一流大学与科研机构竞争力评价研究报告》，我国大陆地区有 19 个学科进入 ESI 排名。其中，工程学、化学、材料科学、临床医学、物理学分别有 92、91、59、46、43 所高校进入了排名，这表明我国高校这几个学科的实力比较强。然而，我国高校还有 3 个学科未进入 ESI 学科排名前 1%，分别是免疫学、空间科学、综合交叉学科（表 1-5）。总的来看，2013—2014 年我国高校累计进入 ESI 学科排名 519 次，与 2011—2012 年 17 个学科进入排名 279 次相比，增加了 241 次。

表 1-5　2013—2014 年我国进入各学科 ESI 排名的高校数

（单位：所）

ESI 排名学科	我国进入 ESI 排名的高校数
工程学	92
化学	91
材料科学	59
临床医学	46
物理学	43
植物学与动物学	31
生物学与生物化学	24
数学	21
环境科学与生态学	19
农业科学	18
药理学与毒物学	17
计算机科学	16

续表

ESI 排名学科	我国进入 ESI 排名的高校数
地球科学	11
社会科学	10
分子生物学与遗传学	8
神经科学与行为科学	6
微生物学	5
经济学与商学	1
精神病学与行为科学	1
免疫学	0
空间科学	0
综合交叉学科	0
合计	519

注：根据《世界一流大学与科研机构竞争力评价研究报告 2013—2014》中"世界一流大学与科研机构学科竞争力排行榜（2013）"计算所得。

2. 科学研究质量稳步提高

（1）普通高校科研成果丰硕，科技论文和著作数量持续增长

科技论文和著作是普通高校科研成果产出的两种重要形式。2012 年，普通高校共发表学术论文 797104 篇，比 2008 年增加 136391 篇，增长了 20.64%。其中，在外国期刊发表的科技论文 216991 篇，比 2008 年增加 87710 篇，增长了 67.84%。此外，2012 年我国普通高校还出版了科技著作 12060 部，比 2008 年增加 492 部，增长了 4.25%（表 1-6，图 1-21）。不难看出，近年来我国普通高校的科研成果产出不断增加，尤其是在国外期刊发表的科技论文数量显著增加，这反映了我国普通高校的科研水平和质量有明显提高，国际影响力日渐提升。

表 1-6　2008—2012 年全国普通高校科技论文发表和著作出版情况①

（单位：篇、部）

年　度	学术论文		科技著作
	合计	国外学术刊物	
2008	660713	129281	11568
2009	703538	151542	13898
2010	744474	175165	11871
2011	786812	209272	11090
2012	797104	216991	12060

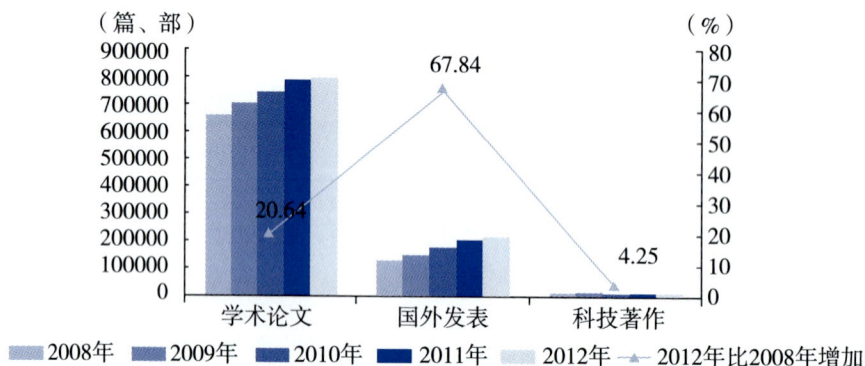

图 1-21　2008—2012 年全国普通高校科技论文发表和著作出版情况②

（2）普通高校承担的国家级科研项目显著增加

普通高校通过国家级项目验收的项目数量显著增加，科研水平进一步提升。2008—2012 年，普通高等学校通过验收的"973 计划"项目从 226 项增加到 356 项，增长了 57.52%；科技攻关计划项目从 190 项增加

①②　教育部科技司．高等学校科技统计资料汇编 2009［M］．北京：高等教育出版社，2010；教育部科技司．高等学校科技统计资料汇编 2010［M］．北京：高等教育出版社，2011；教育部科技司．高等学校科技统计资料汇编 2011［M］．北京：高等教育出版社，2012；教育部科技司．高等学校科技统计资料汇编 2012［M］．北京：高等教育出版社，2013；教育部科技司．高等学校科技统计资料汇编 2013［M］．北京：高等教育出版社，2014.

到 530 项，增长了 178.95%；"863 计划"项目从 534 项增加到 790 项，增长了 47.94%；自然基金项目从 668 项增加到 820 项，增加了 22.75%（表 1-7）。

表 1-7　2008—2012 年全国普通高校通过国家级项目验收的数量[①]

（单位：项）

年　度	"973 计划"	科技攻关计划	"863 计划"	自然基金项目
2008	226	190	534	668
2009	214	302	1131	765
2010	418	957	1745	596
2011	483	1055	1131	554
2012	356	530	790	820
2012 年比 2008 年增加（%）	57.52	178.95	47.94	22.75

（3）高校取得的重大科技成果逐年递增

高等学校具有人才密集、学科齐全、基础研究实力雄厚的优势，是国家科技创新的主力军。2008—2012 年，我国高校取得的重大科技成果数量持续增加，但占全国重大科技成果数的比例有所下降。2012 年，我国高等学校取得重大科技成果 9837 项，比 2008 年（7700 项）增加了 27.75%；占全国重大科技成果的比例为 19.02%，比 2008 年的（21.41%）下降了 2.39 个百分点（图 1-22）。

---

① 教育部科技司. 高等学校科技统计资料汇编 2009 [M]. 北京：高等教育出版社，2010；教育部科技司. 高等学校科技统计资料汇编 2010 [M]. 北京：高等教育出版社，2011；教育部科技司. 高等学校科技统计资料汇编 2011 [M]. 北京：高等教育出版社，2012；教育部科技司. 高等学校科技统计资料汇编 2012 [M]. 北京：高等教育出版社，2013；教育部科技司. 高等学校科技统计资料汇编 2013 [M]. 北京：高等教育出版社，2014.

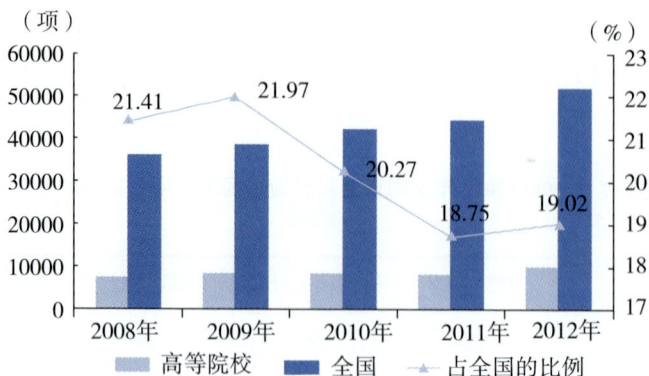

图 1-22　2008—2012 年全国高等学校重大科技成果数量①

（二）社会服务成效日益显著

1. 非学历教育人数逐年增加

近年来，普通高校为社会人员提供的非学历教育逐年增加，尤其进修与培训人次增幅显著。2012 年普通高校非学历教育毕（结）业生共计 730.46 万人，其中，研究生课程进修班毕（结）业生 5 万人，比 2008 年增加 0.51 万人，增长了 11.34%；自考助学班毕（结）业生 10.33 万人，比 2008 年减少 2.10 万人，降幅为 16.89%；进修与培训毕（结）业生 444.03 万人，比 2008 年增加 263.33 万人，增长了 145.74%。进修与培训包括资格证书培训、岗位证书培训等多种形式。2012 年，普通高校培养资格证书培训毕（结）业生 151.37 万人，比 2008 年增加 96.49 万人，增长了 175.84%；培养岗位证书培训毕（结）业生 119.74 万人，比 2008 年增加 79.29 万人，增长了 195.98%。不难看出，进修与培训是普通高校非学历教育的主要增长点，也是普通高校为社会提供非学历教育服务的主要形式（图 1-23）。

---

①　国家统计局，科学技术部. 中国科技统计年鉴 2009［M］. 北京：中国统计出版社，2009；国家统计局，科学技术部. 中国科技统计年鉴 2010［M］. 北京：中国统计出版社，2010；国家统计局，科学技术部. 中国科技统计年鉴 2011［M］. 北京：中国统计出版社，2011；国家统计局，科学技术部. 中国科技统计年鉴 2012［M］. 北京：中国统计出版社，2012；国家统计局，科学技术部. 中国科技统计年鉴 2013［M］. 北京：中国统计出版社，2013.

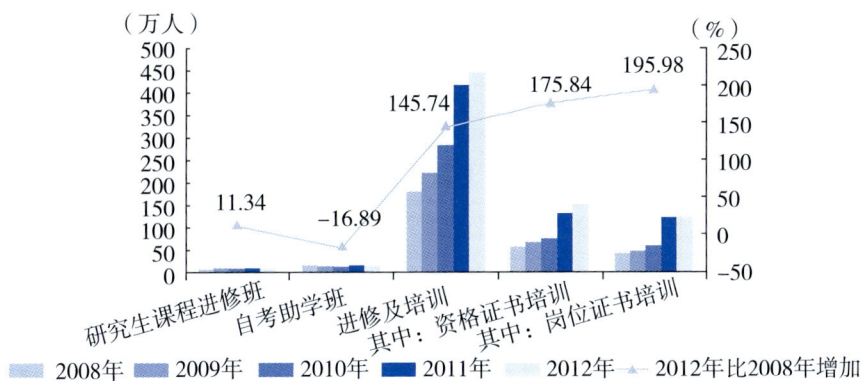

图 1-23　**2008—2012 年全国普通高等学校非学历教育情况**①

2. 技术转移与成果转化能力显著提高

（1）普通高校的专利申请与授权数量显著增加，成果转化仍有待加强

2012 年，普通高校专利申请数为 106714 项，专利授权数为 68971 项，专利出售合同数 2357 项，专利出售总金额 82109.6 万元。2008—2012 年，我国普通高校的专利申请数和授权数，以及专利出售合同数及其总金额数有显著增加。其中，2012 年普通高校的专利申请数比 2008 年增长了 1 倍多，增幅为 162.78%；专利授权数增加了近 3 倍，增幅为 295.98%；专利出售合同数增加了 1046 项，增幅为 79.79%；专利出售总金额增加了 15098.1 万元，增幅为 22.53%（表 1-8，图 1-24）。不难看出，我国普通高校的科研创新能力有显著提升，但成果转化能力还有待进一步提高。

①　中华人民共和国教育部. 中国教育统计年鉴 2008［M］. 北京：人民教育出版社，2009；中华人民共和国教育部. 中国教育统计年鉴 2009［M］. 北京：人民教育出版社，2010；中华人民共和国教育部. 中国教育统计年鉴 2010［M］. 北京：人民教育出版社，2011；中华人民共和国教育部. 中国教育统计年鉴 2011［M］. 北京：人民教育出版社，2012；中华人民共和国教育部. 中国教育统计年鉴 2012［M］. 北京：人民教育出版社，2013.

表 1-8　2008—2012 年全国普通高等学校专利申请与授权情况①

年　度	专利申请数（项）	专利授权数（项）	专利出售合同数（项）	专利出售总金额（万元）
2008	40610	17418	1311	67011.5
2009	54099	24708	1571	76218.2
2010	68724	35098	1745	72101.6
2011	88957	49436	2143	82290.1
2012	106714	68971	2357	82109.6
2012 年比 2008 年增加（%）	162.78	295.98	79.79	22.53

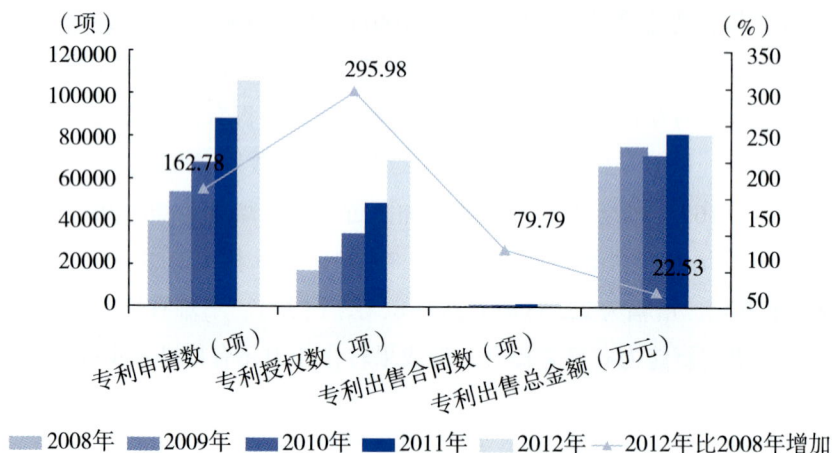

图 1-24　2008—2012 年全国普通高等学校专利申请与授权情况②

①② 教育部科技司. 高等学校科技统计资料汇编 2009 ［M］. 北京：高等教育出版社，2010；教育部科技司. 高等学校科技统计资料汇编 2010 ［M］. 北京：高等教育出版社，2011；教育部科技司. 高等学校科技统计资料汇编 2011 ［M］. 北京：高等教育出版社，2012；教育部科技司. 高等学校科技统计资料汇编 2012 ［M］. 北京：高等教育出版社，2013；教育部科技司. 高等学校科技统计资料汇编 2013 ［M］. 北京：高等教育出版社，2014.

普通高校签订的技术转让合同数量及其金额稳步增长，科研成果转化能力有所提高。2012 年，我国普通高校共签订了技术转让合同 10275 项，合同金额 38.76 亿元，高校当年获得的实际收入为 27.56 亿元。与 2008 年相比，我国普通高校的技术转让合同数量增加 1867 项，增长了 22.21%；技术转让合同金额增加 8.24 亿元，增长了 27.01%；高校的实际收入增加 7.78 亿元，增长了 39.33%（图 1-25）。

然而，将普通高校的技术转让合同数与当年高校的专利申请授权数相比，可以发现，我国普通高校的科研成果产出很多，但成功转化为现实生产力的科研成果依然较少，科研成果转化能力还有待进一步提升。

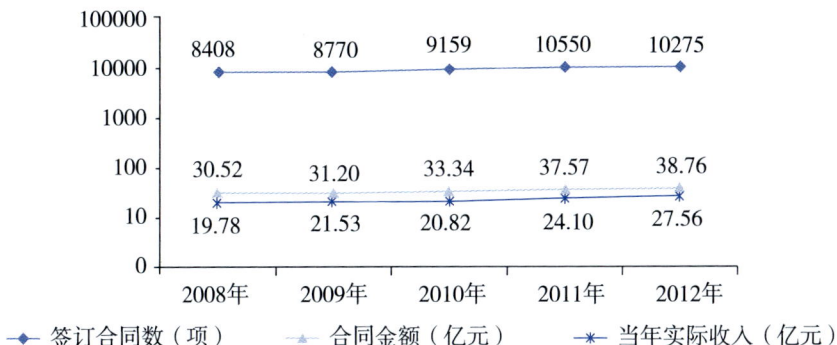

图 1-25 **2008—2012 年全国普通高等学校签订技术转让合同数量及金额情况①**

（2）高校的科技服务项目、提交和被采纳的研究咨询报告有所增加

我国普通高校的社会服务能力持续提升，科技服务项目和研究咨询报告数量均有所增加。2012 年，普通高校完成的科技服务项目 29962 项，比 2008 年增加 6603 项，增长了 28.27%；提交研究咨询报告 8878 项，比 2008 年增加 1308 项，增长了 17.28%；被采纳的研究咨询报告 4407 项，比 2008 年增加 502 项，增长了 12.86%（图 1-26）。

---

① 教育部科技司.高等学校科技统计资料汇编 2009［M］.北京：高等教育出版社，2010；教育部科技司.高等学校科技统计资料汇编 2010［M］.北京：高等教育出版社，2011；教育部科技司.高等学校科技统计资料汇编 2011［M］.北京：高等教育出版社，2012；教育部科技司.高等学校科技统计资料汇编 2012［M］.北京：高等教育出版社，2013；教育部科技司.高等学校科技统计资料汇编 2013［M］.北京：高等教育出版社，2014.

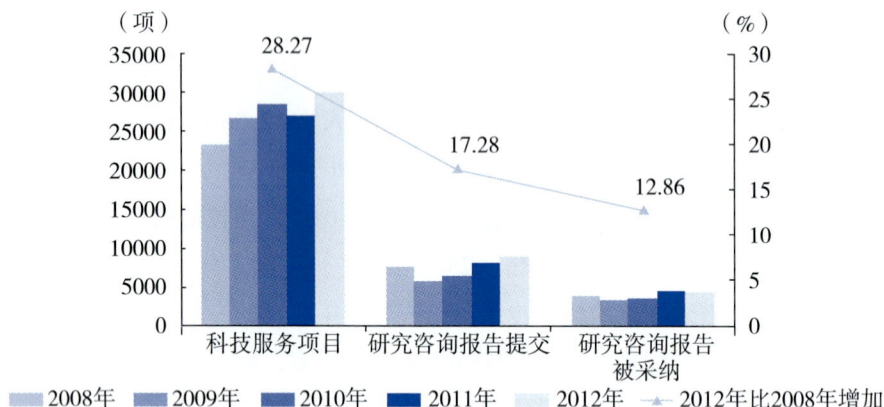

图 1-26　**2008—2012 年全国普通高等学校科技服务和研究咨询报告提交与采纳情况①**

3. 创业服务能力有所增强

　　高等学校通过将其科研优势、智力资源与其他社会资源相结合，建立创新创业平台，促进科技成果的转化、高新技术企业的孵化，以及产学研结合，为社会提供创新、创业服务，进而促进国家高新科技发展和经济建设。2008—2011 年，我国高校建立的创新创业平台、孵化的高新技术企业均有所增加，创业服务能力不断提高。2011 年，我国高校共建立国家级大学科技园 85 个，比 2008 年增加了 16 个；拥有在孵企业 6923 个，比 2008 年增加了 593 个；当年新孵企业 1673 个，比 2008 年增加了 379 个；累计毕业企业 5137 个，与 2008 年相比增加了 2158 个；当年毕业企业 723 个，比 2009 年增加了 74 个（表 1-9）。

---

　　① 教育部科技司. 高等学校科技统计资料汇编 2009 [M]. 北京：高等教育出版社，2010；教育部科技司. 高等学校科技统计资料汇编 2010 [M]. 北京：高等教育出版社，2011；教育部科技司. 高等学校科技统计资料汇编 2011 [M]. 北京：高等教育出版社，2012；教育部科技司. 高等学校科技统计资料汇编 2012 [M]. 北京：高等教育出版社，2013；教育部科技司. 高等学校科技统计资料汇编 2013 [M]. 北京：高等教育出版社，2014；中华人民共和国教育部. 中国教育统计年鉴 2008 [M]. 北京：人民教育出版社，2009；中华人民共和国教育部. 中国教育统计年鉴 2009 [M]. 北京：人民教育出版社，2010；中华人民共和国教育部. 中国教育统计年鉴 2010 [M]. 北京：人民教育出版社，2011；中华人民共和国教育部. 中国教育统计年鉴 2011 [M]. 北京：人民教育出版社，2012；中华人民共和国教育部. 中国教育统计年鉴 2012 [M]. 北京：人民教育出版社，2013.

表1-9　**2008—2011年国家级大学科技园与孵化企业数量**①

（单位：个）

年　度	国家级大学科技园	在孵企业	新孵企业	累计毕业企业	当年毕业企业
2008	69	6330	1294	2979	（缺失）
2009	76	6583	1400	3698	649
2010	86	6617	1858	4364	683
2011	85	6923	1673	5137	723

（三）教育机会均等持续推进

促进教育机会均等是高等教育内涵发展的重要内容之一。2008—2012年，我国高等教育机会的民族差异、性别差异和地区差异逐渐缩小，教育机会均等有较明显改善。

1. 少数民族学生在普通本专科学生和研究生中的比例逐年递增，高等教育机会的民族差异逐渐缩小

2012年，普通本专科少数民族学生177.96万人，占普通本专科学生总数的7.44%；研究生中少数民族学生9.94万人，占研究生总数的5.78%。2008—2012年，少数民族学生在普通本专科学生和研究生中所占的比例持续增加，2012年，普通本专科少数民族学生比2008年增加了49.97万人，占普通本专科学生总数的比例增长了1.11%；研究生少数民族学生比2008年增加了4.05万人，占研究生总数的比例增长了1.19%（图1-27，图1-28）。我国普通高校的少数民族学生在不断增加，少数民族学生享有越来越多接受高等教育的机会，高等教育公平进一步推进。

---

① 中华人民共和国科技部．中国科学技术发展报告 2008 ［EB/OL］．［2014-06-20］http：//www. most. gov. cn/kjfz/kjxz/；中华人民共和国科技部．中国科学技术发展报告 2009 ［EB/OL］．［2014-06-20］. http：//www. most. gov. cn/kjfz/kjxz/；中华人民共和国科技部．中国科学技术发展报告 2010 ［EB/OL］．［2014-06-20］. http：//www. most. gov. cn/kjfz/kjxz/；中华人民共和国科技部．中国科学技术发展报告 2011 ［EB/OL］．［2014-06-20］. http：//www. most. gov. cn/kjfz/kjxz/.

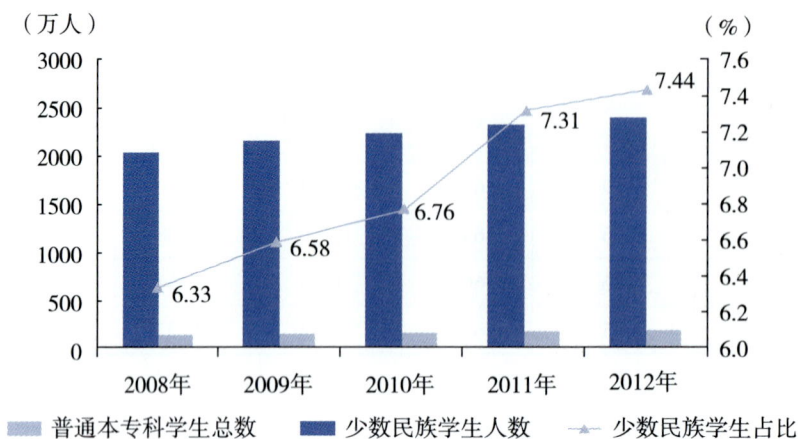

图 1-27　**2008—2012 年少数民族普通本专科学生数量及比例变化①**

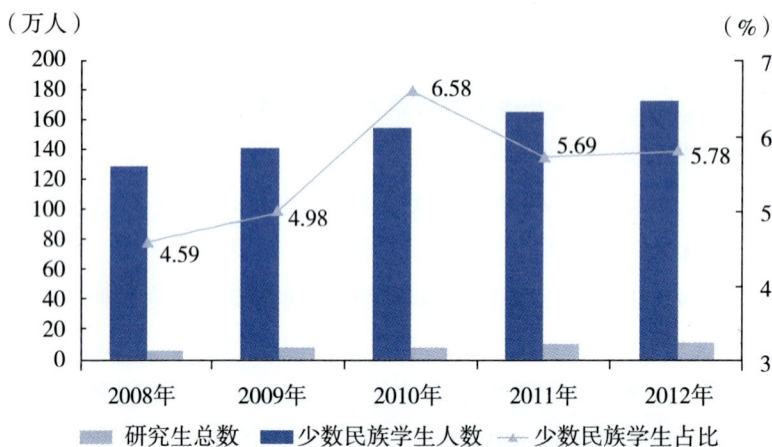

图 1-28　**2008—2012 年少数民族研究生数量及比例变化②**

①②　中华人民共和国教育部. 中国教育统计年鉴 2008 ［M］. 北京：人民教育出版社，2009；中华人民共和国教育部. 中国教育统计年鉴 2009 ［M］. 北京：人民教育出版社，2010；中华人民共和国教育部. 中国教育统计年鉴 2010 ［M］. 北京：人民教育出版社，2011；中华人民共和国教育部. 中国教育统计年鉴 2011 ［M］. 北京：人民教育出版社，2012；中华人民共和国教育部. 中国教育统计年鉴 2012 ［M］. 北京：人民教育出版社，2013.

2. 各层次高等教育的女性毕业生占比持续增加，高等教育机会的性别差异日渐缩小

近年来各层次高等教育的女性毕业生不断增加，不同性别学生接受高等教育的机会渐趋均衡。2012 年，普通高校女性本专科毕业生 139.82 万人，占普通高校本专科毕业生总数的 51.19%；普通高校女性研究生 23.82 万人，占普通高校研究生总数的 50.04%。2008—2012 年，各层次高等教育的女性毕业生占比持续增加。2012 年，女性专科和本科毕业生的占比分别为 52.38%、49.93%，比 2008 年增加了 1.57%、2.74%；女性硕士和博士毕业生的占比分别为 51.44%、37.56%，比 2008 年增加了 3.70%、1.02%（图 1-29）。

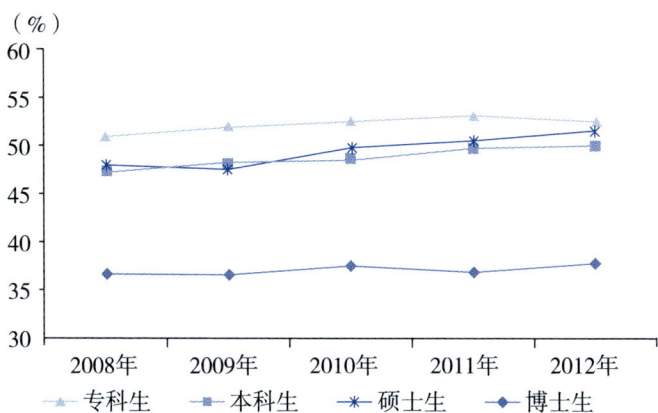

图 1-29　2008—2012 年普通高校各层次女性毕业生比例变化①

3. 高等教育机会的区域差异依然存在，但近年来这种差异在不断缩小

2012 年，全国每十万人口高等教育平均在校生为 2335 人，比 2008 年增加 293 人，增长了 14.35%。从各地区的情况来看，2012 年华北、东北、华东地区每十万人口高等教育平均在校生数最多，分别为 3270 人、2714

① 中华人民共和国教育部. 中国教育统计年鉴 2008 [M]. 北京：人民教育出版社，2009；中华人民共和国教育部. 中国教育统计年鉴 2009 [M]. 北京：人民教育出版社，2010；中华人民共和国教育部. 中国教育统计年鉴 2010 [M]. 北京：人民教育出版社，2011；中华人民共和国教育部. 中国教育统计年鉴 2011 [M]. 北京：人民教育出版社，2012；中华人民共和国教育部. 中国教育统计年鉴 2012 [M]. 北京：人民教育出版社，2013.

人、2499 人；中南、西北、西南地区的每十万人口高等教育平均在校生数都低于全国平均水平，分别为 2219 人、2101 人、1847 人。每十万人口高等教育平均在校生数最多的华北地区比西南地区高出 1423 人，高等教育机会在不同地区之间的差异比较显著。2008—2012 年，这种地区差异有所减少，每十万人口高等教育平均在校生数最多的华北、东北、华东地区增幅分别为-2.25%、6.67%、2.27%，而中南、西北、西南地区的增幅则达到17.68%、21.82%、27.39%（表 1-10，图 1-30）。可见，高等教育入学机会的地区差异正在日渐缩小，教育机会日益均等化。

表 1-10　2008—2012 年各地区每十万人口高等教育平均在校生数①

（单位：人）

区域	2008 年	2009 年	2010 年	2011 年	2012 年	2012 年比 2008 年增加（%）
华北	3345	3311	3315	3214	3270	-2.25
东北	2544	2591	2611	2643	2714	6.67
华东	2443	2505	2536	2458	2499	2.27
中南	1885	2005	2067	2115	2219	17.68
西南	1450	1541	1615	1729	1847	27.39
西北	1725	1816	1909	1987	2101	21.82
全国	2042	2128	2189	2253	2335	14.35

① 中华人民共和国教育部. 中国教育统计年鉴 2008 [M]. 北京：人民教育出版社，2009；中华人民共和国教育部. 中国教育统计年鉴 2009 [M]. 北京：人民教育出版社，2010；中华人民共和国教育部. 中国教育统计年鉴 2010 [M]. 北京：人民教育出版社，2011；中华人民共和国教育部. 中国教育统计年鉴 2011 [M]. 北京：人民教育出版社，2012；中华人民共和国教育部. 中国教育统计年鉴 2012 [M]. 北京：人民教育出版社，2013.

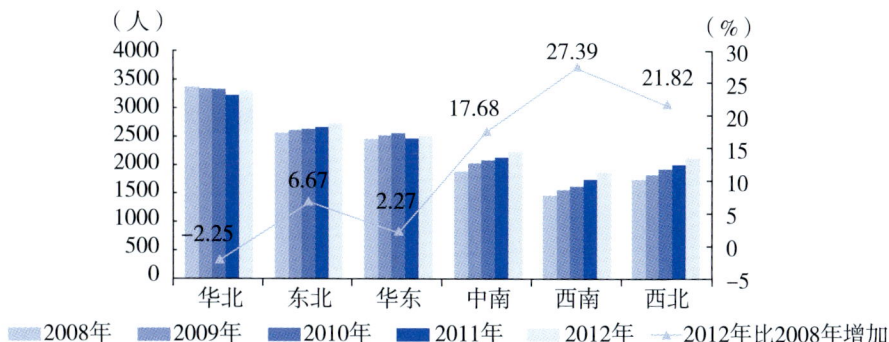

图 1-30　**2008—2012 年各区域每十万人口高等教育平均在校生数量变化**①

（四）国际化程度不断提高

在经济全球化的推动下，我国高等教育国际化进程不断推进，国际交流与合作日益频繁，不论是出国留学生还是来华留学生都在逐年增加，各种形式的国际学术交流与合作也日益广泛。

1. 来华留学生规模不断扩大，学历层次结构显著提升

2008—2012 年，我国高校接收的来华留学生逐年递增，尤其是接收学历教育的来华留学生数量增长更快。2012 年来华留学生在校生总数为 15.78 万人，比 2008 年增加了 5.1 万人，增长了 47.7%。其中：学历教育留学生 9.64 万人，占来华留学生在校生总数的 61.08%，与 2008 年相比增加了 3.52 万人，增幅为 57.5%；非学历教育留学生 6.14 万人，比 2008 年增加了 1.58 万人，增幅为 34.55%（图 1-31）。

从来华留学生学历教育的层次来看，2011 年之前来中国攻读本科学位的留学生居多，但是 2012 年这种情况发生了变化，攻读硕士学位的留学生占来华留学生总数的 70.3%，攻读本科学位的占 21.07%、攻读专科学位

---

① 中华人民共和国教育部. 中国教育统计年鉴 2008 [M]. 北京：人民教育出版社，2009；中华人民共和国教育部. 中国教育统计年鉴 2009 [M]. 北京：人民教育出版社，2010；中华人民共和国教育部. 中国教育统计年鉴 2010 [M]. 北京：人民教育出版社，2011；中华人民共和国教育部. 中国教育统计年鉴 2011 [M]. 北京：人民教育出版社，2012；中华人民共和国教育部. 中国教育统计年鉴 2012 [M]. 北京：人民教育出版社，2013.

的占 7.31%、攻读博士学位的占 1.33%。2008—2012 年，攻读博士学位的留学生比例减少了 3.94%；攻读硕士学位的留学生比例增加了 58.01%；攻读本科学位的留学生比例减少了 60.38%；攻读专科学历的留学生比例增加了 6.3%（图 1-32）。

（万人）

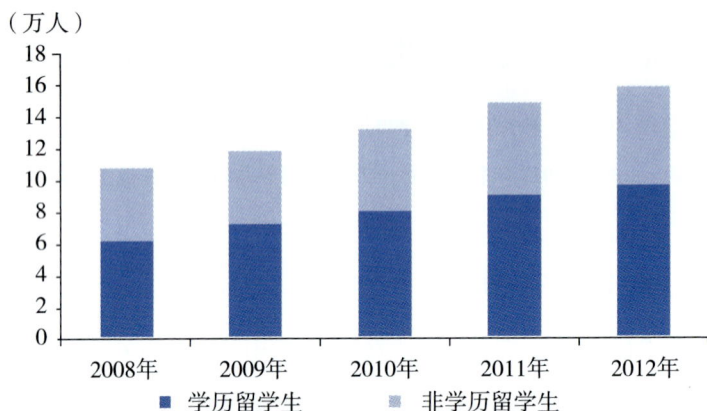

图 1-31　2008—2012 年高等学校来华留学生规模变化①

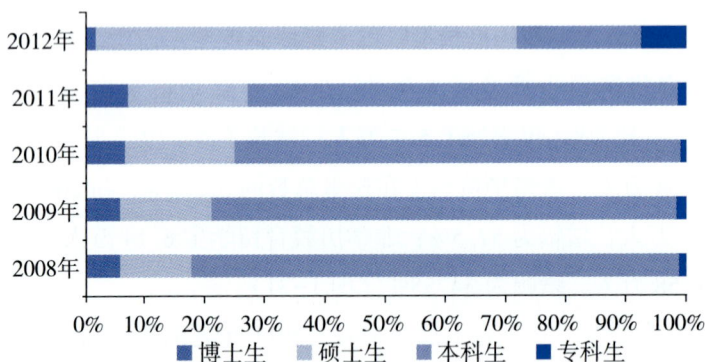

图 1-32　2008—2012 年来华留学生的学历层次结构变化②

①②　中华人民共和国教育部. 中国教育统计年鉴 2008［M］. 北京：人民教育出版社，2009；中华人民共和国教育部. 中国教育统计年鉴 2009［M］. 北京：人民教育出版社，2010；中华人民共和国教育部. 中国教育统计年鉴 2010［M］. 北京：人民教育出版社，2011；中华人民共和国教育部. 中国教育统计年鉴 2011［M］. 北京：人民教育出版社，2012；中华人民共和国教育部. 中国教育统计年鉴 2012［M］. 北京：人民教育出版社，2013.

　　从来华留学生的生源地结构来看，绝大部分留学生来自亚洲国家。2012 年来自亚洲国家的来华留学生共有 104352 人，占留学生在校生总数的 66.11%，该比例比 2008 年降低了 7.86%；来自非洲的留学生共 17370 人，占 11%，比 2008 年增长了 5.18%；来自欧洲的留学生共 22377 人，占 14.18%，比 2008 年增长了 2.27%；来自北美洲的留学生共 9802 人，占 6.21%，比 2008 年增长了 0.22%；来自南美洲的留学生共 1917 人，占 1.21%，比 2008 年降低了 0.18%；来自大洋洲的留学生 2027 人，占 1.28%，比 2008 年增长了 0.37%。不难看出，我国高校接收的来华留学生主要来自亚洲国家，但近年来亚洲国家的来华留学生比例在逐年下降，而来自欧洲、非洲、北美洲、大洋洲的留学生比例却在逐年增长，尤其是非洲国家的留学生比例增幅较大，此外，来自南美洲的留学生比例也有小幅下降（图 1-33）。

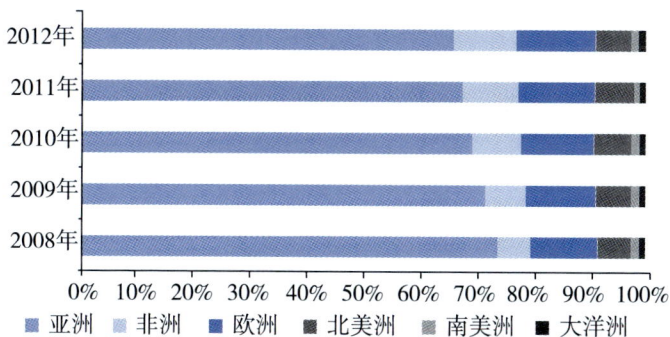

图 1-33　2008—2012 年来华留学生的生源地结构变化①

　　从来华留学生的经费来源来看，绝大部分留学生都是自费来中国留学，不过，中国政府资助来华留学生比例近年有显著增长。2012 年，自费的来华留学生 112977 人，占来华留学生在校生总数的 71.57%；中国政府

---

　　① 中华人民共和国教育部. 中国教育统计年鉴 2008［M］. 北京：人民教育出版社，2009；中华人民共和国教育部. 中国教育统计年鉴 2009［M］. 北京：人民教育出版社，2010；中华人民共和国教育部. 中国教育统计年鉴 2010［M］. 北京：人民教育出版社，2011；中华人民共和国教育部. 中国教育统计年鉴 2011［M］. 北京：人民教育出版社，2012；中华人民共和国教育部. 中国教育统计年鉴 2012［M］. 北京：人民教育出版社，2013.

资助的来华留学生 29941 人，占留学生总数的 18.97%；学校间交换的来华留学生 11721 人，占留学生总数的 7.43%；本国政府资助的来华留学生 2829 人，占留学生总数的 1.79%；国际组织资助的来华留学生 377 人，占留学生总数的 0.24%。纵而观之，2008—2012 年，自费的来华留学生比例在持续下降，五年间减少了 10.51%；中国政府资助的来华留学生比例增长了 7.49%，此外，学校间交换的留学生、本国政府资助的留学生和国际组织资助的留学生比例也都有所增长，分别增长了 2.42%、0.50%、0.10%（图 1-34）。

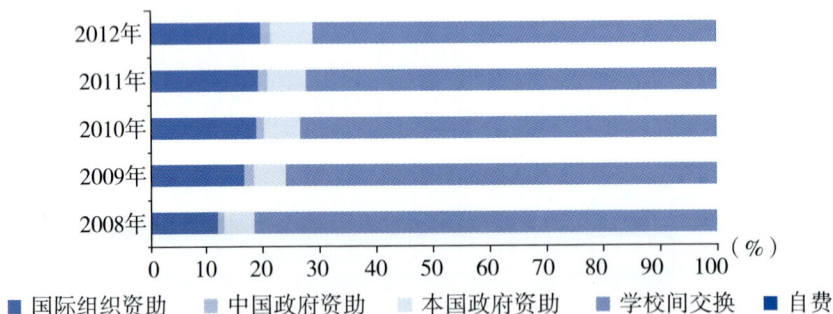

图 1-34　2008—2012 年来华留学生的经费来源结构①

2. 出国留学人员持续增长，学成回国留学人员显著增加

2008—2012 年，我国的出国留学人员持续增加，从国外学成回国的留学人员显著增加。2012 年，我国出国留学人员共计 39.96 万人，比 2008 年增加 21.98 万人，增长了 122.25%；学成回国的留学人员 27.29 万人，比 2008 年增加 20.36 万人，增长了 293.80%（图 1-35）。

---

① 中华人民共和国教育部. 中国教育统计年鉴 2008 [M]. 北京：人民教育出版社，2009；中华人民共和国教育部. 中国教育统计年鉴 2009 [M]. 北京：人民教育出版社，2010；中华人民共和国教育部. 中国教育统计年鉴 2010 [M]. 北京：人民教育出版社，2011；中华人民共和国教育部. 中国教育统计年鉴 2011 [M]. 北京：人民教育出版社，2012；中华人民共和国教育部. 中国教育统计年鉴 2012 [M]. 北京：人民教育出版社，2013.

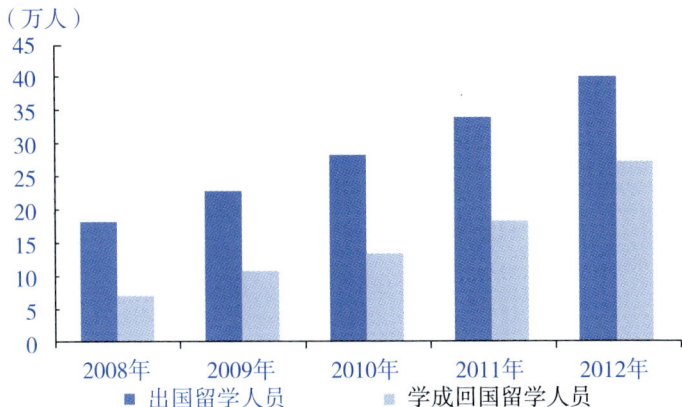

图 1-35 **2008—2012 年出国留学人员及留学归国人员的数量变化**①

3. 国际交流与合作日益频繁

2012 年我国高校出席国际学术会议 156054 人次，比 2008 年增加 38662 人次，增长了 32.93%；交流学术论文 94616 篇，比 2008 年增加 19228 篇，增长了 25.51%；特邀报告 16300 篇，比 2008 年增加 4635 篇，增长了 39.73%；主办国际学术会议 2516 次，比 2008 年增加 537 次，增长了 27.13%。可见，近年来我国高校国际交流与合作日渐频繁（表 1-11）。

---

① 中华人民共和国教育部. 中国教育统计年鉴 2008 ［M］. 北京：人民教育出版社，2009；中华人民共和国教育部. 中国教育统计年鉴 2009 ［M］. 北京：人民教育出版社，2010；中华人民共和国教育部. 中国教育统计年鉴 2010 ［M］. 北京：人民教育出版社，2011；中华人民共和国教育部. 中国教育统计年鉴 2011 ［M］. 北京：人民教育出版社，2012；中华人民共和国教育部. 中国教育统计年鉴 2012 ［M］. 北京：人民教育出版社，2013.

表 1-11　2008—2012 年高等学校参加国际学术会议情况①

（单位：人次；篇；次）

年　度	出席人员	交流论文	特邀报告	主办
2008	117392	75388	11665	1979
2009	121174	76189	12697	2229
2010	125203	88131	14032	2138
2011	144492	98656	15305	2539
2012	156054	94616	16300	2516

三、高等教育办学条件日益改善

办学条件是高等教育发展的重要保障，教育经费和硬件设施是高等教育发展的重要条件支撑。

（一）教育经费收入和支出稳步增长

教育经费是教育发展的资金来源。近年来，普通高校的教育经费总收入得到大幅度的提高，教育经费支出和生均支出也逐年递增。

1. 普通高校教育经费收入逐年增长

（1）普通高校教育经费收入大幅度提高，以国家财政性教育经费为主

我国普通高校教育经费由国家财政性教育经费、事业收入、民办学校中举办者投入、社会捐赠经费、其他收入构成。2011 年，国家财政性教育经费为 4023.50 亿元，占普通高校教育经费的 58.48%，事业收入为 2400.72 亿元，占普通高校教育经费的 34.89%，这两项收入合起来占普通高校教育经费的 93.37%（图 1-36）。不难看出，国家财政性教育经费和

---

① 教育部科技司. 高等学校科技统计资料汇编 2009 [M]. 北京：高等教育出版社，2010；教育部科技司. 高等学校科技统计资料汇编 2010 [M]. 北京：高等教育出版社，2011；教育部科技司. 高等学校科技统计资料汇编 2011 [M]. 北京：高等教育出版社，2012；教育部科技司. 高等学校科技统计资料汇编 2012 [M]. 北京：高等教育出版社，2013；教育部科技司. 高等学校科技统计资料汇编 2013 [M]. 北京：高等教育出版社，2014.

事业收入是我国普通高校教育经费的主要构成。

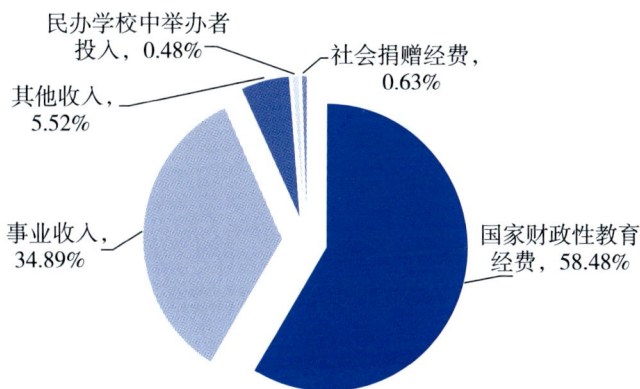

图1-36　2011年我国普通高校教育经费来源构成①

2007—2011年，我国普通高校教育经费大幅度提高。普通高校教育经费由2007年的3634.19亿元，增长到2011年的6880.23亿元，增长了89.32%。2007—2011年，除民办学校中举办者投入呈现波动之外，国家财政性教育经费、事业收入、社会捐赠经费、其他收入均呈现逐年递增态势。国家财政性教育经费由2007年的1598.32亿元，增长到2011年的4023.50亿元，增长了151.73%；事业收入由1698.70亿元，增长到2011年的2400.72亿元，增长了41.33%；社会捐赠经费由2007年的27.18亿元，增长到2011年的43.19亿元，增长了58.89%；其他收入由278.10亿元，增长到379.54亿元，增长了36.47%（图1-37）。

（2）普通高校教育经费总收入占教育经费总收入的比例出现波动

2007—2011年普通高校教育经费总收入占教育经费总收入的比例，呈现先下降后上升的趋势，从2007年的29.92%，回落到2010年的28.11%，2011年又增长到28.82%（图1-38）。

（3）中央部门所属普通高校和地方普通高校教育经费总收入增长迅速

---

①　教育部财务司，国家统计局社会科技和文化产业统计司. 中国教育经费统计年鉴2012[M]. 北京：中国统计出版社，2013.

（亿元）

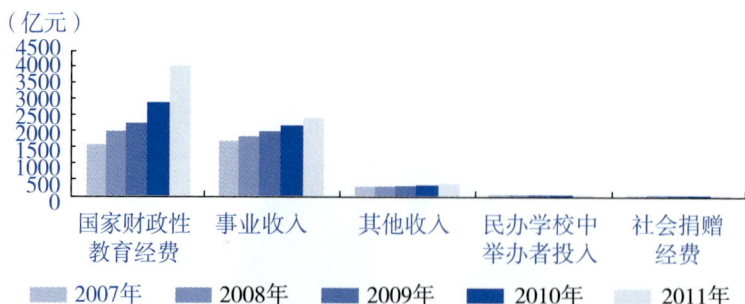

图 1-37　2007—2011 年我国普通高校教育经费总收入及来源构成①

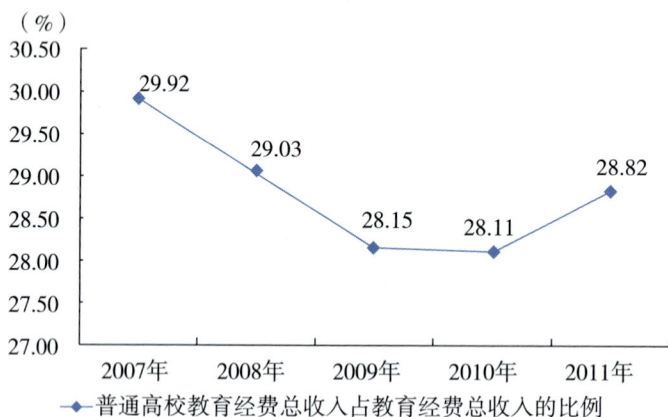

图 1-38　2007—2011 年普通高校教育经费总收入占教育经费总收入的比例②

　　2011 年，地方普通高校教育经费占普通高校总经费的 69.00%，中央部门所属普通高校教育经费占普通高校总经费的 31.00%（图 1-39）。

　　2007—2011 年，中央部门所属普通高校和地方普通高校教育经费呈现每年递增的趋势，中央部门所属普通高校从 2007 年的 1131.90 亿元，增长到

　　①②　教育部财务司，国家统计局社会科技和文化产业统计司．中国教育经费统计年鉴 2008 ［M］．北京：中国统计出版社，2009；教育部财务司，国家统计局社会科技和文化产业统计司．中国教育经费统计年鉴 2009 ［M］．北京：中国统计出版社，2010；教育部财务司，国家统计局社会科技和文化产业统计司．中国教育经费统计年鉴 2010 ［M］．北京：中国统计出版社，2011；教育部财务司，国家统计局社会科技和文化产业统计司．中国教育经费统计年鉴 2011 ［M］．北京：中国统计出版社，2012；教育部财务司，国家统计局社会科技和文化产业统计司．中国教育经费统计年鉴 2012 ［M］．北京：中国统计出版社，2013.

2011 年的 2132.92 亿元，增长了 88.44%。地方普通高校从 2007 年的 2502.28 亿元，增长到 2011 年的 4747.31 亿元，增长了 89.72%（图 1-40）。

图 1-39　2011 年中央属和地方普通高校教育经费情况①

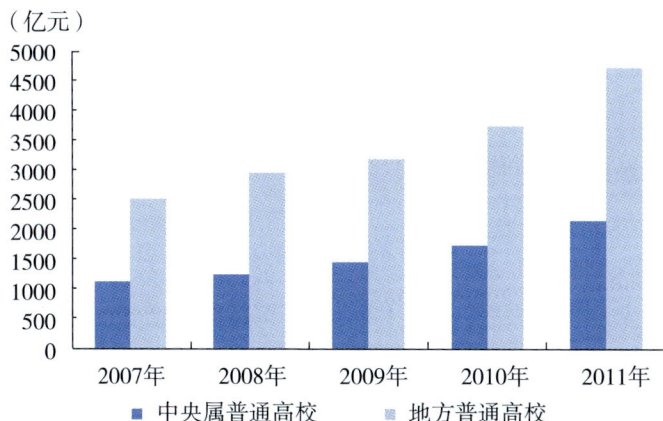

图 1-40　2007—2011 年中央属和地方普通高校教育经费变化情况②

---

① 教育部财务司，国家统计局社会科技和文化产业统计司. 中国教育经费统计年鉴 2012 ［M］. 北京：中国统计出版社，2013.

② 教育部财务司，国家统计局社会科技和文化产业统计司. 中国教育经费统计年鉴 2008 ［M］. 北京：中国统计出版社，2009；教育部财务司，国家统计局社会科技和文化产业统计司. 中国教育经费统计年鉴 2009 ［M］. 北京：中国统计出版社，2010；教育部财务司，国家统计局社会科技和文化产业统计司. 中国教育经费统计年鉴 2010 ［M］. 北京：中国统计出版社，2011；教育部财务司，国家统计局社会科技和文化产业统计司. 中国教育经费统计年鉴 2011 ［M］. 北京：中国统计出版社，2012；教育部财务司，国家统计局社会科技和文化产业统计司. 中国教育经费统计年鉴 2012 ［M］. 北京：中国统计出版社，2013.

2. 普通高校教育经费支出及生均支出逐年增长

（1）普通高校教育经费总支出稳步增长，以事业性经费支出为主

2011 年，事业性经费支出占普通高校教育经费总支出的大部分。事业性经费支出占教育经费总支出的 96.28%，基本建设支出占教育经费总支出的 3.72%（图 1-41）。

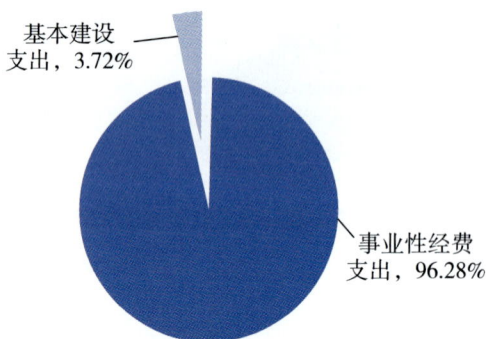

基本建设支出，3.72%

事业性经费支出，96.28%

图 1-41　2011 年普通高校教育经费构成①

2007—2011 年，我国普通高校的教育经费总支出呈逐年增长态势，为我国高校发展提供了有力支持。普通高校教育经费总支出从 2007 年的 3496.92 亿元，增长到 2011 年的 6519.55 亿元，增长了 86.44%。从普通高校教育经费的构成来看，事业性经费每年递增，增长较快，基本建设支出 2009 年最低，为 225.11 亿元，2010 年和 2011 年有所回升，2011 年事业性经费支出占教育经费总支出的 96.28%，基本建设支出占教育经费总支出的 3.72%（图 1-42）。

（2）普通高校生均教育经费支出逐年增长，生均事业性经费增长迅速

2011 年，生均事业性经费支出占生均教育经费支出的 96.08%，生均基本建设支出占生均教育经费支出的 3.92%（图 1-43）。

2007—2011 年，我国普通高校生均教育经费支出呈逐年增长趋势。普

---

① 教育部财务司，国家统计局社会科技和文化产业统计司．中国教育经费统计年鉴 2012 [M]．北京：中国统计出版社，2013.

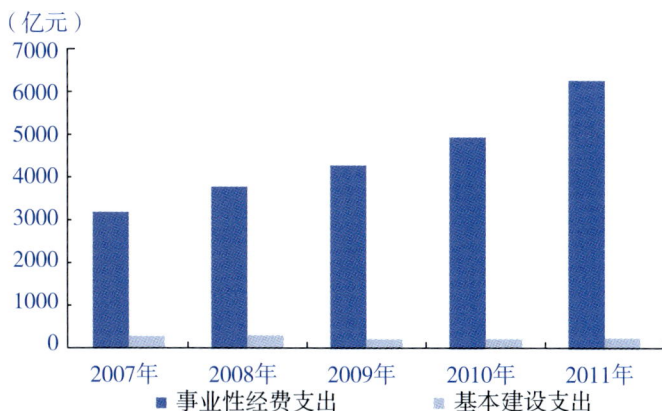

图1-42　**2007—2011年普通高校教育经费总支出及构成**①

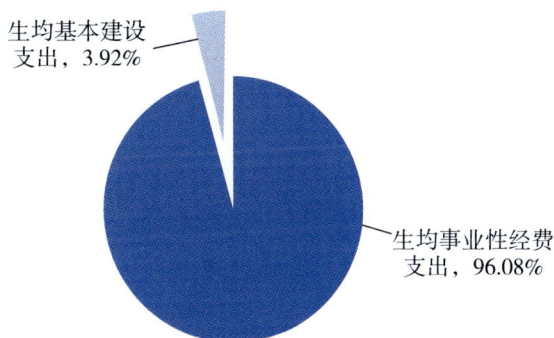

图1-43　**2011年普通高校生均教育经费构成**②

通高校生均事业性经费支出从2007年的14969.58元，增长到2011年的23783.78元，增长了58.88%。生均基本建设支出2007—2011年先回落后

---

①　教育部财务司，国家统计局社会科技和文化产业统计司．中国教育经费统计年鉴2008 [M]．北京：中国统计出版社，2009；教育部财务司，国家统计局社会科技和文化产业统计司．中国教育经费统计年鉴2009 [M]．北京：中国统计出版社，2010；教育部财务司，国家统计局社会科技和文化产业统计司．中国教育经费统计年鉴2010 [M]．北京：中国统计出版社，2011；教育部财务司，国家统计局社会科技和文化产业统计司．中国教育经费统计年鉴2011 [M]．北京：中国统计出版社，2012；教育部财务司，国家统计局社会科技和文化产业统计司．中国教育经费统计年鉴2012 [M]．北京：中国统计出版社，2013．

②　教育部财务司，国家统计局社会科技和文化产业统计司．中国教育经费统计年鉴2012 [M]．北京：中国统计出版社，2013．

上升，2007 年为 1350.37 元，下降到 2009 年为 912.82 元，又回升到 2011 年的 969.36 元。2011 年，生均事业性经费支出占生均教育经费支出的 96.08%，生均基本建设支出占生均教育经费支出的 3.92%（图 1-44）。

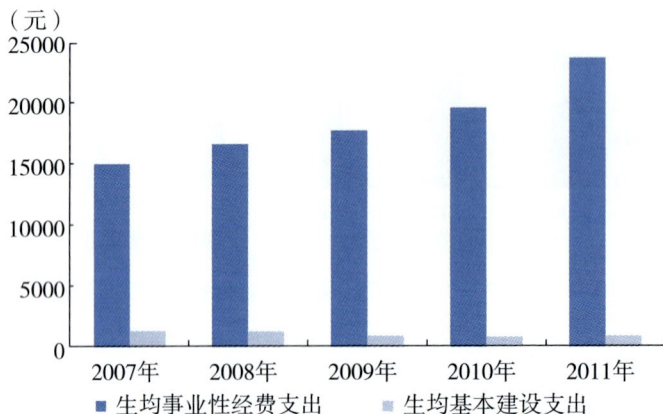

图 1-44　2007—2011 年普通高校生均教育经费支出及构成①

（二）硬件设施不断改善

1. 教学及辅助用房建筑面积增长，增长率有所波动

我国普通高校教学及辅助用房面积总量稳步增长，2008 年，教学及辅助用房建筑面积为 25303.40 万平方米，2012 年，教学及辅助用房建筑面积为 31906.76 万平方米，增长了 26.10%（图 1-45）。

2. 行政办公用房增长，增长率有所波动

2008 年，我国普通高校行政办公用房为 3397.24 万平方米，2012 年，行政用房为 4290.67 万平方米，增长了 26.30%（图 1-46）。

---

① 教育部财务司，国家统计局社会科技和文化产业统计司. 中国教育经费统计年鉴 2008 [M]. 北京：中国统计出版社，2009；教育部财务司，国家统计局社会科技和文化产业统计司. 中国教育经费统计年鉴 2009 [M]. 北京：中国统计出版社，2010；教育部财务司，国家统计局社会科技和文化产业统计司. 中国教育经费统计年鉴 2010 [M]. 北京：中国统计出版社，2011；教育部财务司，国家统计局社会科技和文化产业统计司. 中国教育经费统计年鉴 2011 [M]. 北京：中国统计出版社，2012；教育部财务司，国家统计局社会科技和文化产业统计司. 中国教育经费统计年鉴 2012 [M]. 北京：中国统计出版社，2013。

（万平方米）　　　　　　　　　　　　　　　　　（%）

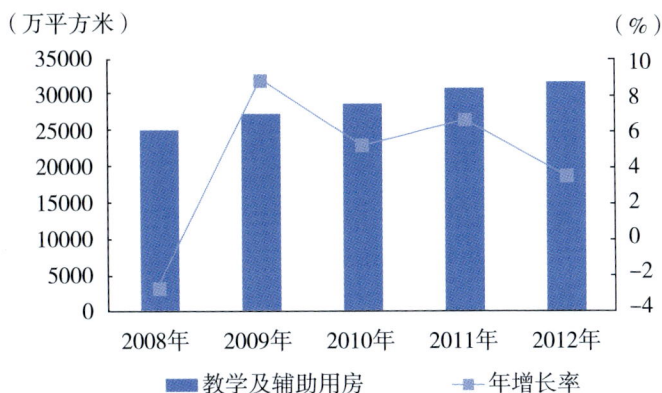

■ 教学及辅助用房　　■ 年增长率

图 1-45　2008—2012 年我国普通高校教学及辅助用房变化①

注：数据指具有学校产权的建筑面积。

（万平方米）　　　　　　　　　　　　　　　　　（%）

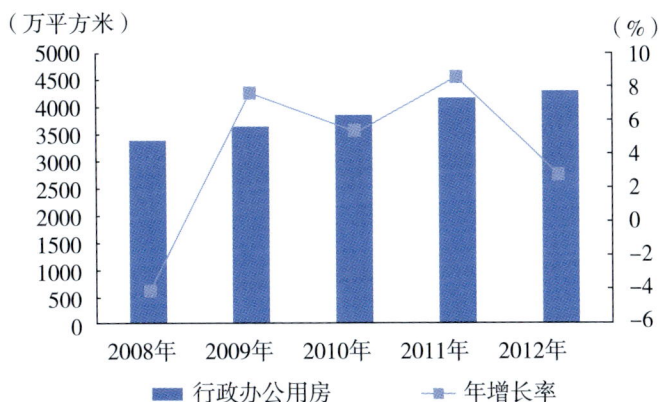

■ 行政办公用房　　■ 年增长率

图 1-46　2008—2012 年我国普通高校行政办公用房变化②

注：数据指具有学校产权的建筑面积。

---

①②　中华人民共和国教育部. 中国教育统计年鉴 2008［M］. 北京：人民教育出版社，2009；中华人民共和国教育部. 中国教育统计年鉴 2009［M］. 北京：人民教育出版社，2010；中华人民共和国教育部. 中国教育统计年鉴 2010［M］. 北京：人民教育出版社，2011；中华人民共和国教育部. 中国教育统计年鉴 2011［M］. 北京：人民教育出版社，2012；中华人民共和国教育统计年鉴 2012［M］. 北京：人民教育出版社，2013.

3. 拥有教学用计算机稳定增长

2008 年，我国普通高校拥有教学用计算机为 480.91 万台，2012 年，拥有教学用计算机为 668.71 万台，增长了 39.05%（图 1-47）。

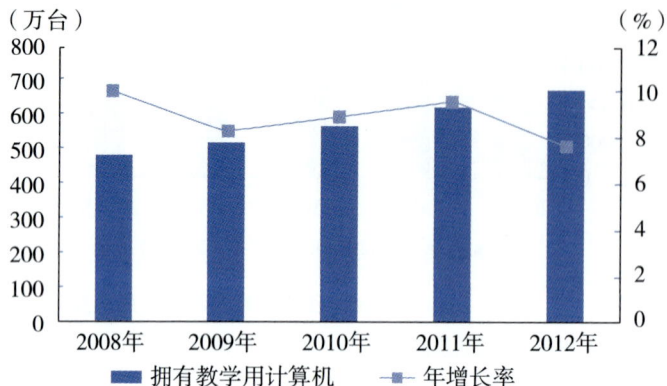

图 1-47　2008—2012 年拥有教学用计算机变化①

注：数据指具有学校产权的教学用计算机。

4. 图书册数量总体增加，增长率有所回落

我国普通高校拥有一般图书册数稳步增长。2008 年，我国普通高校拥有一般图书册数为 16.19 亿册，2012 年，我国普通高校拥有图书 21.01 亿册，增长了 29.76%（图 1-48）。

5. 教学、科研仪器设备资产稳步增长

2012 年，我国普通高校拥有教学、科研仪器设备资产总额为 2899.14 亿元，比 2008 年的 1813.59 亿元，增长了 1085.55 亿元，增长了 59.86%（表 1-12）。

---

① 中华人民共和国教育部. 中国教育统计年鉴 2008 [M]. 北京：人民教育出版社，2009；中华人民共和国教育部. 中国教育统计年鉴 2009 [M]. 北京：人民教育出版社，2010；中华人民共和国教育部. 中国教育统计年鉴 2010 [M]. 北京：人民教育出版社，2011；中华人民共和国教育部. 中国教育统计年鉴 2011 [M]. 北京：人民教育出版社，2012；中华人民共和国教育部. 中国教育统计年鉴 2012 [M]. 北京：人民教育出版社，2013.

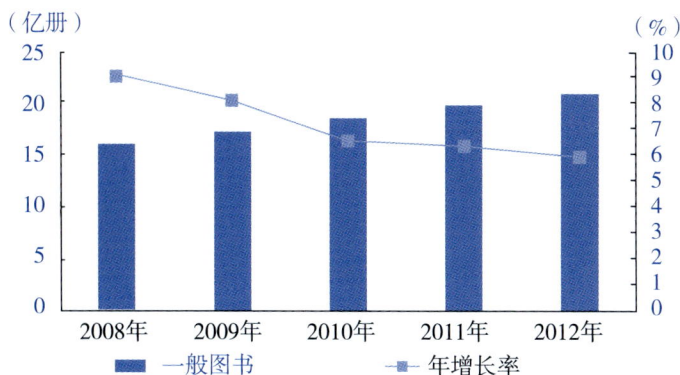

图 1-48　2008—2012 年我国普通高校图书册数量变化情况①

注：数据指具有学校产权的一般图书。

表 1-12　2008—2012 年普通高校教学、科研仪器设备资产情况②

（单位：亿元）

年　　度	总　　额	比上年增加额	增长比例（%）
2008	1813.59	206.21	12.83
2009	2025.72	212.14	11.70
2010	2263.96	238.24	11.76
2011	2537.57	273.61	12.09
2012	2899.14	361.57	14.25

注：数据指具有学校产权的教学、科研仪器设备。

①②　中华人民共和国教育部. 中国教育统计年鉴 2008 [M]. 北京：人民教育出版社，2009；中华人民共和国教育部. 中国教育统计年鉴 2009 [M]. 北京：人民教育出版社，2010；中华人民共和国教育部. 中国教育统计年鉴 2010 [M]. 北京：人民教育出版社，2011；中华人民共和国教育部. 中国教育统计年鉴 2011 [M]. 北京：人民教育出版社，2012；中华人民共和国教育部. 中国教育统计年鉴 2012 [M]. 北京：人民教育出版社，2013.

[第二章]

高等教育的区域差异

2012 年，全国高等教育总体在规模、内涵、办学条件等方面都得到了较大发展，但同时在许多方面区域差异依然存在。本章对全国 31 个省份的高等教育办学规模和结构、办学条件及办学成效的现状进行了描述，并与 2010 年进行了对比分析。

一、31 省份高等教育规模发展差异

2012 年，全国 31 个省份的高等教育规模均稳中有升，高等教育结构不断调整。

（一）新增普通高校以专科为主，新增在校生以本科生为主

1. 新增普通高校集中在中西部省份，且以专科院校为主

2012 年，全国共有普通高校 2442 所。各省份平均拥有 79 所高校，全国共有 15 个省份普通高校数量低于全国平均水平，主要集中在中西部地区（表 2-1）。

表 2-1　**2012 年各省份普通高校数及变化情况**①

（单位：所）

省　份	2012 年	较 2010 年增长	省　份	2012 年	较 2010 年增长
全国	2442	84	黑龙江	79	0
江苏	153	3	山西	75	2
广东	137	6	广西	70	0
山东	136	4	上海	67	0
湖北	122	2	云南	66	5
湖南	121	4	重庆	60	7
河南	120	13	吉林	57	1
安徽	118	7	天津	55	0
河北	113	3	贵州	49	2
辽宁	112	0	内蒙古	48	4
浙江	102	1	甘肃	42	2
四川	99	7	新疆	39	2
陕西	91	1	海南	17	0
北京	89	2	宁夏	16	1
江西	88	3	青海	9	0
福建	86	2	西藏	6	0

　　2010—2012 年，全国普通高校共增加 84 所，其中普通本科 33 所，普通专科 51 所。这些新增普通高校主要分布在中西部地区，特别是河南、安徽、重庆、四川、广东、云南，均新增 5 所以上（图 2-1）。

---

　　① 中华人民共和国教育部. 中国教育统计年鉴 2010 ［M］. 北京：人民教育出版社，2011；中华人民共和国教育部. 中国教育统计年鉴 2011 ［M］. 北京：人民教育出版社，2012；中华人民共和国教育部. 中国教育统计年鉴 2012 ［M］. 北京：人民教育出版社，2013.

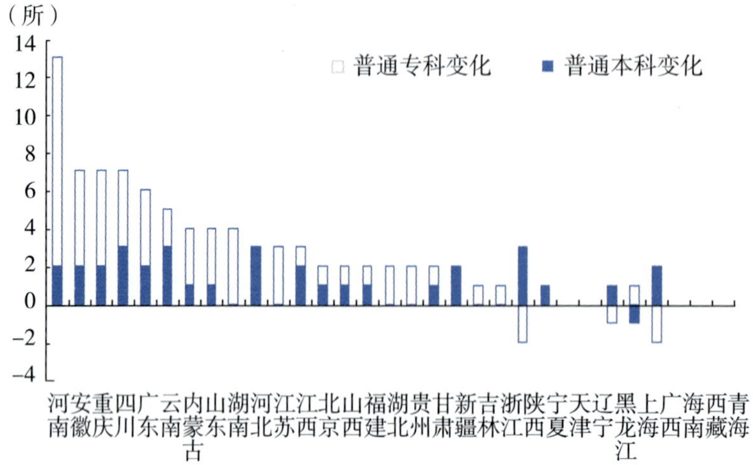

（所）

图2-1　2010—2012年各省份新增普通高校情况①

2. 多数省份普通本科在校生规模有所增长，专科在校生规模有所下降

2012年，全国普通本、专科在校生总数为23913155人。普通本、专科在校生总体规模高于百万的省份共有10个，排名前三位的依次是江苏、山东和广东；总体规模低于十万的省份共有3个，为宁夏、青海和西藏。2010—2012年，全国普通本、专科在校生共增长了1595226人，有29个省份呈现不同程度的规模增长，但黑龙江和上海则有所下降（表2-2）。

表2-2　2012年各省份普通本、专科在校生总数及变化情况②

（单位：人）

省　份	2012年	较2010年增长	省　份	2012年	较2010年增长
全国	23913155	1595226	山西	637330	74406
江苏	1671173	21743	广西	629243	61727

---

①② 中华人民共和国教育部. 中国教育统计年鉴2010 ［M］. 北京：人民教育出版社，2011；中华人民共和国教育部. 中国教育统计年鉴2011 ［M］. 北京：人民教育出版社，2012；中华人民共和国教育部. 中国教育统计年鉴2012 ［M］. 北京：人民教育出版社，2013.

续表

省　份	2012 年	较 2010 年增长	省　份	2012 年	较 2010 年增长
山东	1658490	27117	重庆	623605	100886
广东	1616838	190214	北京	591243	4137
河南	1559025	102295	吉林	578953	34561
湖北	1386086	89166	云南	512178	73136
四川	1223680	137465	上海	506596	-9065
河北	1168796	63678	天津	473114	43890
湖南	1082235	34994	甘肃	431069	49543
陕西	1026254	98485	内蒙古	391434	20046
安徽	1023033	84079	贵州	383815	60522
辽宁	934078	53831	新疆	268716	17556
浙江	932292	47425	海南	168270	17464
江西	851119	34635	宁夏	96440	16234
黑龙江	704538	-14579	青海	48668	3674
福建	701392	53618	西藏	33452	2343

2010—2012 年，全国普通本、专科在校生的增量以本科在校生为主，并且主要集中于中西部地区。全国 31 个省份普通本科在校生的规模都有所增长，全国共增加 161.78 万人，其中规模增长最大的省份依次为河南、广东、陕西和湖北，增量均在 10 万人以上。在普通本科在校生规模增幅超过 5 万人的 14 个省份中，绝大多数为中西部省份。相比之下，同期全国普通专科在校生共减少 1.95 万人，共有 16 个省份的普通专科在校生规模有所减少，其余专科在校生有所增加。普通专科在校生规模下降最多的省份是山东、河南、黑龙江和湖南，规模增长最多的省份是广东、四川和重庆，其变动幅度均在 3 万人以上（图 2-2）。

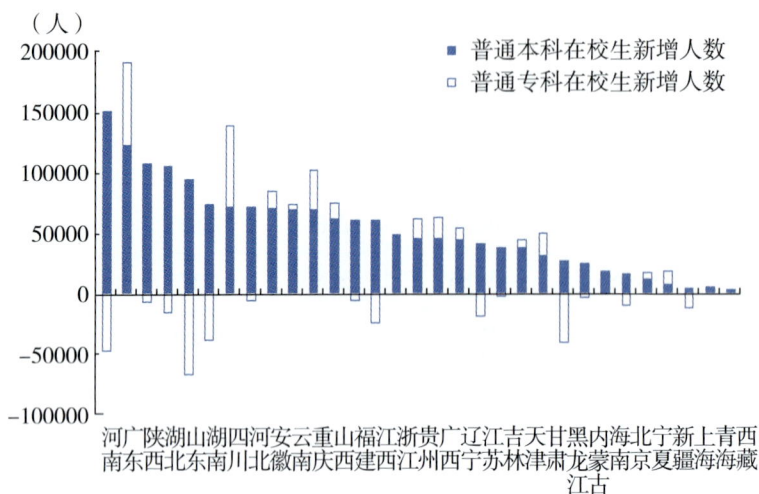

图 2-2　2010—2012 年各省份新增普通本、专科在校生情况①

（二）高校资源东、西部分布差距依然巨大

1. 全国普通高校主要集中在东部省份，其中江苏本专科高校数量居全国首位

2012 年，全国共有普通高校 2442 所，其中本科高校 1145 所，专科高校 1297 所。其中，东部本科高校 527 所，占全国本科高校的 46%；东部专科高校 540 所，占全国专科高校的 42%。东部本专科高校占全国普通高校的 44%。可以说，我国大部分的高等教育资源都集中在东部。

我国普通本科高校最多的省份是江苏，为 71 所，最少的省份是西藏，为 3 所。专科高校最多的省份是江苏，为 82 所，最少的省份是西藏，为 3 所。全国有 10 个省份的普通高校数量超过百所，其中最多的是江苏，总共 153 所，其次为广东（137 所）、山东（136 所）、湖北（122 所）、湖南（121 所）、河南（120 所）、安徽（118 所）、河北（113 所）、辽宁（112

---

① 中华人民共和国教育部. 中国教育统计年鉴 2010 [M]. 北京：人民教育出版社，2011；中华人民共和国教育部. 中国教育统计年鉴 2011 [M]. 北京：人民教育出版社，2012；中华人民共和国教育部. 中国教育统计年鉴 2012 [M]. 北京：人民教育出版社，2013.

所）和浙江（102 所）。全国普通高校最少的省份是西藏，为 6 所。全国普通高校最多的省份高校数量是最少省份的 25 倍（表 2-3）。

表 2-3　各省份普通高校分布情况表①

区　　域	省　　份	本科院校	合　　计	高职（专科）院校	合　　计
全国		1145		1297	
东部	北京	63	527	26	540
	天津	29		26	
	河北	55		58	
	辽宁	63		49	
	上海	35		32	
	江苏	71		82	
	浙江	55		47	
	福建	32		54	
	山东	61		75	
	广东	57		80	
	海南	6		11	
中部	山西	27	340	48	440
	吉林	37		20	
	黑龙江	36		43	
	安徽	44		74	
	江西	37		51	
	河南	47		73	
	湖北	66		56	
	湖南	46		75	

① 中华人民共和国教育部. 中国教育统计年鉴 2012 ［M］. 北京：人民教育出版社，2013.

续表

区 域	省 份	本科院校	合 计	高职（专科）院校	合 计
西部	内蒙古	15	278	33	317
	广西	31		39	
	重庆	24		36	
	四川	47		52	
	贵州	25		24	
	云南	29		37	
	西藏	3		3	
	陕西	54		37	
	甘肃	20		22	
	青海	4		5	
	宁夏	8		8	
	新疆	18		21	

2. 全国普通高校本专科在校生主要集中在东部，研究生在校生东部超过全国一半

2012 年，全国普通高校本科在校生 1427.09 万人，专科在校生 964.23 万人，研究生在校生 167.86 万人。其中本科在校生最多的省份是江苏，为 984577 人，最少的省份是西藏，为 20576 人，前者是后者的 48 倍；专科在校生最多的省份是山东，为 757199 人，最少的省份是西藏，为 12876 人，前者是后者的 59 倍；研究生在校生最多的省份是北京，为 175927 人，最少的省份是西藏，为 1065 人，前者是后者的 165 倍。

从区域来看，我国东部地区，本科在校生占全国的比例为 44%，专科在校生占全国的比例为 43%，研究生在校生占全国的比例为 52%（表2-4）。

表 2-4　各省份本科、专科和研究生在校生分布情况表①

区　域	省　份	本科在校生数	小　计	专科在校生数	小　计	研究生在校生数	小　计
东部	北京	482930		108313		175927	
	天津	310599		162515		40707	
	河北	622629		546167		33623	
	辽宁	645816		288262		75638	
	上海	359007		147589		95880	
	江苏	984577	6299409	686596	4122873	115211	744995
	浙江	569188		363104		44661	
	福建	425131		276261		30781	
	山东	901291		757199		61960	
	广东	900352		716486		67069	
	海南	97889		70381		3538	
中部	山西	353737		283593		23792	
	吉林	442327		136626		45314	
	黑龙江	500806		203732		49940	
	安徽	552299		470734		38771	
	江西	458454	4596258	392665	3226061	24400	352514
	河南	837080		721945		30507	
	湖北	820973		565113		87601	
	湖南	630582		451653		52189	
西部	内蒙古	221873		169561		15179	
	广西	306128		323115		22806	
	重庆	397249		226356		41248	
	四川	714011		509669		71023	
	贵州	229505		154310		12898	
	云南	324722		187456		26272	
	西藏	20576	3375221	12876	2293333	1065	312297
	陕西	651629		374625		77240	
	甘肃	269467		161602		24092	
	青海	31662		17006		2547	
	宁夏	62062		34378		3672	
	新疆	146337		122379		14255	

① 中华人民共和国教育部. 中国教育统计年鉴 2012 [M]. 北京：人民教育出版社，2013.

3. 普通高校数量江苏最多，河南增长最快

2012 年，全国共有普通高校 2442 所，比 2010 年增加 84 所。各省份平均拥有 79 所高校，全国有 14 个省份拥有的普通高校数在平均数以上，另有 17 个省份在平均数以下。其中，拥有普通高校最多的省份是江苏（153 所），其次是广东（137 所），再次是山东（136 所）。与 2010 年相比，普通高校数量增长最多的高校是河南（13 所），安徽、重庆和四川都增加了 7 所（表 2-5）。

表 2-5　普通高校全国分布情况表①

(单位：所)

省　份	普通高校数	较 2010 年增长	省　份	普通高校数	较 2010 年增长
全国	2442	84	河南	120	13
北京	89	2	湖北	122	2
天津	55	0	湖南	121	4
河北	113	3	广东	137	6
山西	75	2	广西	70	0
内蒙古	48	4	海南	17	0
辽宁	112	0	重庆	60	7
吉林	57	1	四川	99	7
黑龙江	79	0	贵州	49	2
上海	67	0	云南	66	5
江苏	153	3	西藏	6	0
浙江	102	1	陕西	91	1
安徽	118	7	甘肃	42	2
福建	86	2	青海	9	0
江西	88	6	宁夏	16	1
山东	136	4	新疆	39	2

---

① 中华人民共和国教育部. 中国教育统计年鉴 2010 [M]. 北京：人民教育出版社，2011；中华人民共和国教育部. 中国教育统计年鉴 2011 [M]. 北京：人民教育出版社，2012；中华人民共和国教育部. 中国教育统计年鉴 2012 [M]. 北京：人民教育出版社，2013.

4. 中央部门所属高校北京、上海和江苏占全国一半

2012 年，全国共有 113 所中央部门所属高校，较 2010 年增加 2 所。其中，拥有中央部门所属高校最多的是北京（35 所），其次是上海（10 所）和江苏（10 所）。这三个省（直辖市）共拥有中央部门所属高校 55 所，占全国49%，近一半（表2-6）。

表 2-6　中央部门所属高校各省份分布情况①

（单位：所）

省　份	中央部门所属高校	省　份	中央部门所属高校
全国	113	福建	2
北京	35	山东	2
上海	10	重庆	2
江苏	10	甘肃	2
湖北	8	河南	1
四川	6	宁夏	1
陕西	6	山西	0
辽宁	5	内蒙古	0
河北	4	江西	0
广东	4	广西	0
天津	3	海南	0
黑龙江	3	贵州	0
湖南	3	云南	0
吉林	2	西藏	0
浙江	2	青海	0
安徽	2	新疆	0

5. 广东省依然是民办高校最多的省份

截至 2013 年 6 月 21 日，全国共有民办高校 424 所（不含独立学院）。

---

① 中华人民共和国教育部. 中国教育统计年鉴 2012 ［M］. 北京：人民教育出版社，2013.

其中广东省拥有民办高校数量最多，有 33 所。其次是河南、福建和山东，分别达到 27、26、26 所。民办高校的数量表明社会力量办学的活跃程度，可见，东部地区社会力量办学活跃度较高。西部地区整体社会力量办学活跃度较低，民办高校主要集中在陕西和重庆，西藏、青海仍没有民办高校（图 2-3）。

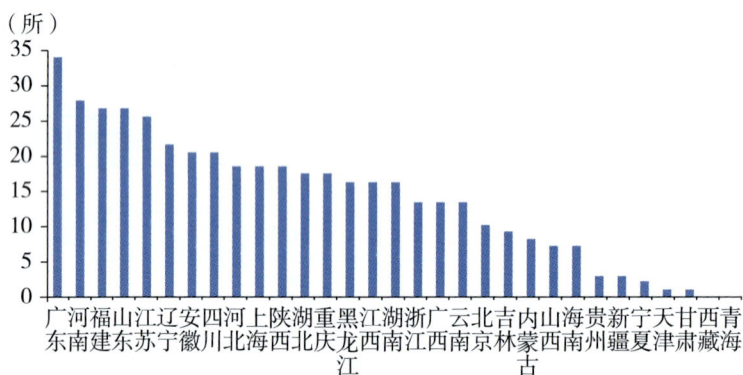

图 2-3 2012 年各省份民办高校分布情况①

（三）各省接受高等教育的人口数量差异较大

1. 每十万人口高等教育平均在校生数北京、天津和陕西位列前三

每十万人口高等教育平均在校生数是国际上用来分析国家受教育人口规模的通用指标，该指标可以在一定程度上反映全国及各地的教育发展水平和高等教育受教育人口比重的高低。

2012 年，全国每十万人口高等教育平均在校生数为 2335 人。其中最高的是北京，为 5534 人，其次是天津 4358 人，再次是陕西 3525 人。新疆、青海、西藏、云南、贵州、广西 6 省均在 2000 人以下，最低的青海只有 1133 人，不足全国平均水平的一半（图 2-4）。

---

① 中华人民共和国教育部. 全国高等学校名单 ［EB/OL］. ［2014-05-20］. http：//www. moe. edu. cn/publicfiles/business/htmlfiles/moe/moe_ 229/index. html.

（人）

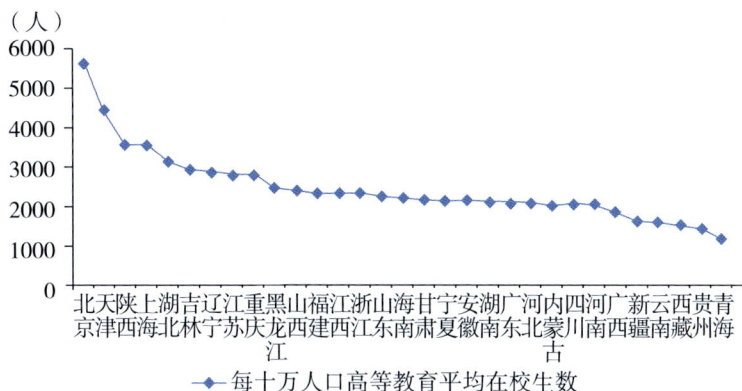

图 2-4　**2012 年各省份每十万人口高等教育平均在校生数①**

2. 主要劳动年龄人口接受高等教育的比例北京领跑其他各省

2012 年，全国就业人员受高等教育比例为 13.7%，比 2010 年提升 3.6%。就业人员受高等教育比例最高的是北京，为 53.6%，远超其他省份。其次是上海，为 33.7%。再次是天津，为 27.8%。最低的省份是西藏，仅为 6.6%（表 2-7）。

表 2-7　**2012 年各省份主要劳动年龄人口受高等教育比例②**

（单位:%）

省　份	主要劳动力人口受高等教育比例	省　份	主要劳动力人口受高等教育比例
全国	13.7	吉林	13.5
北京	53.6	海南	13.3
上海	33.7	辽宁	13.2
天津	27.8	重庆	12.3
新疆	18.0	广东	12.2

---

① 中华人民共和国国家统计局，编. 中国统计年鉴 2013 ［EB/OL］. ［2014 - 05 - 20］. http：//www. stats. gov. cn/tjsj/ndsj/2013/indexce. htm.

② 国家统计局人口和就业统计司，人力资源和社会保障部规划财务司. 中国劳动统计年鉴 2013 ［M］. 北京：中国科学出版社，2014.

续表

省　份	主要劳动力人口 受高等教育比例	省　份	主要劳动力人口 受高等教育比例
浙江	17.6	甘肃	12.1
内蒙古	17.0	河北	11.9
陕西	17.0	安徽	9.7
青海	16.5	四川	9.6
福建	16.3	黑龙江	9.4
山西	15.4	河南	9.0
江苏	15.4	江西	9.0
山东	14.6	广西	9.0
湖南	14.3	云南	8.4
宁夏	14.3	贵州	8.2
湖北	13.8	西藏	6.6

二、31 省份高等教育的办学条件差异

2012 年，各省份的高等教育办学条件都有所提高，但地区性差异依然明显。这里主要分析高校师资和研究与发展人员、教育经费、教学科研资源等方面进行分析。

（一）多数省份高校专任教师和研究与发展人员数量有所增长，但专任教师的学历结构、优质师资的分布地区差异十分显著

1. 多数省份高校专任教师数量有所增长，女性专任教师所占比例较为均衡

2012 年，全国普通高校专任教师总数为 144.03 万人，比 2010 年增加了 9.72 万人，增长了 7.23%。有 14 个省份的普通高校专任教师数在全国平均线以上，有 17 个省份在平均线以下，其中普通高校专任教师较多的 3 个省份是江苏、山东和广东，分别为 10.60 万人、9.61 万人和 8.74 万人，

3个省专任教师总和占全国的1/5；普通高校专任教师最少的省份是西藏，有0.24万人，仅占江苏省的2.2%。

2012年，全国普通高校女性专任教师为68.09万人，占全国普通高校专任教师总数的47.27%。各省份女性教师比例都比较均衡，均在40%—55%之间，比例最高的是内蒙古，为54.96%，比例最低的是安徽，为41.44%（图2-5）。

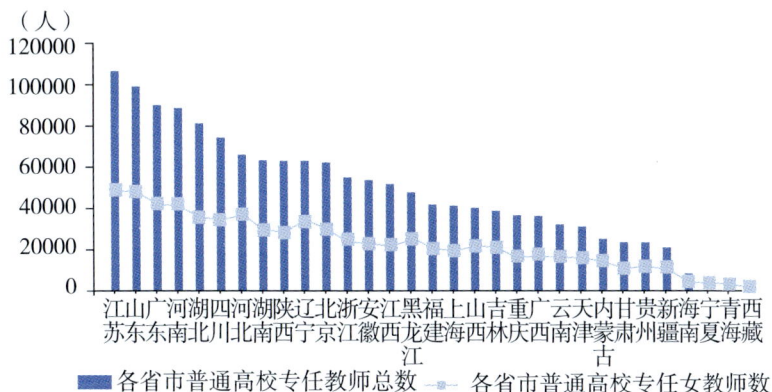

图2-5 2012年各省份普通高校专任教师总数及女性专任教师数①

2. 高校生师比整体略有上升

2012年，全国普通高校的生师比为17.52，比2010年增加了0.19。全国有10个省份的生师比有所下降，下降最多的是黑龙江，下降了0.66，这表明黑龙江教师数量配置有所增加；有21个省份的生师比略有升高，上升最多的是西藏，上升了2.18（表2-8）。

表2-8 2012年各省份普通高校生师比②

省　份	2012年生师比	2010年生师比	变化情况	省　份	2012年生师比	2010年生师比	变化情况
全国	17.52	17.33	0.19	河南	17.64	17.63	0.01
北京	16.7	15.97	0.73	湖北	17.76	17.82	-0.06

①② 中华人民共和国教育部. 中国教育统计年鉴2012［M］. 北京：人民教育出版社，2013.

续表

省 份	2012 年生师比	2010 年生师比	变化情况	省 份	2012 年生师比	2010 年生师比	变化情况
天津	17.29	16.77	0.52	湖南	18.64	18.01	0.63
河北	17.65	17.82	-0.17	广东	18.82	18.83	-0.01
山西	18.01	16.44	1.57	广西	17.8	17.42	0.38
内蒙古	17.59	17.2	0.39	海南	19.34	18.47	0.87
辽宁	17.17	16.82	0.35	重庆	17.53	17.51	0.02
吉林	17.2	17.72	-0.52	四川	18.36	18.05	0.31
黑龙江	16.19	16.85	-0.66	贵州	18.19	17.27	0.92
上海	16.93	17.03	-0.1	云南	18.5	17.76	0.74
江苏	15.45	15.88	-0.43	西藏	16.17	13.99	2.18
浙江	17.05	17.13	-0.08	陕西	18.19	17.26	0.93
安徽	18.74	18.44	0.3	甘肃	18.99	18.79	0.2
福建	17.2	17.43	-0.23	青海	14.74	14	0.74
江西	17.37	17.14	0.23	宁夏	17.43	17.46	-0.03
山东	17.08	16.94	0.14	新疆	16.87	16.63	0.24

3. 拥有博士学位专任教师的比例增长迅猛，青海高级职称专任教师比例排全国第二

2012 年，全国普通高校拥有博士学位的专任教师 25.44 万人，占专任教师总数的 17.66%，增长速度迅猛。这一比例高于 20% 的有 4 个省份，依次是北京（48.69%）、上海（41.71%）、天津（27.35%）和江苏（21.87%）。拥有博士学位的专任教师在全国分布呈现不均衡态势，西藏、青海、宁夏和新疆地区的比例都低于 10%，其中最低的为青海省，只有 6.13%。

2012 年，全国普通高校拥有高级职称的专任教师为 58.21 万人，占专任教师总数的 40.42%。各省份的高级职称专任教师比例相对均衡，分布在 33%—55% 之间。这一比例排名前 3 位的分别是北京（56.17%）、青海（55.85%）和上海（48.33%）（图 2-6）。

（%）

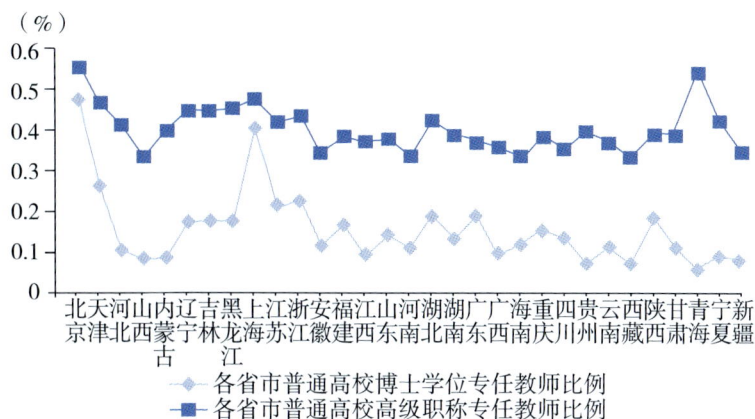

各省市普通高校博士学位专任教师比例
各省市普通高校高级职称专任教师比例

图 2-6　2012 年各省份普通高校博士学位专任教师比例与高级职称专任教师比例①

4. 科研及社科全时人员排名前三的是北京、上海和江苏

2012 年，全国普通高校研究与发展全时人员总量 290276.3 人年，比 2010 年增长了 22735.3 人年，增长了 8.49%。就总量来看，2012 年排名前 3 位的省份分别是北京（20616 人年）、上海（14906 人年）和江苏（13617 人年）（图 2-7）。

（人年）

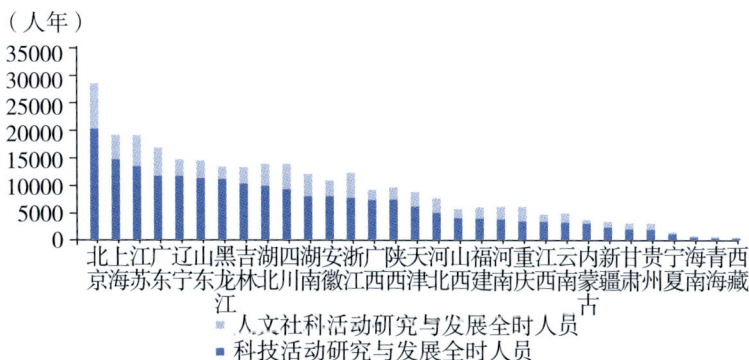

人文社科活动研究与发展全时人员
科技活动研究与发展全时人员

图 2-7　2012 年各省份普通高校研究与发展全时人员数量②

---

① 中华人民共和国教育部. 中国教育统计年鉴 2012 ［M］. 北京：人民教育出版社，2013.

② 教育部科技司. 高等学校科技统计资料汇编 2013 ［M］. 北京：高等教育出版社，2014；教育部社会科学司. 全国高校社科统计资料汇编 2012 ［M］. 北京：高等教育出版社，2013.

就普通高校研究与发展人员内部结构而言，科技活动研究与发展全时人员远比人文社科活动研究与发展全时人员多。就研究与发展全时人员总量最高的北京来看，科技活动研究与发展全时人员达 20616 人年，而人文社科活动研究与发展全时人员仅为 8330.1 人年，前者是后者的 2.5 倍（表 2-9）。

表 2-9　**2012 年各省份普通高校科技活动和人文社科活动研究与发展全时人员**①

（单位：人年）

省　份	科技活动研究与发展全时人员	人文社科活动研究与发展全时人员	省　份	科技活动研究与发展全时人员	人文社科活动研究与发展全时人员
全国	208657	81619.3	天津	6086	2783.6
北京	20616	8330.1	河北	5045	2681.3
上海	14906	4611.5	山西	4026	1628.9
江苏	13617	5745.3	福建	3886	2007.2
广东	11915	5187.7	河南	3704	2451.1
辽宁	11775	3327.6	重庆	3434	2777.2
山东	11396	3412.5	江西	3428	1169.6
黑龙江	11295	2374.9	云南	3205	1654
吉林	10572	2939.1	内蒙古	3080	549.7
湖北	10039	4046.4	新疆	2184	1125.9
四川	9464	3655.3	甘肃	2102	965.7
湖南	8067	4124.3	贵州	1957	1121
安徽	8047	2928.2	宁夏	1093	342.5
浙江	7806	4755	海南	432	372.7
广西	7447	1928.1	青海	330	192.7
陕西	7420	2239	西藏	283	191.2

（二）各省份普通高校教育经费收支均有所增加，但生均教育经费支出地区差距较大

2011 年，普通高校教育经费投入与支出地区差异较大，社会力量参与办

---

①　教育部科技司. 高等学校科技统计资料汇编 2013［M］. 北京：高等教育出版社，2014；教育部社会科学司. 全国高校社科统计资料汇编 2012［M］. 北京：高等教育出版社，2013.

学普遍不足；东部和西部地区的生均教育经费支持力度较大，中部地区偏弱。

1. 各省普通高校教育经费投入均有所增加

2011 年，各省份普通高校教育经费投入力度较大，但地区投入差异较为明显，社会力量参与办学普遍不足。

（1）普通高校教育经费收入占本省教育经费总收入的比例以北京最高

2011 年，全国教育经费总收入为 23869.29 亿元，普通高校教育经费收入为 6880.23 亿元，占全国教育经费总收入的 28.82%。全国有 11 个省份普通高校教育经费收入占本省教育经费总收入的比例在全国平均水平以上，有 20 个省份普通高校教育经费收入占本省教育经费总收入的比例在全国平均水平以下（图 2-8）。具体来说，普通高校教育经费收入占本省教育经费总收入的比例最高的是北京，达 51.11%；其次是上海，为 44.76%；最低的是青海，为 10.31%，仅为比例最高省份的 1/5 左右。各省份高等教育经费比例的较大差异一方面与高等教育投入力度差异有关，另一方面与各省份的高等教育规模差异有关。

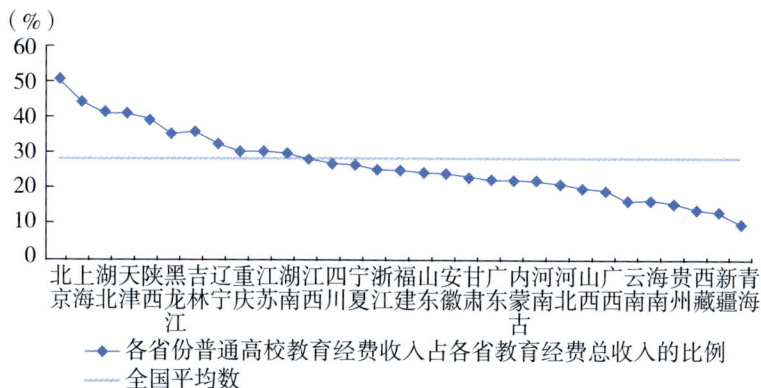

图 2-8　2011 年各省份普通高校教育经费收入占各省教育经费总收入的比例①

（2）地方公共财政预算高等教育经费收入占地方教育财政支出比例前三位依次是天津、北京和吉林

---

① 教育部财务司，国家统计局社会科技和文化产业统计司 . 中国教育经费统计年鉴 2012 [M]. 北京：中国统计出版社，2013.

　　地方公共财政预算高等教育经费收入占地方教育财政支出的比例可反映各地财政对高等教育事业的投入水平和力度。比例高表明地方政府对高等教育投入的重视程度高。此处本应采用地方公共财政预算高等教育经费收入这一指标，但这一指标缺乏公开数据，因此，这里采用地方普通高校公共财政预算教育经费收入代替地方公共财政预算高等教育经费收入，就地方财政对高等教育投入重视程度做非精确估算。地方公共财政预算高等教育经费一部分投入到中央属普通高校，一部分投入到地方普通高校，但主要投入到地方普通高校，且地方普通高校的公共财政预算教育经费收入主要依赖于地方财政。

　　2011 年，地方教育财政总支出为 15498.28 亿元，全国地方普通高校公共财政预算教育经费收入为 2469.96 亿元，占地方教育财政总支出的 15.94%。其中，有 13 个省份的地方普通高校公共财政预算教育经费收入占地方教育财政支出的比例在全国平均水平（15.94%）以上，有 18 个省份在全国平均水平以下（图 2-9）。地方普通高校公共财政预算教育经费收入占地方教育财政支出的比例在 20% 以上的有 7 个省份，比例在 10%—20% 的省份有 22 个；还有 2 个省的比例在 10% 以下。其中，天津的地方普通高校公共财政预算教育经费收入占教育财政支出的比例最高，为 29.56%；其次是北京，为 23.19%；第三是吉林省，为 22.77%。这表明这些省份的地方政府对高等教育的投入力度比较大。而这一比例最低的省份是海南省，为 9.86%，不足比例最高省份的 35%。其次是青海和新疆，分别为 9.90% 和 10.81%。可见，这些省份的地方政府对高等教育的投入力度相对较小。

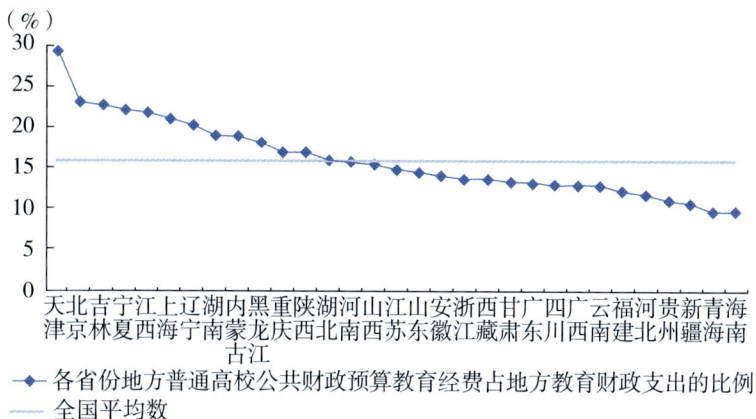

图 2-9　2011 年各省份地方普通高校公共财政预算教育经费
占地方教育财政支出的比例①

（3）中央和地方普通高校公共财政预算教育经费收入占普通高校公共财政预算教育经费总收入的比例差距以陕西最低

2011 年，在普通高校教育经费收入中，公共财政预算教育经费收入为 3763.26 亿元。其中，中央属普通高校公共财政预算教育经费收入为 1293.30 亿元，占公共财政预算教育经费总收入的 34.37%；地方普通高校公共财政预算教育经费收入为 2469.96 亿元，占公共财政预算教育经费总收入的 65.63%。各省份的普通高校公共财政预算教育经费来源结构差异较大（图 2-10）。例如，北京、湖北和上海这三个省份中央属普通高校公共财政预算教育经费收入超越了地方普通高校，这表明普通高校来源于中央财政的经费超过了地方财政。尤其是北京，中央属普通高校公共财政预算教育经费收入比例高达 71.01%，表明北京普通高校大部分公共财政预算教育经费都来源于中央财政。而其他省份的地方普通高校公共财政预算教育经费收入却超过了中央属高校，陕西省也是其中之一，但是陕西省的特殊之处在于，它是 31 省份中中央属和地方高校公共财政预算教育经费收入占普通高校公共财政预算经费比例差距最小的省，这和 2010 年情况一

---

① 教育部财务司，国家统计局社会科技和文化产业统计司．中国教育经费统计年鉴 2012[M]．北京：中国统计出版社，2013．

致，但与 2010 年不同的是陕西省中央属普通高校公共财政预算教育经费收入占比低于地方普通高校公共财政预算教育经费收入。江西、山西、内蒙古、广西、海南、西藏和青海等省份由于没有中央属高校，因此，这些省份的普通高校公共财政预算教育经费主要来源于地方财政。

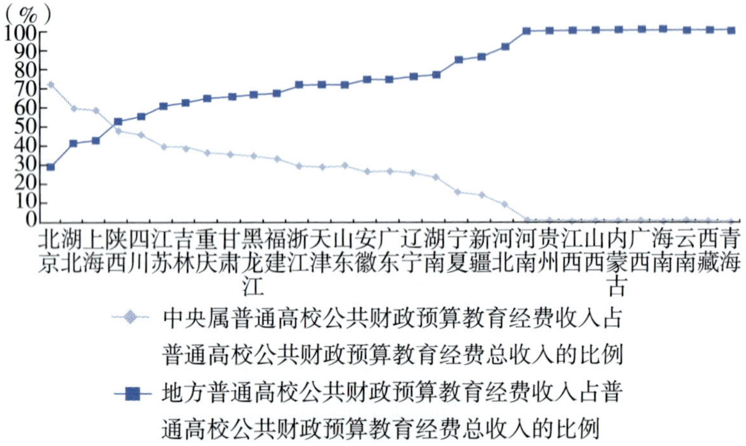

图 2-10　2011 年各省份中央和地方普通高校公共财政预算教育经费收入占普通高校公共财政预算教育经费总收入的比例①

（4）普通高校事业收入占普通高校教育经费总收入的比例以海南和河北位列前二

普通高校事业收入指学校和单位开展教学及其辅助活动依法取得的、经财政部门核准留用的资金，以及经财政专户核拨回的资金，包括教学事业收入和科研事业收入，事业收入包括学杂费收入。2011 年，全国普通高校教育经费总收入为 6880.23 亿元，其中事业收入为 2400.72 亿元，占总收入的 34.89%。全国共有 17 个省份普通高校事业收入占普通高校教育经费总收入的比例超过全国平均水平（34.89%）。而这一比例超过 40% 的有 9 个省份，其中以海南和河北为最高，分别为 48.56% 和 46.10%；在 30%—40% 的有 12 个省份；在 20%—30% 的有 7 个省份；这一比例在 20%

---

① 教育部财务司，国家统计局社会科技和文化产业统计司．中国教育经费统计年鉴 2012 [M]．北京：中国统计出版社，2013．

以下的有 3 个省份，分别为宁夏、青海和西藏，相应比例为 16.75%、16.04% 和 9.01%（表 2-10）。从总体状况看，中部省份这一比例较高，东部和西部省份较低。

表 2-10　**2011 年各省份普通高校事业收入占普通高校教育经费总收入的比例①**

普通高校事业收入占普通高校教育经费总收入的比例（%）	省份数（个）	省份名称
40 以上	9	海南、河北、福建、四川、广西、湖北、广东、黑龙江、安徽
30—40	12	重庆、浙江、河南、辽宁、湖南、云南、陕西、山东、江西、江苏、山西、贵州
20—30	7	甘肃、吉林、天津、上海、北京、内蒙古、新疆
20 以下	3	宁夏、青海、西藏

（5）15 个省份普通高校中民办学校举办者投入及社会捐赠占教育经费总收入的比例较 2010 年有所上升

该指标可监测和评价各地社会力量投入教育的情况。比例越高说明社会力量参与教育投入的积极性越高。2011 年，普通高校中民办学校举办者投入及社会捐赠总额为 76.48 亿元，占全国普通高校教育经费总收入的1.11%，比 2010 年上升了 0.08%。

2011 年，民办学校举办者投入及社会捐赠总额占全国普通高校教育经费总收入比例比 2010 年提升的有 15 个省份，有 16 个省份的比例比 2010年有所下降。这一比例提升最大的是江西，比 2010 年提升了 1.75%，其次是山西，提升了 0.90%，这一比例下降最大的是宁夏，下降了 3.47%。

2011 年，有 8 个省份的民办学校举办者投入及社会捐赠占普通高校教

①　教育部财务司，国家统计局社会科技和文化产业统计司．中国教育经费统计年鉴 2012[M]．北京：中国统计出版社，2013．

育经费总收入的比例在全国平均水平以上，有23个省份该比例在全国平均水平以下。民办学校举办者投入及社会捐赠占普通高校教育经费总收入的比例在3%以上的有2个省份，分别是江西（3.80%）和福建（3.53%）；民办学校举办者投入及社会捐赠占普通高校教育经费总收入的比例在1%—3% 的省份有9个；比例在0.5%—1%的省份有6个；还有14个省份的比例在0.5%以下（图2-11）。总体而言，社会力量参与高等教育投入的比例还比较低。

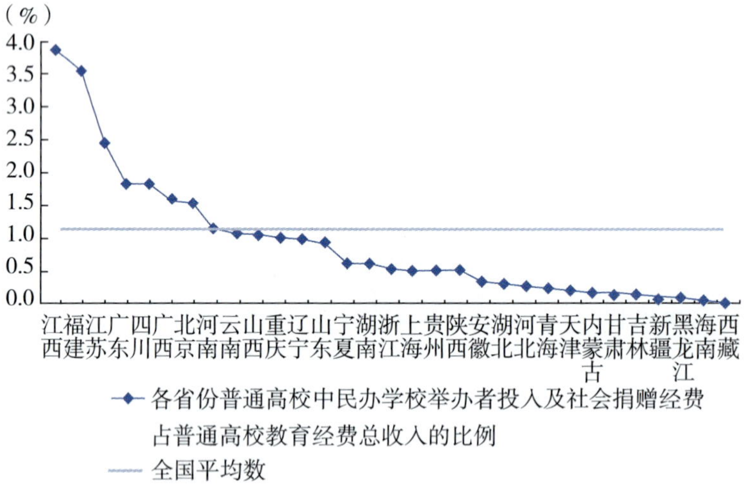
(%)
4.0
3.5
3.0
2.5
2.0
1.5
1.0
0.5
0.0
江西 福建 江苏 广东 四川 广西 北京 河南 云南 山西 重庆 辽宁 山东 宁夏 湖南 浙江 上海 贵州 陕西 安徽 湖北 河北 青海 天津 内蒙古 甘肃 吉林 新疆 黑龙江 海南 西藏
各省份普通高校中民办学校举办者投入及社会捐赠经费占普通高校教育经费总收入的比例
全国平均数

图2-11 2011年各省份普通高校中民办学校举办者投入及社会捐赠经费占普通高校教育经费总收入的比例①

2. 各省普通高校教育经费支出地区差异较明显

2011年，各省份普通高校教育经费支出主要用于事业性经费支出，但地区支出差异较明显。

（1）普通高校事业性经费支出占教育经费总支出的比例以河北最高

2011年，全国普通高校教育经费总支出为6519.55亿元，普通高校事业性经费支出为6277.14亿元，占全国普通高校教育经费总支出的

---

① 教育部财务司，国家统计局社会科技和文化产业统计司．中国教育经费统计年鉴2012［M］．北京：中国统计出版社，2013.

96.28%。全国共有 20 个省份普通高校事业性经费支出占教育经费总支出的比例在全国平均水平以上，有 11 个省份该比例在全国平均水平以下。其中，这一比例最高的是河北，达到 99.43%；其次是重庆，为 99.32%；最低的是西藏，为 87.35%（图 2-12）。这表明河北、重庆和江西等省份的普通高校教育经费支出主要用于事业性经费支出。

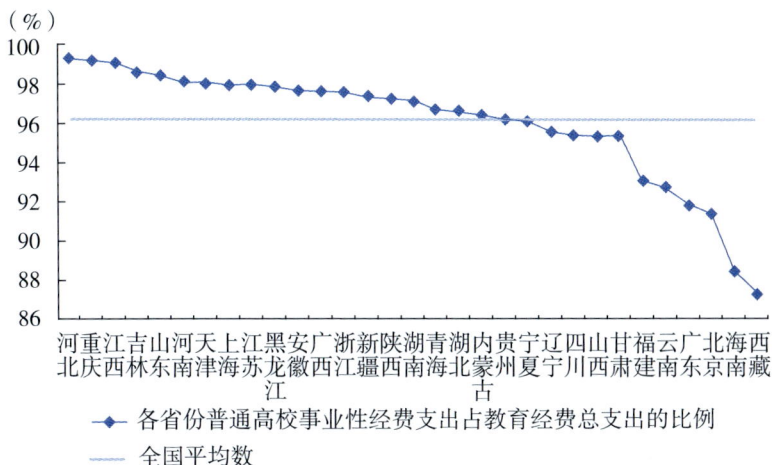

图 2-12　2011 年各省份普通高校事业性经费支出占教育经费总支出的比例①

（2）普通高校事业性经费支出中个人部分与公用部分之比以山西最高

2011 年，全国普通高校事业性经费支出中个人部分为 2440.81 亿元，公用部分为 3836.33 亿元，个人部分经费支出占公用部分经费支出比例为 63.62%。全国有 18 个省份的普通高校事业性经费支出中个人部分与公用部分比例高于全国平均值，其中以山西为最高，该比例超过了 100%，为 110.57%；其次是西藏，为 90.23%；最低的是宁夏，为 35.31%（图 2-13）。该比例表明了普通高校事业性经费的支出结构，比例越高，说明人员经费的支出越大。

———————

① 教育部财务司，国家统计局社会科技和文化产业统计司. 中国教育经费统计年鉴 2012 [M]. 北京：中国统计出版社，2013.

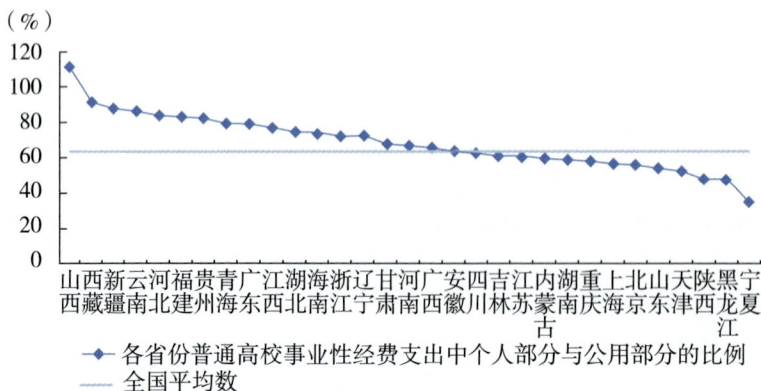

图2-13 **2011年各省份普通高校事业性经费支出中个人部分与公用部分的比例**①

3. 普通高校生均教育经费支出以中部最低

2011年，各省份普通高校生均教育经费支出差距悬殊，中部地区相对较低。

（1）普通高校生均公共财政预算教育经费支出以北京和上海最高

2011年，全国普通高校生均公共财政预算教育经费支出为14442.2元。其中11个省份的普通高校生均公共财政预算教育经费支出在全国平均水平以上，20个省份在平均水平以下。普通高校生均公共财政预算教育经费支出在30000元以上的有2个省份，20000—30000元的有3个省份，10000—20000元的有20个省份，10000元以下的有6个省份，没有低于5000元的省份（表2-11）。

表2-11 **2011年各省份普通高校生均公共财政预算教育经费支出**②

（单位：元；个）

普通高校生均公共财政预算教育经费支出	省份数	省份名称
30000以上	2	北京、上海
20000—30000	3	西藏、宁夏、青海

---

①② 教育部财务司，国家统计局社会科技和文化产业统计司. 中国教育经费统计年鉴2012[M]. 北京：中国统计出版社，2013.

续表

普通高校生均公共财政预算教育经费支出	省份数	省份名称
10000—20000	20	天津、陕西、新疆、广东、吉林、内蒙古、江苏、重庆、浙江、四川、辽宁、湖北、黑龙江、山东、云南、甘肃、湖南、贵州、安徽、广西
10000 以下	6	山西、海南、福建、河北、河南、江西

在 31 个省份中，普通高校生均公共财政预算教育经费支出最高的 2 个省份（市）是北京和上海，分别为 37120.76 元和 31353.99 元，最低的是河南和江西，分别为 8840.16 元和 8784.48 元。从图 2-14 可以看出，东部和西部省份普通高校的生均公共财政预算教育经费支出比较高，中部省份比较低。

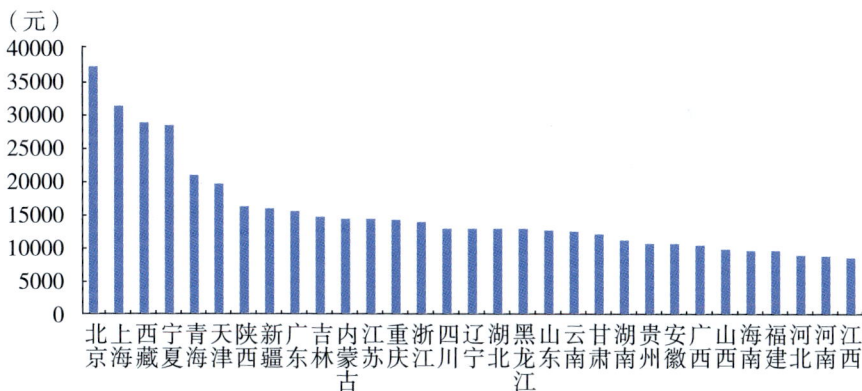

图 2-14　2011 年各省份普通高校生均公共财政预算教育经费支出①

（2）生均公共财政预算公用经费占生均公共财政预算教育事业费支出的比例，宁夏、上海、重庆和陕西在 60% 以上

该指标反映以学生人数平均的公用经费的充足程度，比例越高，说明公用经费越充足。

① 教育部财务司，国家统计局社会科技和文化产业统计司 . 中国教育经费统计年鉴 2012 [M]. 北京：中国统计出版社，2013.

2011 年，全国普通高校生均公共财政预算教育事业费支出为 13877.53 元，全国普通高校生均公共财政预算公用经费支出为 7459.51 元，占教育事业费支出的 53.75%。有 15 个省份的这一比例在全国平均水平以上，有 16 个省份的这一比例在全国平均水平以下。这一比例在 60% 以上的有 4 个省份，即宁夏、上海、重庆和陕西，分别为 73.58%、66.51%、61.42% 和 60.10%，表明这些省份的生均公用经费相对比较充足。这一比例在 40% 以下的只有山西 1 个省份，为 37.96%（图 2-15）。

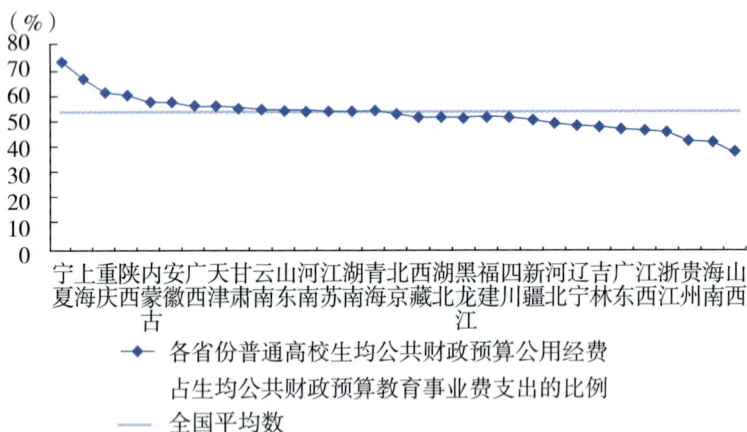

图 2-15　2011 年各省份普通高校生均公共财政预算公用经费占生均公共财政预算教育事业费支出的比例

（三）教学、科研设备东部高校占明显优势

1. 教学科研仪器设备资产总额、新增额排名前 3 的是北京、江苏和广东

2012 年，全国普通高校教学、科研仪器设备资产总额 2899.14 亿元，比上年增加 361.57 亿元；各省份平均资产为 93.52 亿元。全国有 13 个省份普通高校教学、科研仪器设备资产总额在全国平均数以上，18 个省份在平均数以下。排在前 3 位的省份分别是北京（371.15 亿元）、江苏（255.97 亿元）和广东（172.45 亿元）（图 2-16）。

2012 年，全国普通高校当年新增教学、科研仪器设备资产为 359.74

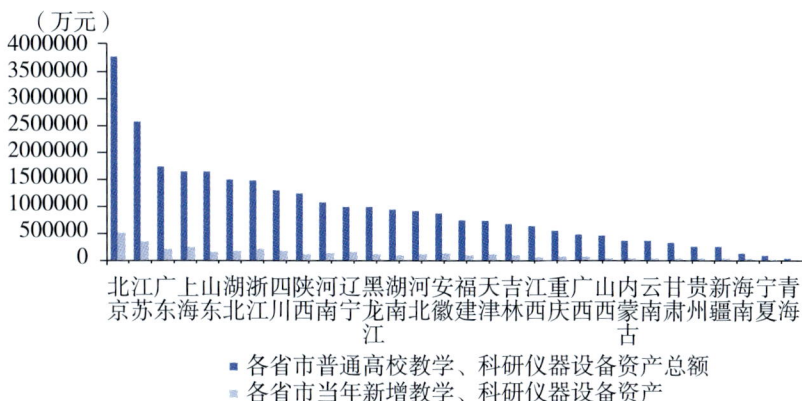

图 2-16　**2012 年各省份教学、科研仪器设备资产总额及当年新增数量**①

亿元。各省份平均新增资产为 11.6 亿元。有 13 个省份的普通高校当年新增教学、科研仪器设备资产当年新增资产在全国平均数以上，有 18 个省份在全国平均数以下。其中，当年新增资产最多的 3 个省份是北京（50.17 亿元）、江苏（33.59 亿元）和上海（23.05 亿元）。按照教育部印发的《普通高校基本办学条件指标〈试行〉（2004）》的要求，即普通高校当年新增教学、科研仪器设备资产所占比例须达 10% 以上，2012 年，有 24 个省份的普通高校当年新增教学、科研仪器设备资产比例在 10% 以上，其中，排在前 3 位的省份是宁夏（17.99%）、天津（16.30%）和青海（15.90%）。此外，还有 7 个省份在 9%—10% 之间，没有达到教育部的规定要求。

2. 教学用计算机数量江苏远超其他省份

2012 年，全国普通高校拥有教学用计算机 668.71 万台，各省份平均拥有教学用计算机 21.57 万台。普通高校拥有教学用计算机数在全国平均数以上的省份有 15 个，在平均数以下的有 16 个。普通高校拥有教学用计算机 30 万台以上的省份有 7 个，其中最多的是江苏（63.45 万台）、广东（43.56 万台）、山东（42.25 万台）（图 2-17）。

---

① 中华人民共和国教育部. 中国教育统计年鉴 2012［M］. 北京：人民教育出版社，2013.

（台）

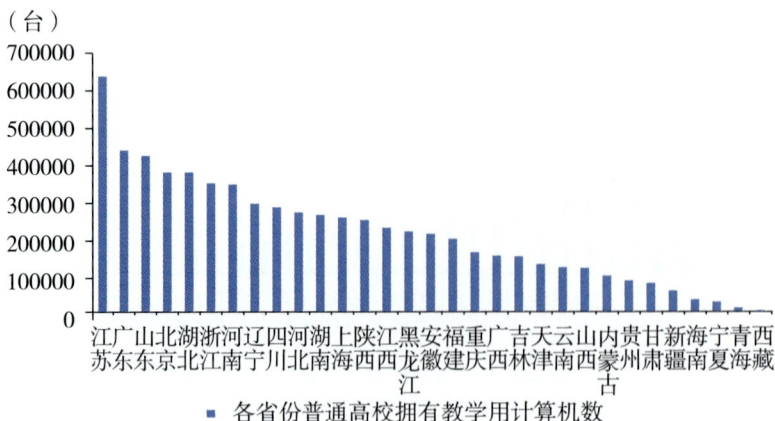

图 2-17　2012 年各省份普通高校拥有教学用计算机数①

3. 江苏和山东图书数量是全国平均水平的两倍

2012 年，全国普通高校拥有图书 21.01 亿册。各省份普通高校平均拥有图书 0.68 亿册。全国有 14 个省份普通高校拥有图书数量超过全国平均水平，其中，普通高校拥有图书数量最多的 3 个省份是江苏（1.51 亿册）、山东（1.49 亿册）和广东（1.29 亿册）。

2012 年，全国普通高校当年新增图书 1.21 亿册，各省平均新增图书 0.04 亿册。有 13 个省份普通高校当年新增图书超过全国平均水平。其中，新增图书最多的 3 个省份是江苏（0.08 亿册）、广东（0.08 亿册）和河南（0.07 亿册）（图 2-18）。

（万册）

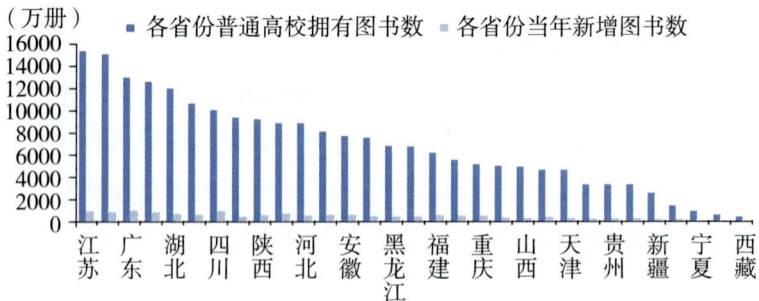

图 2-18　2012 年各省份普通高校拥有图书数和当年新增图书数②

---

① ②　中华人民共和国教育部. 中国教育统计年鉴 2012［M］. 北京：人民教育出版社，2013.

三、31 省份高等教育的办学成效差异

全国 31 省份高等教育办学成效差异较大，西部省份虽然有所进步，但总体上看，还是东部领跑全国。

（一）优势学科集中在东部高校

1. 北京、江苏和上海优势学科拥有量位列全国前 3

根据教育部学位与研究生教育发展研究中心颁布的全国学科排名（2012 年）资料统计，进入各学科排名前十的优势学科共有 1051 个。其中，拥有 100 个以上优势学科的省份有 3 个，拥有 50—100 个优势学科的省份有 4 个，拥有 30—50 个优势学科的省份有 5 个，拥有 10—30 个优势学科的省份有 7 个，拥有 1—10 个优势学科的省份有 9 个。拥有优势学科最多的是北京（225 个），其次是江苏（112 个），再次是上海（111 个）（表 2-12）。

表 2-12　2012 年各省份拥有全国排名前十优势学科数量[①]

（单位：个）

省　份	排名前十的优势学科数	省　份	排名前十的优势学科数
全国	1051	安徽	20
北京	225	山东	19
江苏	112	河南	10
上海	111	甘肃	10
湖北	80	云南	8
陕西	55	山西	5
浙江	54	内蒙古	5

---

①　教育部学位与研究生教育发展中心.2012 年学科评估结果［EB/OL］.［2014-05-20］. http://www.cdgdc.edu.cn/xwyyjsjyxx/xxsbdxz/.

续表

省　份	排名前十的优势学科数	省　份	排名前十的优势学科数
广东	52	河北	3
四川	46	江西	2
天津	45	海南	1
辽宁	39	西藏	1
黑龙江	39	宁夏	1
湖南	38	新疆	1
吉林	25	广西	0
福建	23	贵州	0
重庆	21	青海	0

2. 进入 ESI 排名学科数量最多的 3 个省市是北京、上海和江苏

根据中国科学评价研究中心发布的《世界一流大学与科研机构竞争力评价研究报告 2013—2014》，我国有 30 个以上学科进入 ESI 排名的省份有 5 个；有 10—30 个学科数量进入 ESI 排名的省份有 12 个；有 10 个以下（含 10 个）学科数量进入 ESI 排名的省份有 7 个；没有学科进入 ESI 排名的省份有 7 个。进入 ESI 排名学科数量最多的 3 个省市是北京、上海和江苏，分别为 84 个、66 个和 48 个。这 3 个省份进入 ESI 排名的学科数量占全国总量的近四成（38.37%）（表 2-13）。

表 2-13　2012 年各省份进入 ESI 排名的学科数①

（单位：个）

省　份	进入 ESI 排名的学科数	省　份	进入 ESI 排名的学科数
北京	84	重庆	11
上海	66	吉林	10
江苏	48	河南	9

① 邱均平，等. 世界一流大学与科研机构竞争力评价研究报告 2013—2014［M］. 北京：科学出版社，2014.

省 份	进入 ESI 排名的学科数	省 份	进入 ESI 排名的学科数
广东	33	河北	5
湖北	32	江西	3
山东	28	广西	3
浙江	25	山西	2
陕西	25	云南	1
黑龙江	21	内蒙古	0
辽宁	19	海南	0
安徽	18	贵州	0
湖南	18	西藏	0
甘肃	12		
天津	16	青海	0
四川	14	宁夏	0
福建	13	新疆	0

（二）优质课程教学资源进一步拓展

1. 精品视频公开课工程启动，北京高校发挥优质教学资源辐射作用

精品公开课是指高等学校建设一批优秀的视频公开课。从 2011 年开始，教育部组织"985 工程"高校先行启动了视频公开课建设试点工作。经有关高校建设和申报、教育部组织专家评审遴选，2012 年公布了首批精品视频公开课名单，共 43 门视频公开课，分布在 12 个省份的 24 所高校，其中，北京共有 14 门课程入选，分布在 8 所高校。精品视频公开课为推进优质教育资源共享、实现大学服务社会和文化传承创新的使命和社会责任、积极发挥文化育人作用、推动学习型社会建设做出了积极贡献。

2. 教师教育国家级精品资源共享课

为落实教育规划纲要，全面提高教师培养质量，根据《教育部财政部关于"十二五"期间实施"高等学校本科教学质量与教学改革工程"的意见》（教高〔2011〕6 号）和《教育部关于国家精品开放课程建设的实施

意见》（教高〔2011〕8号）精神，按照《教育部关于大力推进教师教育课程改革的意见》（教师〔2011〕6号）和《教育部办公厅关于印发〈精品资源共享课建设工作实施办法〉的通知》（教高厅〔2012〕2号）有关要求，2012年，教育部决定启动实施教师教育国家级精品资源共享课建设计划。"十二五"期间，教育部计划支持建设350门左右教师教育国家级精品资源共享课（表2-14）。

表2-14 教师教育国家级精品资源共享课立项建设推荐限额表

省 份	推荐限额	省 份	推荐限额
北京	30	湖北	40
天津	15	湖南	25
河北	20	广东	30
山西	10	广西	15
内蒙古	10	海南	5
辽宁	15	重庆	20
吉林	20	四川	30
黑龙江	15	贵州	15
上海	30	云南	15
江苏	25	西藏	5
浙江	25	陕西	30
安徽	25	甘肃	10
福建	20	青海	5
江西	20	宁夏	5
山东	30	新疆	7
河南	30	新疆兵团	3
总计		600	

（三）东部高校科技成果和产出具有绝对优势

1. 全国普通高校人文社科著作和科技专著数量集中在东部省份

2012 年，全国普通高校共出版科技专著 1.21 万部，人文社科专著
1.25 万部。整体来看，除个别省份之外，各省份出版的社科专著比科技专
著要多。在科技专著中，排名前三的省份是北京、江苏和辽宁，分别为
1013 部、886 部和 863 部；在社科专著中，排名前三的省市是北京、上海
和湖北，分别为 1920 部、1106 部和 822 部（图 2-19）。

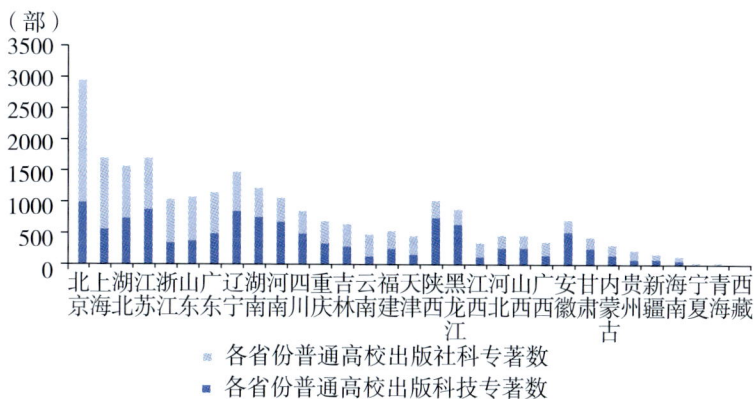

图 2-19　2012 年各省份普通高校出版专著数量①

2. 国外期刊发表科技论文数量是社科论文的 23.8 倍

2012 年，全国普通高校共在国外刊物发表科技论文 21.70 万篇，发表
社科论文 9106 篇，科技论文在国外刊物发表量是社科论文发表量的 23.83
倍。在国外刊物发表科技论文最多的 3 个省份是江苏、北京和上海，分别
为 2.56 万篇、2.41 万篇和 2.09 万篇。这 3 个省份的国外刊物论文发表量
占全国总量的 32.55%。在国外刊物发表社科论文最多的 3 个省市是北京、
上海和浙江，分别为 1638 篇、1142 篇和 739 篇，这 3 个省份的国外刊物
论文发表量占全国总数的 38.64%（图 2-20）。

---

① 　教育部科技司. 高等学校科技统计资料汇编 2013 ［M］. 北京：高等教育出版社，2014；
教育部社会科学司. 全国高校社科统计资料汇编 2012 ［M］. 北京：高等教育出版社，2013.

（篇）

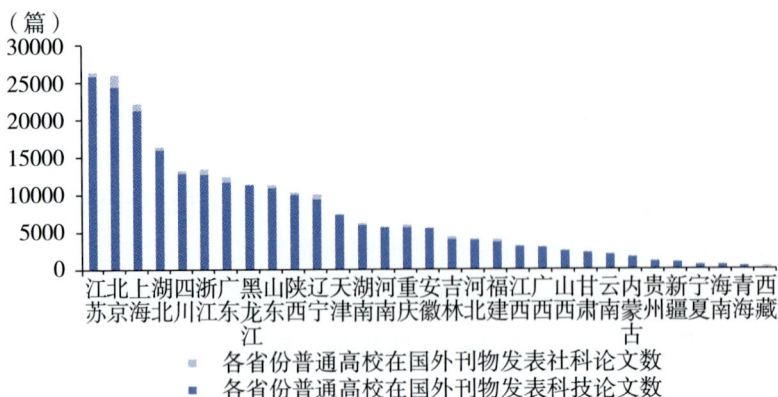

各省份普通高校在国外刊物发表社科论文数
各省份普通高校在国外刊物发表科技论文数

图 2-20　2012 年各省份普通高校在国外刊物发表论文数量①

3. 北京、黑龙江和上海普通高校完成国际级项目验收占全国近半

2012 年，全国普通高校完成国际级项目验收 4326 项。其中，完成最多的前三个省份是北京、黑龙江和上海，分别完成 851 项、776 项和 462 项。这 3 个省份的完成量占总量的 48.29%，近一半（表 2-15）。

表 2-15　2012 年普通高校各省份国际级项目验收表②

（单位：项）

省　份	国际级项目验收数	省　份	国际级项目验收数
全国	4326	吉林	50
北京	851	云南	37
黑龙江	776	福建	31
上海	462	河南	27
四川	388	甘肃	27
江苏	253	重庆	25
湖北	216	江西	9
辽宁	200	新疆	6

---

①　教育部科技司.高等学校科技统计资料汇编 2013［M］.北京：高等教育出版社，2014；教育部社会科学司.全国高校社科统计资料汇编 2012［M］.北京：高等教育出版社，2013.

②　教育部科技司.高等学校科技统计资料汇编 2013［M］.北京：高等教育出版社，2014.

续表

省　份	国际级项目验收数	省　份	国际级项目验收数
陕西	179	山西	5
湖南	152	海南	5
浙江	150	宁夏	5
广东	150	内蒙古	4
安徽	94	广西	4
天津	85	贵州	4
山东	75	青海	2
河北	53	西藏	1

4. 北京、江苏和上海普通高校获国家三大奖项最多

2012 年，全国普通高校获得国家自然科学奖 33 项，其中一等奖 4 项，二等奖 29 项；获得国家技术发明奖 64 项，其中一等奖 3 项，二等奖 61 项；获得国家科技进步奖 192 项，其中特等奖 2 项，一等奖 10 项，二等奖 180 项。获奖最多的前 3 个省份是北京、江苏和上海，分别为 75 项、32 项和 27 项，这三个省份的获奖量占全国普通高校总获奖量的 46.37%（表 2-16）。

表 2-16　2012 年各省份普通高校获国家三大奖项表

（单位：项）

省　份	国家自然科学奖	国家技术发明奖	国家科技进步奖	合　计
全国	33	64	192	289
北京	9	15	51	75
江苏	2	10	20	32
上海	4	5	18	27
陕西	3	8	11	22
湖北	2	6	13	21
浙江	1	3	14	18
四川	1	2	11	14

续表

省 份	国家自然科学奖	国家技术发明奖	国家科技进步奖	合 计
湖南	0	2	11	13
黑龙江	0	4	7	11
山东	2	1	5	8
辽宁	0	1	6	7
广东	3	1	3	7
天津	0	2	4	6
吉林	2	0	4	6
安徽	3	0	2	5
河南	1	0	3	4
河北	0	1	1	2
内蒙古	0	0	2	2
福建	0	1	1	2
重庆	0	0	2	2
江西	0	1	0	1
广西	0	1	0	1
贵州	0	0	1	1
云南	0	0	1	1
西藏	0	0	1	1

（四）东部高校社会服务能力远超中西部省份

1. 江苏、浙江和北京三省市普通高校专利授权数占全国四成

2012 年，全国普通高校专利授权数为 6.90 万项。普通高校专利授权数最多的 3 个省份是江苏、浙江和北京，分别为 1.28 万项、0.82 万项和 0.71 万项。这 3 个省份普通高校专利授权数占全国普通高校专利授权总数的 40.62%。西藏、青海和宁夏普通高校的专利授权数均在 50 以下，与其他省份差距悬殊（图 2-21）。

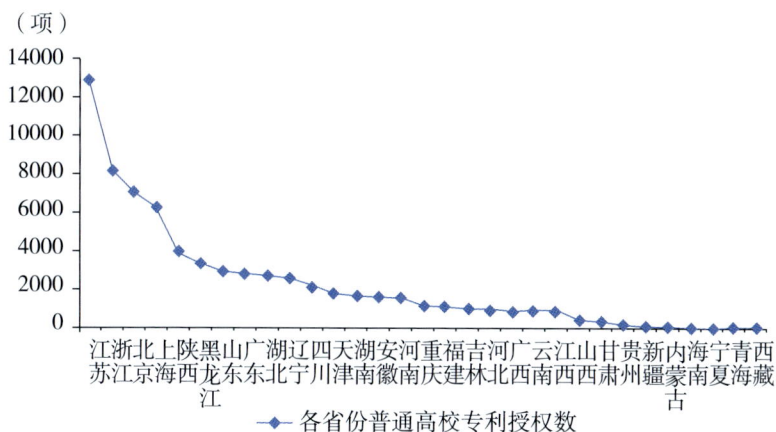

图 2-21　**2012 年各省份普通高校获得专利授权数量**[①]

2. 北京、江苏、安徽和上海四省市普通高校技术转让合同金额超过全国一半

2012 年，全国普通高校技术转让合同金额为 38.76 亿元。有 4 个省份普通高校的技术转让合同金额在 2 亿元以上，分别是北京（8.96 亿元）、江苏（4.53 亿元）、安徽（3.95 亿元）和上海（2.48 亿元），这 4 个省份合同金额总数占全国普通高校技术转让合同金额总数的 51.40%（图 2-22）。

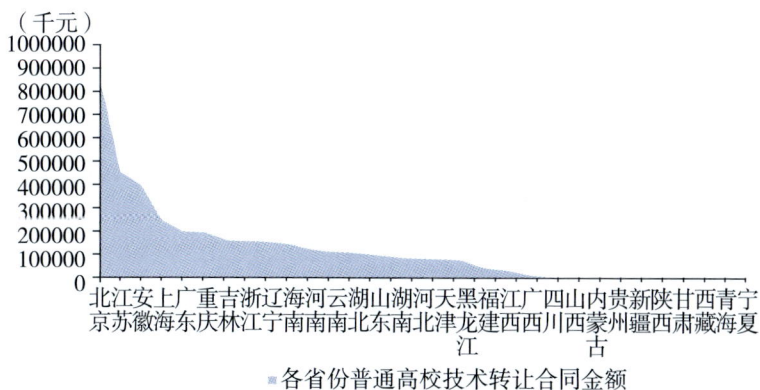

图 2-22　**2012 年各省份普通高校技术转让合同金额**[②]

①②　教育部科技司. 高等学校科技统计资料汇编 2013〔M〕. 北京：高等教育出版社，2014.

3. 东部、中部普通高校研究与咨询报告被采纳数领先西部

2012 年，全国普通高校社科研究与咨询报告被采纳总数为 4407 项。其中，被采纳 300 项以上的省份有广东、江苏、湖北和重庆，分别为 675 项、544 项、438 项和 337 项。这 4 个省份研究与咨询报告被采纳的总数占全国普通高校研究与咨询报告被采纳总数的 45.24%。内蒙古、西藏、海南、甘肃和宁夏 5 省份的研究与咨询报告采纳数均在 20 以下（图 2-23）。

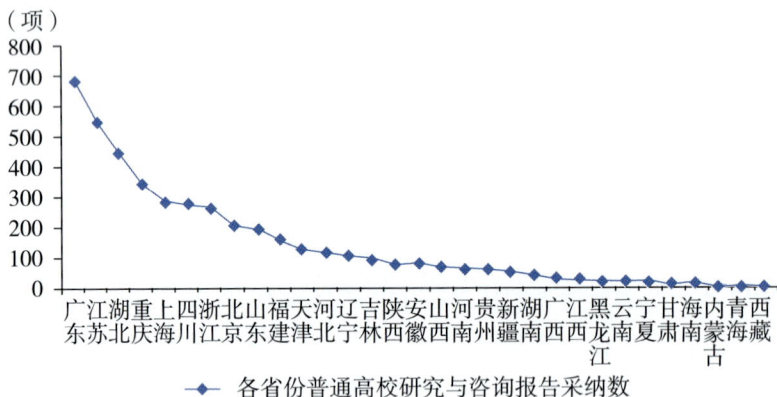

图 2-23　2012 年各省份普通高校社科研究与咨询报告被采纳数量①

4. 普通高校非学历培训毕（结）业生数东部四省占四成

2012 年，全国普通高校非学历培训毕（结）业生 459.35 万人。其中，浙江、广东、江苏和北京 4 个省份的普通高校非学历培训毕（结）业生数超过 40 万人，分别为 58.55 万人、50.37 万人、44.92 万人和 40.33 万人。这 4 个省份的普通高校非学历培训毕（结）业生数占全国总数的 42.27%（图 2-24）。

---

① 教育部社会科学司. 全国高校社科统计资料汇编 2012［M］. 北京：高等教育出版社，2013.

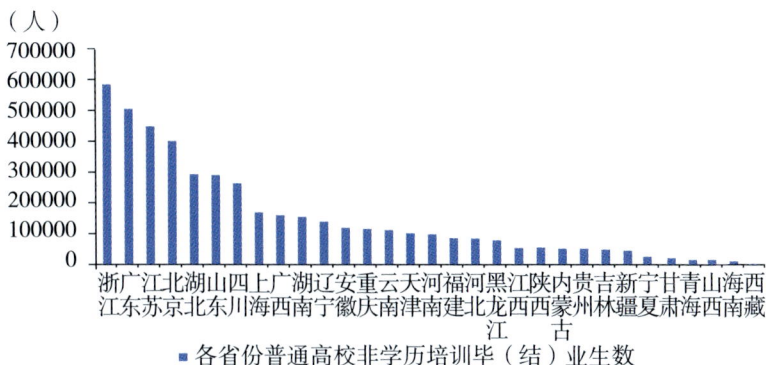

（人）

浙江 广东 江苏 北京 湖北 山东 四川 上海 广西 辽宁 安徽 重庆 云南 天津 河南 福建 河北 黑龙江 江西 陕西 内蒙古 贵州 吉林 新疆 宁夏 甘肃 青海 山西 海南 西藏

■ 各省份普通高校非学历培训毕（结）业生数

图 2-24　2012 年各省份普通高校非学历培训毕（结）业生数①

（五）国际交流与合作进一步扩大，中东部高校发挥重要作用

1. 北京、上海和江苏招收留学生占全国一半

2012 年，全国普通高校共招收外国留学生 102991 人。招收外国留学生最多的 3 个省份是北京、上海和江苏，分别为 29181 人、13151 人和 7681 人。这 3 个省份招收的外国留学生数占全国招收留学生数的 48.56%（表 2-17）。

表 2-17　2012 年各省份普通高校招收外国留学生数②

省　份	招收外国留学生数	省　份	招收外国留学生数
全国	102991	四川	1448
北京	29181	湖南	1437
上海	13151	重庆	1420
江苏	7681	新疆	1387
浙江	6978	河北	869
辽宁	5298	河南	740
山东	4733	内蒙古	648
广东	3631	江西	522

①② 中华人民共和国教育部. 中国教育统计年鉴 2012 [M]. 北京：人民教育出版社，2013.

续表

省　份	招收外国留学生数	省　份	招收外国留学生数
黑龙江	3165	甘肃	514
湖北	3098	海南	500
天津	3089	安徽	490
福建	2889	宁夏	365
广西	2684	贵州	297
吉林	2518	青海	155
陕西	2202	山西	56
云南	1825	西藏	20

2. 北京、上海和天津高校留学生在校生比例高

2012 年，全国普通高校外国留学生在校生有 15.78 万人，占普通高校在校生总数的 0.62%。普通高校外国留学生比例较高的 3 个省市是北京、上海和天津，分别为 4.79%、3.06% 和 1.26%（图 2-25）。

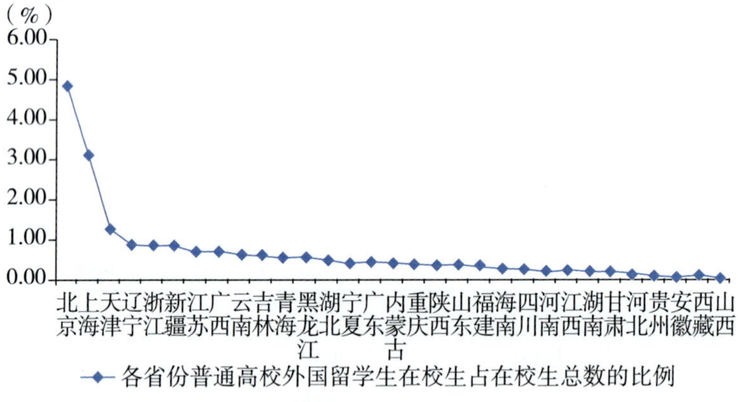

图 2-25　**2012 年各省份普通高校来华留学生在校生占在校生总数的比例**①

3. 中西部外国留学生授予学位比例高

2012 年，全国普通高校外国留学生毕业生有 8.36 万人，其中授予学位的有 1.83 万人，占毕业生总数的 21.8%。有 20 个省份的普通高校外国

① 中华人民共和国教育部. 中国教育统计年鉴 2012［M］. 北京：人民教育出版社，2013.

留学生授予学位比例高于全国平均水平，有11个省份在平均水平以下，其中，学位授予比例较高的3个省份是内蒙古、江西和河南，分别为66.90%、60.70%和49.92%（图2-26）。

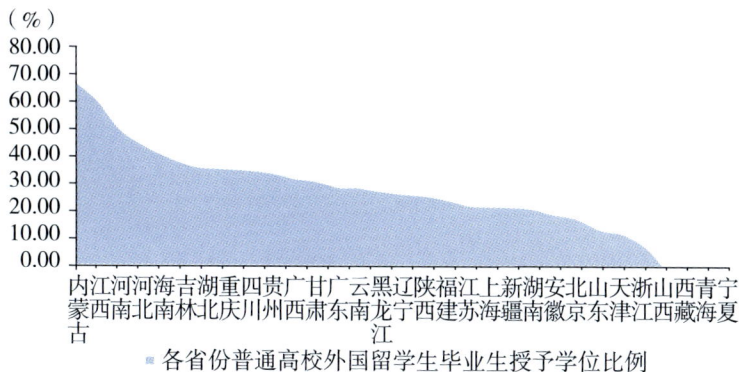

图 2-26　**2012 年各省份普通高校来华留学生毕业生授予学位的比例**①

①　中华人民共和国教育部. 中国教育统计年鉴 2012 ［M］. 北京：人民教育出版社，2013.

第三章

高等教育的综合发展水平

统筹配置规划公共教育资源，大力促进教育公平是我国一项基本教育政策。优化高等教育资源配置，推动高等教育结构调整，全面提升高等教育质量，走内涵式发展的道路，是现阶段我国高等教育发展的重要任务。《中国教育改革与发展规划纲要（2010—2020年）》提出高等教育要继续优化区域布局结构，在资源配置上要向中西部高等教育资源短缺地区倾斜，意在促进高等教育均衡协调发展。然而，当前我国各地区社会经济发展状况不平衡，同时各地区高等教育发展水平也相应存在一定差异。[①] 本章着重考察全国不同地区高等教育综合发展的基本水平，分析各区域高等教育的发展特点及区域间的差异。所使用的区域划分方式结合了东、中、西部地区的传统划分方式，同时参考国务院发展研究中心提出的八大经济综合区的划分构想。

一、高等教育综合发展水平的评价

区域高等教育综合发展水平评价指标的设计，一是要评价不同地区高

---

① 彭怀祖，王建宏 . 高等教育与社会经济协调发展评价 [J]. 江苏高教，2012（1）：21-23.

等教育的发展状况，二是要描述我国高等教育系统的区域特征。通过将多种高等教育指标进行系统整合，测量高等教育系统中的复杂成分，从而反映不同地区高等教育发展的状况及程度。

本评价指标体系采取归纳模式和问题模式相结合的概念模型设计方式，从我国高等教育发展所处阶段的现实以及当前国家对高等教育发展的宏观政策导向出发，在参考和借鉴国内外已有研究成果的基础上，兼顾相关统计数据的准确性和可获得性，从而设计和构建本研究使用的我国高等教育综合发展水平的评价指标体系。在 2012 年的评价报告中，已经对区域高等教育综合发展水平指标维度设计、测量方法等进行了论述，在此不做重复说明。①

（一）维度与指标

在具体测算与评估时，往往还需要兼顾数据的可获得性及可靠性。本研究仍然沿用《中国高等教育发展报告 2012》中构建的包括 7 个维度的高等教育综合发展水平的测量指标体系。这 7 个维度分别是整体规模、师资力量、国际化、信息化、社会服务、经费投入、多元参与。在具体指标选取时，受到统计数据变更的影响，对部分指标做了微调。

1. 整体规模：指地区高等教育机构以及在校生的整体规模。高等教育毛入学率和成年人口的平均受教育年限是反映高等教育规模的两个常用指标。② 在本研究中，由于统计年鉴数据的变更以及难以获得相应的可靠数据，因此选取各省份每十万人口高等教育平均在校生数、就业人口受高等教育比例、就业人员平均受教育年限作为测量指标。

2. 师资力量：指地区高等教育教师队伍的"量"和"质"，故采用各省份普通高校专任教师数、高校科技和社科研究与发展全时人员数、具有博士学位的专任教师占专任教师的比例作为该维度的评价指标。

---

① 张男星，等. 中国高等教育发展报告 2012［M］. 北京：教育科学出版社，2013：119-153.

② 李文利，闵维方. 我国高等教育规模的现状和发展潜力［J］. 高等教育研究，2001（2）：27-39.

3. 国际化：指地区高等教育系统开展国际交流与合作的程度。该维度将留学生占普通高校在校生总数的比例、中外合作办学项目数作为测量指标。

4. 信息化：指地区高等教育信息化建设和应用的水平。受到统计年鉴数据变化影响，在本年度的评价中，该维度包括各省份普通高校拥有教学用计算机数量、信息化设备资产值以及软件资产值作为测量指标。

5. 社会服务：指地区高等教育机构通过培养人才、科学研究、专业咨询以及校企合作等多种途径服务当地经济社会发展。该维度中包括高校技术转让合同金额、研究与咨询报告被采纳数量以及高等教育非学历培训毕（结）业数作为具体测量指标。

6. 经费投入：指各级政府对各省份高等教育发展的财政投入及支持力度。该维度包括各省份普通高校国家财政性经费占教育经费收入的比例以及生均预算内高等教育支出这两个测量指标。

7. 多元参与：指除各级政府对高等教育的经费投入之外，社会力量参与或支持高校办学的状况。该维度包括民办高校占普通高校数量的比例、非财政性经费占高等教育经费的比例这两个测量指标。

各维度所含的初选指标如表 3-1 所示。除经费投入维度的两个指标因年鉴数据更新不及时之故而使用 2011 年的统计数据之外，其余各维度的测量指标均使用 2012 年的统计数据。数据来源包括《中国统计年鉴 2013》、《中国教育统计年鉴 2012》、《中国教育经费统计年鉴 2012》、《中国科技统计年鉴 2012》、《全国高校科技统计资料汇编 2012》、《全国高校社科统计资料汇编 2012》、《中国人口和就业统计年鉴 2013》等，民办高校（含独立学院）数量来自于 2012 年学信网的信息统计。

（二）模型与测量

本研究采用 PLS（Partial Least Squares）结构方程模型[①]对各省份高等

---

① PLS 结构方程模型是一种建构预测性结构模型的统计方法，采用在抽样技术中的 BootStrap 方法获得统计量的样本分布，并进行参数估计和显著性检验。

教育综合发展水平进行计算。该方法已经在各类综合发展评价研究中取得了良好的应用效果。[①] 所用样本以省份为单位，对全国 31 个省份高等教育发展状况进行横向比较，同时以"全国平均水平"作为一个单独的个案，故样本量为 32。为了克服样本量小的问题并保证参数估计的稳健性，一般在计算时将 Bootstrap 样本数设定为 500 或 1000 以上，在本研究中设定为 1000。数据分析采用 IBM SPSS 18.0 和德国汉堡大学 Ringle、Wende 和 Will 开发的 SmartPLS 2.0 软件进行处理。[②]

　　本研究模型中，高等教育综合发展水平的 7 个维度为潜变量，每个潜变量通过若干个作为观测变量的具体测量指标来反映。[③] 经检验，各项指标的 t 检验结果均达显著（$p<0.05$），即能够较好地反映所对应的潜变量，故通过了检验。这些指标以及所属潜变量构成了最终的高等教育综合发展指标体系，如表 3-1 所示。

表 3-1　高等教育综合发展水平的维度及测量指标

维　度	测　量　指　标
整体规模	x1 每十万人口高等教育平均在校生数； x2 就业人口受高等教育比例； x3 就业人员平均受教育年限；
师资力量	x4 普通高校专任教师数； x5 科技及社科研究与发展全时人员数； x6 具有博士学位的专任教师占专任教师的比例；
国际化	x7 留学生占在校生总数的比例； x8 中外合作办学项目数；
信息化	x9 拥有教学用计算机数量； x10 信息化设备资产值； x11 软件资产值；

---

　　① 王惠文，付凌晖. PLS 路径模型在建立综合评价指数中的应用 [J]. 系统工程理论与实践，2004（10）：80-85.

　　② RINGLE C M，WENDE S，WILL A. SmartPLS 2.0. M3 [EB/OL]. [2015-07-20]. http：//www. smartpls. com.

　　③ 结构方程模型将不可直接测量的变量称为潜变量，而将可以直接测量的变量称为观测变量。

续表

维　度	测　量　指　标
社会服务	x12 技术转让合同金额； x13 研究与咨询报告被采纳数量； x14 高等教育非学历培训毕（结）业数；
经费投入	x15 国家财政性经费占教育经费收入的比重； x16 生均预算内高等教育支出；
多元参与	x17 民办高校占普通高校数量的比例； x18 民办高校举办者的投入和社会捐赠占教育经费收入的比例。

注：除整体规模外，其余指标的范围均为普通高校或高等教育。

　　基于上述指标体系，建立我国高等教育综合发展水平结构方程模型，如图 3-1 所示。

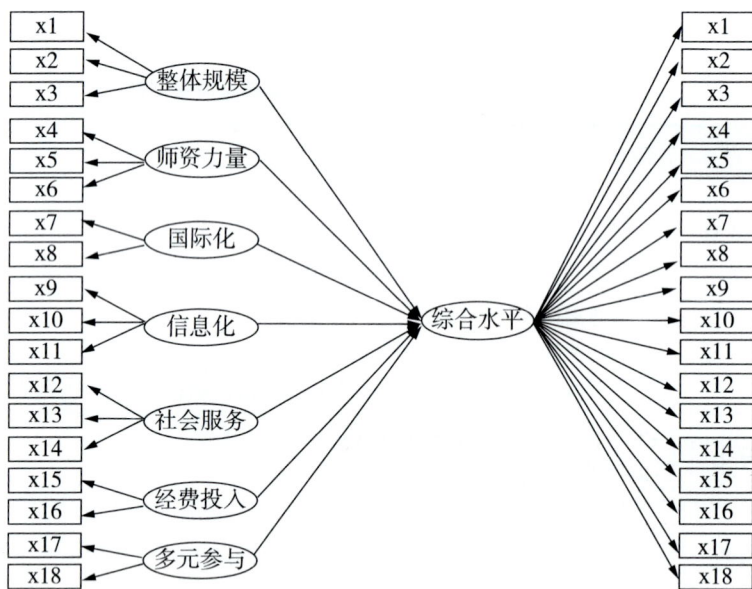

图 3-1　高等教育综合发展水平的结构方程模型

　　经检验，各项模型质量指标基本符合使用条件，可以用于对我国 31 个省份高等教育综合发展水平进行评价。经过对上述 PLS 结构方程模型中 7 个潜变量的指标进行唯一维度检验，结果显示每个潜变量的第一主成分特征值均大于 1，第二主成分特征值均小于 1，也就是说均通过了该项检验。使用 SmartPLS 2.0 软件中的 PLS 程序进行迭代运算，得到模型质量结果（表3-2）。模型中 7 个潜变量在各个检验指标上均基本接近或达到了质量要求，因此可以使用该模型分析各省份高等教育发展状况。此外，综合水平对于整体规模等 7 个潜变量的多元回归方程测定系数是 0.999971（原值），说明综合水平对相应的 7 个潜变量的概括程度较高。在后续分析中，使用各省份标准分数作为比较的依据，并对其进行百分制转换。

表 3-2 模型质量结果

潜 变 量	平均变异萃取量	合成信度	测定系数	内部一致性系数	公因子方差
综合水平	0.491	0.934	1.000	0.914	0.491
整体规模	0.886	0.959	—	0.935	0.886
师资力量	0.741	0.894	—	0.820	0.741
国际化	0.583	0.726	—	0.329	0.583
信息化	0.886	0.959	—	0.935	0.886
社会服务	0.715	0.882	—	0.801	0.715
经费投入	0.483	0.602	—	0.785	0.483
多元参与	0.660	0.794	—	0.493	0.660

二、高等教育综合发展水平的分省份比较

我国 31 个省份高等教育综合发展水平仍存在较大差异。部分省份的高等教育发展迅速，特别是与 2012 年评价结果相比，高等教育综合发展水平排名有所提升的省份主要集中在中西部地区。从高等教育发展与经济发展之间的关系来看，全国半数省份的高等教育综合发展水平与经济发展水平基本适应。

（一）各省份高等教育综合发展水平仍存在较大差异

在全国，各省份高等教育综合发展水平依然存在较大差异，北京、上海、江苏处于高等教育综合发展水平的领先位置，青海、贵州、西藏处于高等教育综合发展水平最为落后的位置。根据各省份高等教育综合发展水平评价的得分（图3-2），排在第1—10名的省份为北京、上海、江苏、广东、浙江、湖北、山东、辽宁和四川。排在全国第11—20名的省份为陕西、黑龙江、湖南、福建、吉林、河南、重庆、安徽、河北和江西。排在全国第21—31名的省份为广西、山西、内蒙古、云南、海南、新疆、宁夏、甘肃、西藏、贵州和青海。其中，12个省份高于全国高等教育综合发展平均水平，19个省份低于全国平均水平。①

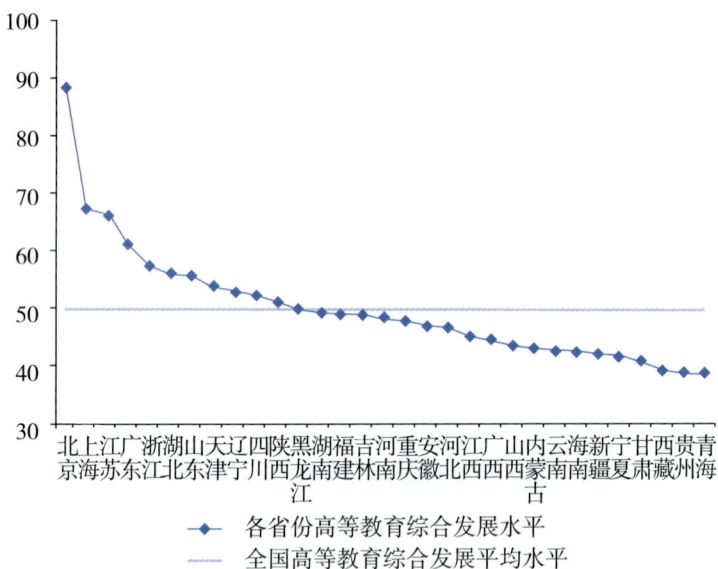

图 3-2　各省份高等教育综合发展水平

---

① 全国高等教育综合发展平均水平是将"全国平均"作为一个个案并使用各项评价指标对应的全国平均值，将其带入结构方程模型计算而来，而非各省份高等教育综合发展水平得分的算术平均值。下文中高等教育发展水平7个子维度的全国平均水平得分也均是如此，在必要时也简称为相应维度的全国平均水平。

全国 31 个省份中（表 3-3）进入第一方阵①的有北京、上海、江苏和广东，其高等教育综合发展水平得分高于甚至远远高于全国其他省份，处于领先的地位。进入第二方阵的省份有浙江、湖北、山东、天津、辽宁、四川和陕西，其高等教育综合发展水平得分在全国处于中上水平，并且高于全国平均水平。进入第三方阵的省份有黑龙江、湖南、福建、吉林、河南、重庆、安徽、河北、江西、广西、山西、内蒙古、云南、海南、新疆、宁夏、甘肃、西藏、贵州和青海，其中大多数省份的高等教育综合发展水平得分低于全国平均水平，特别是西藏、贵州和青海这 3 个省份排在全国最后 3 位并且得分低于 40，也就是说这些省份的高等教育综合发展水平与全国其他省份相比仍存在较大的差距。

表 3-3　全国各省市高等教育综合发展水平排序及方阵划分

第一方阵 （得分>60）	第二方阵 （50≤得分≤60）	第三方阵 （得分<50）	
1　北京（88.288）	5　浙江（57.460）	12　黑龙江（49.891）	22　陕西（43.423）
2　上海（67.233）	6　湖北（56.083）	13　湖南（49.214）	23　内蒙古（43.000）
3　江苏（66.382）	7　山东（55.523）	14　福建（48.949）	24　云南（42.573）
4　广东（61.041）	8　天津（54.199）	15　吉林（48.858）	25　海南（42.168）
	9　辽宁（52.866）	16　河南（48.286）	26　新疆（42.052）
	10　四川（52.213）	17　重庆（47.767）	27　宁夏（41.686）
	11　陕西（51.073）	18　安徽（46.829）	28　甘肃（40.654）
		19　河北（46.596）	29　西藏（39.153）
		20　江西（44.933）	30　贵州（38.735）
		21　广西（44.350）	31　青海（38.663）
全国高等教育综合发展平均水平得分为 49.861			

---

①　由于通过模型获得的全国各省市的高等教育综合发展水平得分是标准分数（均值为 0，标准差为 1），为了使得分更加直观便于理解，故对其进行了百分制转换。按照转换后的百分制得分将全国 31 个省市按照高等教育综合发展水平分为三个方阵，规定若某省市得分>60 为第一方阵；若 50≤得分≤60 为第二方阵；若得分<50 为第三方阵。以下同。

（二）高等教育综合发展水平排名有所提升的省份主要集中于中西部地区

与 2012 年高等教育综合发展水平评价的情况相比（表 3-4），此次有 21 个省份的排名位置发生了变化，其中有 13 个省份的排名有所提高，有 9 个省份的排名有所下降，另有 9 个省份的排名保持不变。

排名有所提高的省份主要分布在中西部地区，特别集中于东北综合经济区、长江中游综合经济区、大西南综合经济区和大西北综合经济区。具体包括河南、吉林、黑龙江、江西、湖北、重庆、云南、甘肃、贵州、青海、新疆、天津和河北。

排名有所下降的省份在东、中、西部地区均有所分布，特别是在南部沿海经济区、黄河中游综合经济区和长江中游综合经济区。具体包括浙江、山东、福建、海南、陕西、西藏、山西、安徽和湖南。

排名保持稳定不变的省份全部集中于东部和西部地区，特别是东部沿海综合经济区和大西南综合经济区的省份。具体包括北京、辽宁、上海、江苏、广东、内蒙古、广西、四川和宁夏。

表 3-4　各省份高等教育综合发展水平排名及变化情况

省　份	2013 年	2012 年	排名变化	所在区域	所处经济综合区
河南	16	13	↑3	中部	黄河中游综合经济区
吉林	15	14	↑1	中部	东北综合经济区
黑龙江	12	11	↑1	中部	东北综合经济区
江西	20	19	↑1	中部	长江中游综合经济区
湖北	6	5	↑1	中部	长江中游综合经济区
重庆	17	15	↑2	西部	大西南综合经济区
云南	24	22	↑2	西部	大西南综合经济区
甘肃	28	26	↑2	西部	大西北综合经济区
贵州	30	29	↑1	西部	大西南综合经济区
青海	31	30	↑1	西部	大西北综合经济区
新疆	26	25	↑1	西部	大西北综合经济区

续表

省　份	2013 年	2012 年	排名变化	所在区域	所处经济综合区
天津	8	7	↑1	东部	北部沿海综合经济区
河北	19	18	↑1	东部	北部沿海综合经济区
北京	1	1	→	东部	北部沿海综合经济区
辽宁	9	9	→	东部	东北综合经济区
上海	2	2	→	东部	东部沿海综合经济区
江苏	3	3	→	东部	东部沿海综合经济区
广东	4	4	→	东部	南部沿海经济区
内蒙古	23	23	→	西部	黄河中游综合经济区
广西	21	21	→	西部	大西南综合经济区
四川	10	10	→	西部	大西南综合经济区
宁夏	27	27	→	西部	大西北综合经济区
浙江	5	6	↓1	东部	东部沿海综合经济区
山东	7	8	↓1	东部	北部沿海综合经济区
福建	14	17	↓3	东部	南部沿海经济区
海南	25	28	↓3	东部	南部沿海经济区
陕西	11	12	↓1	西部	黄河中游综合经济区
西藏	29	31	↓2	西部	大西北综合经济区
山西	22	24	↓2	中部	黄河中游综合经济区
安徽	18	20	↓2	中部	长江中游综合经济区
湖南	13	16	↓3	中部	长江中游综合经济区

（三）全国半数省份的高等教育综合发展水平与经济发展水平基本适应

教育与经济发展保持一定的阶段性适应是高等教育大众化的特征之一。在我国，高等教育进入大众化阶段之后，各地区高等教育发展与经济发展水平的适应性仍然存在较大的区域差异。

从全国各省份高等教育综合发展水平和各省份人均 GDP 的关系来看（图 3-3），北京、天津、上海、江苏、浙江、辽宁、山东、广东、湖北等 9 个省份的人均 GDP 和当地的高等教育综合发展水平都高于全国平均水平，呈现出良好的发展势头；内蒙古、福建这 2 个省份虽然人均 GDP 高于全国平均水平，但是其高等教育综合发展水平低于全国平均水平；吉林、河北、黑龙江、陕西、重庆、湖南等 6 个省份的人均 GDP 和高等教育综合发展水平都处于全国平均水平上下；四川的人均 GDP 虽然低于全国平均水平，但其高等教育综合发展水平高于全国平均水平；而河南、广西、安徽、山西、海南、宁夏、新疆、青海、江西、云南、甘肃、贵州、西藏等 13 个省份的人均经济发展水平和高等教育综合发展水平都低于全国平均水平。与 2012 年评价的情况相比，总体上变化不大。

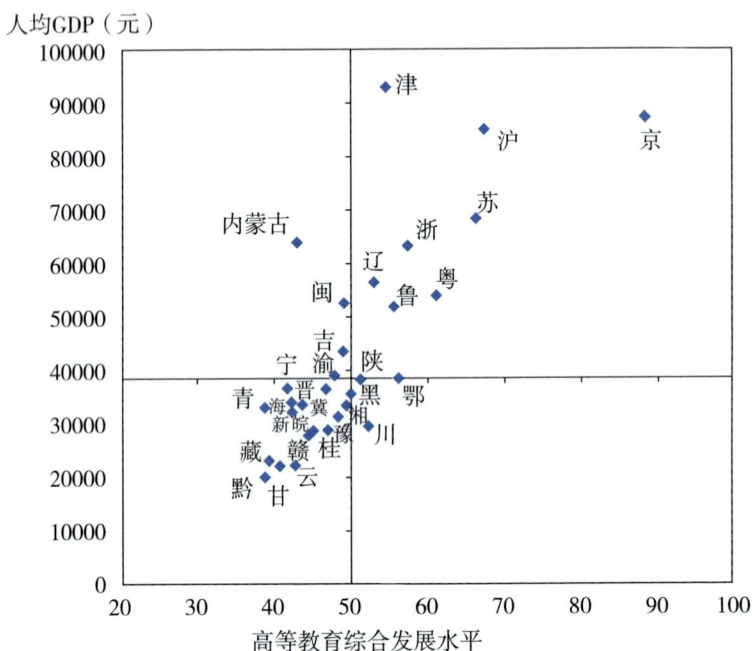

图 3-3　各省份高等教育综合发展水平与人均 GDP 的关系

进一步对比全国 31 个省份高等教育综合发展水平排名以及人均 GDP 的排名情况，可以得到各省份高等教育发展水平与经济发展水平的等级差异，即：等级差异＝高等教育综合发展水平排名－人均 GDP 排名，以此评价各省份高等教育与经济发展的适应程度。采取"等级差异评定法"，将各省份高等教育综合发展水平与经济发展水平的适应程度分为三个层次：

高等教育综合发展水平高于经济发展水平、高等教育综合发展水平与经济发展基本适应、高等教育综合发展水平低于经济发展水平。若等级差异<-4，则表明其高等教育综合发展水平高于经济发展水平；若-4≤等级差异≤4，则表明其高等教育综合发展水平与经济发展水平基本适应；若等级差异>-4，则表明其高等教育综合发展水平低于经济发展水平。

表3-5 全国各省份高等教育综合发展水平与人均 GDP 排名比较

省　份	高等教育综合发展水平排名	人均 GDP 排名	等级差异	高等教育与经济协调发展情况
四川	10	24	-14	高等教育综合发展水平高于经济发展水平
安徽	18	26	-8	
湖北	6	13	-7	
湖南	13	20	-7	
河南	16	23	-7	
广西	21	27	-6	
黑龙江	12	17	-5	
江西	20	25	-5	
云南	24	29	-5	
广东	4	8	-4	高等教育综合发展水平与经济发展水平基本适应
山东	7	10	-3	
陕西	11	14	-3	
甘肃	28	30	-2	
北京	1	2	-1	
上海	2	3	-1	
江苏	3	4	-1	
浙江	5	6	-1	
贵州	30	31	-1	
西藏	29	28	1	
辽宁	9	7	2	

续表

省　份	高等教育综合 发展水平排名	人均GDP排名	等级差异	高等教育与经济 协调发展情况
山西	22	19	3	
海南	25	22	3	
吉林	15	11	4	
河北	19	15	4	
福建	14	9	5	高等教育综合 发展水平低于 经济发展水平
重庆	17	12	5	
天津	8	1	7	
新疆	26	18	8	
青海	31	21	10	
宁夏	27	16	11	
内蒙古	23	5	18	

　　经比较（表3-5），全国有15个省份高等教育综合发展水平与其经济发展水平基本适应，即广东、山东、陕西、甘肃、北京、上海、江苏、浙江、贵州、西藏、辽宁、山西、海南、吉林和河北。其中山西、海南和河北在2012年评价结果中高等教育综合发展水平低于其经济发展水平，而经过两年的发展，这3个省份的高等教育综合发展水平与其经济发展水平则更加趋于适应。

　　高等教育综合发展水平高于经济发展水平的有9个省份，即四川、安徽、湖北、湖南、河南、广西、黑龙江、江西和云南。其中，湖南省在2012年评价结果中高等教育综合发展水平与其经济发展水平基本相适应，而经过两年的发展，其高等教育综合发展水平开始高于经济发展水平。

　　高等教育综合发展水平低于经济发展水平的有7个省份，包括福建、重庆、天津、新疆、青海、宁夏和内蒙古。其中，重庆和天津在2012年评价结果中高等教育综合发展水平与其经济发展水平基本相适应，但是经过两年的发展，这两个省份的经济发展水平提高迅速，开始高于其高等教育综合发展水平。

三、高等教育综合发展水平的分维度比较

高等教育综合发展水平指标体系中包含整体规模、师资力量、国际化、信息化、社会服务、经费投入和多元参与7个子维度。从全国31个省份在这些维度上的比较来看，各地高等教育发展各具特色，呈现出多元的发展样态。

（一）整体规模：京沪津居全国前列

从高等教育整体规模水平来看（表3-6），全国31个省份中进入第一方阵的有北京、上海和天津，其高等教育整体规模水平得分远远高于全国其他省份。进入第二方阵的省份包括陕西、湖北、江苏、辽宁、吉林、山西、湖南、浙江、福建，其高等教育整体规模水平得分在全国处于中上水平，并且高于全国高等教育整体规模平均水平。进入第三方阵的省份有山东、广东、海南、重庆、宁夏、河北、新疆、黑龙江、江西、西藏、甘肃、河南、青海、四川、广西、安徽、云南和贵州，其中大多数省份的高等教育综合发展水平得分低于全国平均水平，特别是云南和贵州这2个省份的高等教育整体规模水平最低，并且其得分低于40，与全国其他省份相比存在较大的差距。

表3-6 全国各省份高等教育规模排序及方阵划分

第一方阵 （得分>60）		第二方阵 （50≤得分≤60）		第三方阵 （得分<50）			
1	北京（91.140）	4	陕西（57.142）	14	山东（49.671）	24	甘肃（44.557）
2	上海（69.329）	5	湖北（53.020）	15	广东（49.047）	25	河南（44.129）
3	天津（69.222）	6	江苏（51.594）	16	海南（48.075）	26	青海（43.228）
		7	辽宁（51.576）	17	重庆（47.254）	27	四川（43.189）
		8	吉林（50.846）	18	宁夏（47.164）	28	广西（42.755）

续表

第一方阵 （得分>60)	第二方阵 （50≤得分≤60)	第三方阵 （得分<50)	
	9 山西 （50.522)	19 河北 （46.984)	29 安徽 （42.252)
	10 湖南 （50.389)	20 新疆 （46.834)	30 云南 （37.720)
	11 浙江 （50.303)	21 黑龙江 （46.116)	31 贵州 （36.756)
	12 福建 （50.191)	22 江西 （45.254)	
	13 内蒙古 （50.076)	23 西藏 （45.122)	
全国高等教育整体规模平均水平得分为 48.543			

从图 3-4 可以看到，第一方阵和第二方阵的 13 个省份以及第三方阵中山东和广东 2 个省份的高等教育整体规模水平要高于全国平均高等教育规模水平；而第三方阵中其余 16 个省份高等教育整体规模水平均低于全国平均水平。

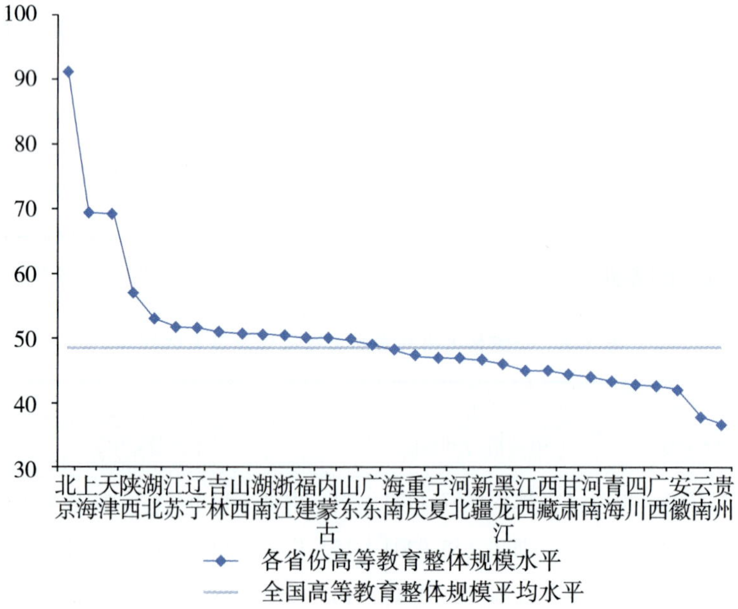

图 3-4 各省份高等教育整体规模水平

在今年评价指标中增加两项表征高等教育存量的规模指标后，和2012年评价结果相比（表3-7），全国25个省份的高等教育整体规模水平排名位置都发生了变化，仅有6个省份排名位置保持不变。总体上看，各省份高等教育整体规模水平变化较大，得分排名位置前后变化在1—11名之内，其中有17个省份排名位置变化大于2个位次。从某种程度上反映出近两年内，我国高等教育的规模结构在省域层面发生了较大的变化和调整。

在排名位置提高的14个省份中，有4个位于东部地区，有10个位于中西部地区，特别是集中在大西北综合经济区、黄河中游和长江中游综合经济区以及南部沿海综合经济区。其中位置提高超过2位的省份有湖南、新疆、内蒙古、西藏、湖北、山西、福建、陕西、海南和宁夏。在排名位置下降的11个省份中，有6个位于东部地区，5个位于中西部地区。其中位置下降超过2位的省份有黑龙江、江西、重庆、浙江、四川、安徽和辽宁。

表3-7 各省份高等教育整体规模水平的排名变化

省　份	2013 年	2012 年	排名变化	所在区域	所处经济综合区
湖南	10	17	↑7	中部	长江中游综合经济区
新疆	20	26	↑6	西部	大西北综合经济区
内蒙古	13	18	↑5	西部	黄河中游综合经济区
西藏	23	28	↑5	西部	大西北综合经济区
湖北	5	9	↑4	中部	长江中游综合经济区
山西	9	13	↑4	中部	黄河中游综合经济区
福建	12	16	↑4	东部	南部沿海经济区
陕西	4	7	↑3	西部	黄河中游综合经济区
海南	16	19	↑3	东部	南部沿海经济区
宁夏	18	21	↑3	西部	大西北综合经济区
上海	2	3	↑1	东部	东部沿海综合经济区
河北	19	20	↑1	东部	北部沿海综合经济区
青海	26	27	↑1	西部	大西北综合经济区
广西	28	29	↑1	西部	大西南综合经济区

续表

省 份	2013年	2012年	排名变化	所在区域	所处经济综合区
北京	1	1	→	东部	北部沿海综合经济区
江苏	6	6	→	东部	东部沿海综合经济区
吉林	8	8	→	中部	东北综合经济区
甘肃	24	24	→	西部	大西北综合经济区
云南	30	30	→	西部	大西南综合经济区
贵州	31	31	→	西部	大西南综合经济区
天津	3	2	↓1	东部	北部沿海综合经济区
广东	15	14	↓1	东部	南部沿海经济区
山东	14	12	↓2	东部	北部沿海综合经济区
河南	25	23	↓2	中部	黄河中游综合经济区
辽宁	7	4	↓3	东部	东北综合经济区
安徽	29	25	↓4	中部	长江中游综合经济区
四川	27	22	↓5	西部	大西南综合经济区
浙江	11	5	↓6	东部	东部沿海综合经济区
重庆	17	11	↓6	西部	大西南综合经济区
江西	22	15	↓7	中部	长江中游综合经济区
黑龙江	21	10	↓11	中部	东北综合经济区

(二) 师资力量：京沪苏粤鲁位列全国前五

按照各省份高等教育师资力量得分划分方阵（表3-8），全国31个省份中进入第一方阵的有北京、上海、江苏和广东，其高等教育师资力量水平得分远远高于全国其他省份。进入第二方阵的省份包括山东、湖北、辽宁、浙江、四川、黑龙江、天津、陕西、吉林和湖南，其高等教育师资力量水平得分在全国处于中上水平，并且高于全国高等教育师资力量平均水平。进入第三方阵的省份有安徽、河南、河北、福建、重庆、广西、江西、云南、山西、甘肃、内蒙古、新疆、贵州、海南、宁夏、青海和西藏，这些省份的高等教育师资力量水平得分都低于全国平均水平。与 2012 年评价结果相似，仍然特别需要关注新疆、贵州、海南、宁夏、青海和西藏这 6 个省份，其高等教育师资力量水平得分低于 40，与全国其他省份相比差距较大。

表 3-8　全国各省份高等教育师资力量排序及方阵划分

第一方阵 （得分>60）	第二方阵 （50≤得分≤60）	第三方阵 （得分<50）	
1　北京（80.171）	5　山东（58.234）	15　安徽（49.765）	24　甘肃（41.192）
2　上海（68.353）	6　湖北（58.222）	16　河南（49.203）	25　内蒙古（40.434）
3　江苏（65.704）	7　辽宁（56.423）	17　河北（48.245）	26　新疆（39.811）
4　广东（61.160）	8　浙江（56.277）	18　福建（47.588）	27　贵州（39.161）
	9　四川（54.302）	19　重庆（46.596）	28　海南（38.429）
	10　黑龙江（54.025）	20　广西（45.935）	29　宁夏（37.243）
	11　天津（53.312）	21　江西（44.124）	30　青海（35.238）
	12　陕西（53.173）	22　云南（43.420）	31　西藏（34.917）
	13　吉林（53.001）	23　山西（43.171）	
	14　湖南（52.391）		
全国高等教育师资力量平均水平得分为 50.780			

从图 3-5 看，第一方阵和第二方阵的 14 个省份的高等教育师资力量水平都高于全国高等教育师资力量平均水平；而第三方阵中的 17 个省份高等教育师资力量水平均低于全国平均水平。

和 2012 年相比（表 3-9），全国有 13 个省份的高等教育师资力量水平排名位置发生了变化，18 个省份排名位置保持不变。总体上看，各省份高等教育师资力量水平变化不大，得分排名位置前后变化在 1—2 名之内，反映出在这两年的时间里我国多数省份在高等教育师资力量上保持了相对稳定的发展。

在排名位置提高的 6 个省份中，东、中、西部地区各有两个省份。其中，排名位置提高最多的是黑龙江，排名前进了 2 位。对于排名位置下降的

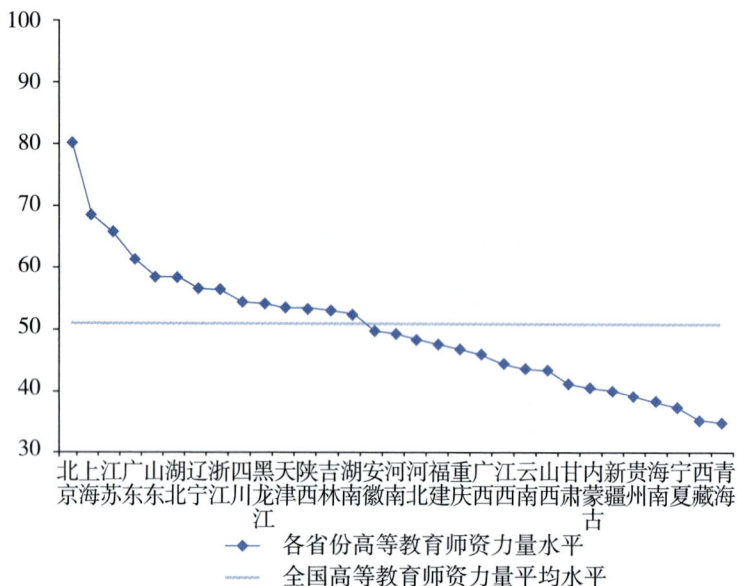

图 3-5　各省份高等教育师资力量水平

7 个省份，尽管其下降幅度很小（均为 1 位），但是有 6 个省份都位于中西部地区，特别是集中于黄河中游综合经济区以及大西北综合经济区范围内。

表 3-9　各省份高等教育师资力量水平的排名变化

省　份	2013 年	2012 年	排名变化	所在区域	所处经济综合区
黑龙江	10	12	↑2	中部	东北综合经济区
福建	18	19	↑1	东部	南部沿海经济区
海南	28	29	↑1	东部	南部沿海经济区
安徽	15	16	↑1	中部	长江中游综合经济区
云南	22	23	↑1	西部	大西南综合经济区
西藏	30	31	↑1	西部	大西北综合经济区
北京	1	1	→	东部	北部沿海综合经济区
山东	5	5	→	东部	北部沿海综合经济区
河北	17	17	→	东部	北部沿海综合经济区
辽宁	7	7	→	东部	东北综合经济区

续表

省　份	2013 年	2012 年	排名变化	所在区域	所处经济综合区
上海	2	2	→	东部	东部沿海综合经济区
江苏	3	3	→	东部	东部沿海综合经济区
浙江	8	8	→	东部	东部沿海综合经济区
广东	4	4	→	东部	南部沿海经济区
吉林	13	13	→	中部	东北综合经济区
湖北	6	6	→	中部	长江中游综合经济区
湖南	14	14	→	中部	长江中游综合经济区
江西	21	21	→	中部	长江中游综合经济区
甘肃	24	24	→	西部	大西北综合经济区
新疆	26	26	→	西部	大西北综合经济区
四川	9	9	→	西部	大西南综合经济区
广西	20	20	→	西部	大西南综合经济区
贵州	27	27	→	西部	大西南综合经济区
内蒙古	25	25	→	西部	黄河中游综合经济区
天津	11	10	↓1	东部	北部沿海综合经济区
河南	16	15	↓1	中部	黄河中游综合经济区
山西	23	22	↓1	中部	黄河中游综合经济区
陕西	12	11	↓1	西部	黄河中游综合经济区
重庆	19	18	↓1	西部	大西南综合经济区
宁夏	29	28	↓1	西部	大西北综合经济区
青海	31	30	↓1	西部	大西北综合经济区

（三）国际化：京沪黑遥遥领先，但全国近七成省份有待提高

按照高等教育国际化水平划分方阵（表3-10），全国31个省份中进入第一方阵的有北京、上海和黑龙江3个省份，其高等教育国际化水平远远高于全国其他省份。进入第二方阵的是江苏、天津、浙江、辽宁、河南、山东、吉林

和湖北 8 个省份，其高等教育国际化水平高于全国高等教育国际化平均水平。进入第三方阵的省份为新疆、广西、云南、青海、广东、内蒙古、重庆、福建、宁夏、陕西、湖南、江西、四川、河北、海南、甘肃、安徽、贵州、西藏和山西，这些省份的高等教育国际化水平均低于全国平均水平。

表 3-10　全国各省份高等教育国际化水平排序

第一方阵 （得分>60）	第二方阵 （50≤得分≤60）	第三方阵 （得分<50）	
1　北京（88.963） 2　上海（76.701） 3　黑龙江（66.060）	4　江苏（56.477） 5　天津（54.804） 6　浙江（53.730） 7　辽宁（52.333） 8　河南（52.176） 9　山东（51.583） 10　吉林（50.688） 11　湖北（50.498）	12　新疆（49.082） 13　广西（48.464） 14　云南（47.685） 15　青海（46.059） 16　广东（45.868） 17　内蒙古45.804） 18　重庆（45.781） 19　福建（45.569） 20　宁夏（45.007） 21　陕西（44.854）	22　湖南（44.691） 23　江西（44.133） 24　四川（43.964） 25　河北（43.945） 26　海南（43.826） 27　甘肃（43.022） 28　安徽（42.879） 29　贵州（42.189） 30　西藏（41.884） 31　山西（41.582）
全国高等教育国际化平均水平得分为 49.695			

　　从图 3-6 看，第一方阵和第二方阵共 11 个省份的高等教育国际化水平高于全国平均水平，第三方阵的 23 个省份高等教育国际化水平全部低于全国平均水平。尽管我国不同省份高等教育国际化程度悬殊较大，只有不到半数的省份高等教育国际化程度较高，但是这种状况较 2012 年评价结果有所改善（2012 年进入前两个方阵的省份仅 8 个）。

　　和 2012 年相比（表 3-11），全国 20 个省份的高等教育国际化水平的排名位置都发生了变化，有 11 个省份排名位置保持不变。总体上看，各省份高等教育国际化水平的发展存在一定的省际差异，各省份排名位置前后变化在 1—5 名之内，其中仅有 6 个省份排名位置变化在 3—5 个位次。这反映出在近两年我国多数省份在高等教育国际化程度上保持了较为稳定的

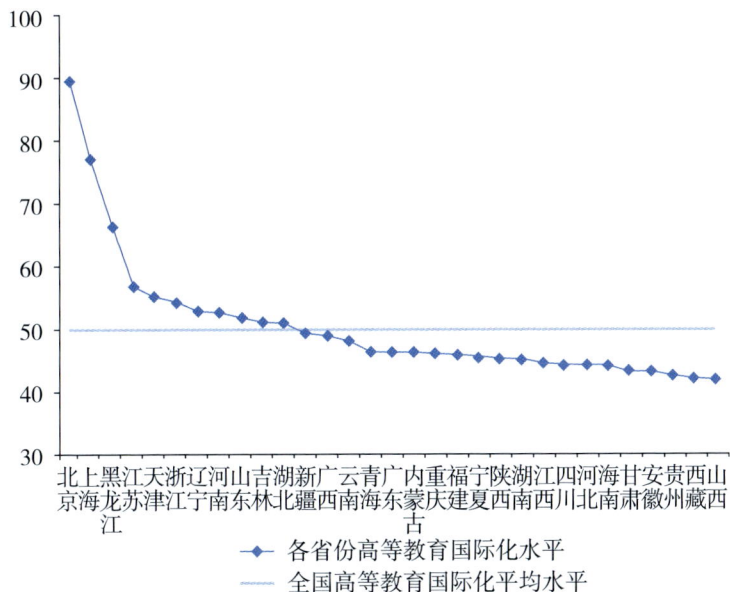

图 3-6　各省份高等教育国际化水平

发展态势。

　　在排名位置提高的 11 个省份中，有 3 个位于东部地区，有 8 个位于中西部地区，特别是集中在大西南综合经济区、长江中游和黄河中游综合经济区。其中位置提高超过 2 位的省份为四川和河南。在排名位置下降的 9 个省份中，有 3 个位于东部地区，6 个位于中西部地区，主要集中在南部沿海经济区、大西北和大西南综合经济区，其中位置下降超过 2 位的省份有海南、江西、吉林和云南。

表 3-11　各省份高等教育国际化水平的排名变化

省　份	2013 年	2012 年	排名变化	所在区域	所处经济综合区
河南	8	12	↑4	中部	黄河中游综合经济区
四川	24	27	↑3	西部	大西南综合经济区
山东	9	11	↑2	东部	北部沿海综合经济区
湖北	11	13	↑2	中部	长江中游综合经济区
广西	13	15	↑2	西部	大西南综合经济区

省　份	2013 年	2012 年	排名变化	所在区域	所处经济综合区
湖南	22	24	↑2	中部	长江中游综合经济区
江苏	4	5	↑1	东部	东部沿海综合经济区
辽宁	7	8	↑1	东部	东北综合经济区
重庆	18	19	↑1	西部	大西南综合经济区
宁夏	20	21	↑1	西部	大西北综合经济区
陕西	21	22	↑1	西部	黄河中游综合经济区
北京	1	1	→	东部	北部沿海综合经济区
广东	16	16	→	东部	南部沿海经济区
河北	25	25	→	东部	北部沿海综合经济区
上海	2	2	→	东部	东部沿海综合经济区
浙江	6	6	→	东部	东部沿海综合经济区
安徽	28	28	→	中部	长江中游综合经济区
黑龙江	3	3	→	中部	东北综合经济区
山西	31	31	→	中部	黄河中游综合经济区
贵州	29	29	→	西部	大西南综合经济区
内蒙古	17	17	→	西部	黄河中游综合经济区
西藏	30	30	→	西部	大西北综合经济区
天津	5	4	↓1	东部	北部沿海综合经济区
福建	19	18	↓1	东部	南部沿海经济区
青海	15	14	↓1	西部	大西北综合经济区
甘肃	27	26	↓1	西部	大西北综合经济区
新疆	12	10	↓2	西部	大西北综合经济区
吉林	10	7	↓3	中部	东北综合经济区
江西	23	20	↓3	中部	长江中游综合经济区
海南	26	23	↓3	东部	南部沿海经济区
云南	14	9	↓5	西部	大西南综合经济区

（四）信息化：京苏粤川鲁五省份全国领先

按照高等教育信息化水平得分划分方阵（表3-12），全国31个省份中进入第一方阵的有北京、江苏、广东、四川和山东5个省份，其高等教育信息化水平远高于全国其他省份。进入第二方阵的是浙江、上海、湖北、辽宁、河南、陕西和湖南，其高等教育信息化水平高于全国平均水平。处于第三方阵的省份为福建、河北、黑龙江、江西、安徽、吉林、天津、广西、重庆、云南、陕西、内蒙古、贵州、甘肃、新疆、海南、宁夏、西藏和青海，这些省份的高等教育信息化水平均低于全国平均水平，特别是海南、宁夏、西藏和青海4个省份的得分低于40，与全国其他省份差距较大。

表 3-12　全国各省份高等教育信息化水平排序及方阵划分

第一方阵 （得分>60）		第二方阵 （50≤得分≤60）		第三方阵 （得分<50）			
1	北京（81.385）	6	浙江（59.681）	13	福建（49.503）	23	陕西（43.103）
2	江苏（72.577）	7	上海（57.731）	14	河北（49.271）	24	内蒙古（42.361）
3	广东（64.822）	8	湖北（56.644）	15	黑龙江（48.407）	25	贵州（41.694）
4	四川（60.683）	9	辽宁（53.463）	16	江西（47.581）	26	甘肃（41.412）
5	山东（60.581）	10	河南（52.419）	17	安徽（46.532）	27	新疆（40.778）
		11	陕西（51.655）	18	吉林（45.859）	28	海南（39.100）
		12	湖南（50.804）	19	天津（45.460）	29	宁夏（39.009）
				20	广西（44.042）	30	西藏（37.820）
				21	重庆（43.923）	31	青海（37.754）
				22	云南（43.871）		
全国高等教育信息化平均水平得分为50.072							

从图3-7看，第一方阵和第二方阵的12个省份的高等教育信息化程度要高于全国高等教育信息化平均水平；而第三方阵的19个省份的高等教育信息化程度均低于全国平均水平。

和2012年评价结果相比（表3-13），全国有26个省份的高等教育信

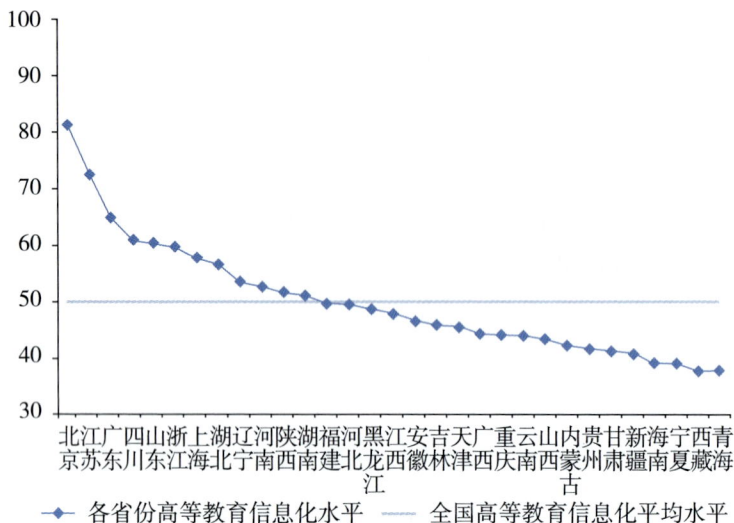

图 3-7   各省份高等教育信息化水平

息化水平的排名位置发生了变化，仅有 5 个省份排名位置保持不变。总体上看，全国高等教育信息化水平的发展存在省际差异，各省份排名位置前后变化在 1—5 名之内，但变化幅度不大，其中仅有 6 个省份排名位置变化在 3—5 个位次之间。这体现出在近两年我国多数省份在高等教育信息化程度上的发展较为稳定。

在排名位置提高的 13 个省份中，有 5 个位于东部、4 个位于中部、4 个位于西部，主要集中在南部沿海经济区、大西南和大西北综合经济区、东北综合经济区。其中位置提高超过 2 位的省份为辽宁、四川、吉林和云南。在排名位置下降的 13 个省份中，有 3 个位于东部、4 个位于中部、6 个位于西部，主要集中在北部沿海经济区、长江中游和黄河中游综合经济区、大西北和大西南综合经济区。其中位置下降超过 2 位的省份为甘肃和湖北。

表 3-13   各省份高等教育信息化水平的排名变化

省　份	2013 年	2012 年	排名变化	所在区域	所处经济综合区
辽宁	9	13	↑4	东部	东北综合经济区
四川	4	7	↑3	西部	大西南综合经济区

续表

省　份	2013 年	2012 年	排名变化	所在区域	所处经济综合区
吉林	18	21	↑3	中部	东北综合经济区
云南	22	25	↑3	西部	大西南综合经济区
福建	13	15	↑2	东部	南部沿海经济区
安徽	17	19	↑2	中部	长江中游综合经济区
北京	1	2	↑1	东部	北部沿海综合经济区
广东	3	4	↑1	东部	南部沿海经济区
上海	7	8	↑1	东部	东部沿海综合经济区
黑龙江	15	16	↑1	中部	东北综合经济区
山西	23	24	↑1	中部	黄河中游综合经济区
贵州	25	26	↑1	西部	大西南综合经济区
西藏	30	31	↑1	西部	大西北综合经济区
山东	5	5	→	东部	北部沿海综合经济区
浙江	6	6	→	东部	东部沿海综合经济区
海南	28	28	→	东部	南部沿海经济区
新疆	27	27	→	西部	大西北综合经济区
宁夏	29	29	→	西部	大西北综合经济区
江苏	2	1	↓1	东部	东部沿海综合经济区
河南	10	9	↓1	中部	黄河中游综合经济区
湖南	12	11	↓1	中部	长江中游综合经济区
陕西	11	10	↓1	西部	黄河中游综合经济区
重庆	21	20	↓1	西部	大西南综合经济区
内蒙古	24	23	↓1	西部	黄河中游综合经济区
青海	31	30	↓1	西部	大西北综合经济区
河北	14	12	↓2	东部	北部沿海综合经济区
江西	16	14	↓2	中部	长江中游综合经济区
天津	19	17	↓2	东部	北部沿海综合经济区
广西	20	18	↓2	西部	大西南综合经济区
甘肃	26	22	↓4	西部	大西北综合经济区
湖北	8	3	↓5	中部	长江中游综合经济区

（五）社会服务：京苏粤浙在全国处于领先地位

按照高等教育社会服务水平得分划分方阵（表3-14），全国31个省份中进入第一方阵的有北京、江苏、广东和浙江4个省份，其高等教育社会服务水平远高于全国其他省份。进入第二方阵的省份是湖北、上海、重庆、安徽、山东和四川，其高等教育社会服务水平高于全国平均水平。处于第三方阵的省份为辽宁、天津、吉林、湖南、河南、河北、福建、云南、广西、黑龙江、海南、陕西、江西、贵州、新疆、山西、内蒙古、宁夏、甘肃、青海和西藏，这些省份的高等教育社会服务水平均低于全国平均水平。

表3-14　全国各省份高等教育社会服务排序及方阵划分

第一方阵 （得分>60）		第二方阵 （50≤得分≤60）		第三方阵 （得分<50）			
1	北京（77.827）	5	湖北（59.647）	11	辽宁（49.657）	22	陕西（42.908）
2	江苏（74.770）	6	上海（56.611）	12	天津（47.318）	23	江西（42.867）
3	广东（72.376）	7	重庆（54.940）	13	吉林（47.186）	24	贵州（42.558）
4	浙江（64.964）	8	安徽（54.793）	14	湖南（47.172）	25	新疆（42.072）
		9	山东（54.271）	15	河南（46.873）	26	山西（41.898）
		10	四川（52.742）	16	河北（46.691）	27	内蒙古（41.423）
				17	福建（46.479）	28	宁夏（40.954）
				18	云南（46.106）	29	甘肃（40.753）
				19	广西（45.127）	30	青海（40.442）
				20	黑龙江（44.410）	31	西藏（40.029）
				21	海南（44.134）		
全国高等教育社会服务平均水平得分为50.000							

从图3-8看，第一方阵和第二方阵共10个省份高等教育社会服务水平高于全国平均水平，其中北京、江苏、广东、浙江和湖北的高等教育社

会服务水平远远高于全国其他省份，上海、重庆、安徽、山东和四川的高等教育社会服务水平得分也较高且水平基本相当；而第三方阵中21个省份的高等教育社会服务水平均低于全国平均水平，有待于进一步提高。

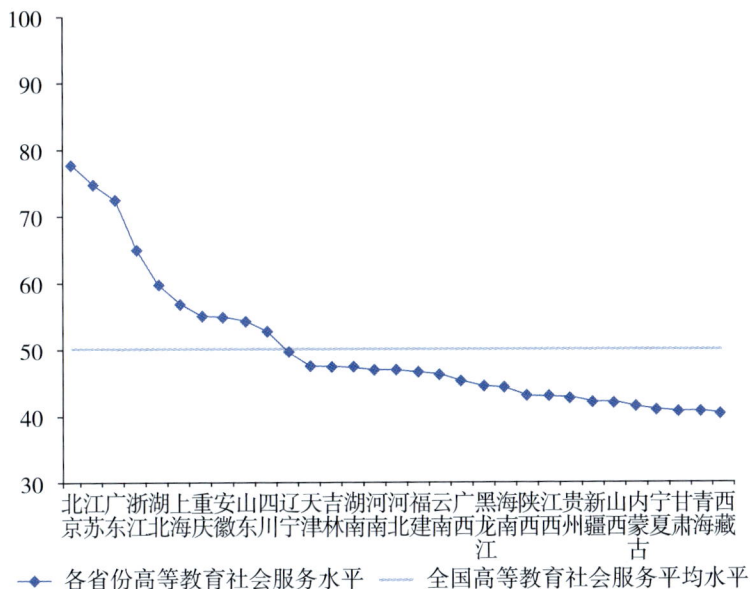

图 3-8 各省份高等教育社会服务水平

和2012年评价结果相比（表3-15），全国有24个省份的高等教育社会服务水平的排名位置都发生了变化，仅有7个省份排名位置保持不变。总体上看，全国高等教育社会服务水平的发展存在省际差异，各省份排名位置前后变化在1—9名之内，变化幅度较大，其中有11个省份排名位置变化在3—9个位次。

在排名位置提高的10个省份中，有4个位于东部、4个位于中部、2个位于西部，主要集中在长江中游综合经济区、南部沿海经济区和东北综合经济区。其中位置提高超过2位的省份为海南、吉林、安徽、江苏、重庆和云南。在排名位置下降的14个省份中，有4个位于东部、3个位于中部、7个位于西部，主要集中在南部沿海经济区、长江中游和黄河中游综合经济区、大西北和大西南综合经济区。其中位置下降超过2位的省份有

中国高等教育发展报告 *2013*

河南、陕西、内蒙古、江西和上海。

表3-15 各省份高等教育信息化水平的排名变化

省　份	2013 年	2012 年	排名变化	所在区域	所处经济综合区
海南	21	30	↑9	东部	南部沿海经济区
吉林	13	19	↑6	中部	东北综合经济区
安徽	8	14	↑6	中部	长江中游综合经济区
江苏	2	5	↑3	东部	东部沿海综合经济区
重庆	7	10	↑3	西部	大西南综合经济区
云南	18	21	↑3	西部	大西南综合经济区
辽宁	11	13	↑2	东部	东北综合经济区
黑龙江	20	22	↑2	中部	东北综合经济区
河北	16	17	↑1	东部	北部沿海综合经济区
湖北	5	6	↑1	中部	长江中游综合经济区
北京	1	1	→	东部	北部沿海综合经济区
浙江	4	4	→	东部	东部沿海综合经济区
山东	9	9	→	东部	北部沿海综合经济区
山西	26	26	→	中部	黄河中游综合经济区
贵州	24	24	→	西部	大西南综合经济区
西藏	31	31	→	西部	大西北综合经济区
新疆	25	25	→	西部	大西北综合经济区
天津	12	11	↓1	东部	北部沿海综合经济区
广东	3	2	↓1	东部	南部沿海经济区
广西	19	18	↓1	西部	大西南综合经济区
甘肃	29	28	↓1	西部	大西北综合经济区
青海	30	29	↓1	西部	大西北综合经济区
宁夏	28	27	↓2	西部	大西北综合经济区
福建	17	15	↓2	东部	南部沿海经济区
湖南	14	12	↓2	中部	长江中游综合经济区
四川	10	8	↓2	西部	大西南综合经济区

省　份	2013 年	2012 年	排名变化	所在区域	所处经济综合区
上海	6	3	↓3	东部	东部沿海综合经济区
江西	23	20	↓3	中部	长江中游综合经济区
内蒙古	27	23	↓4	西部	黄河中游综合经济区
陕西	22	16	↓6	西部	黄河中游综合经济区
河南	15	7	↓8	中部	黄河中游综合经济区

（六）经费投入：京沪藏新粤力度最大，国家财政性经费投入向西部倾斜，同时呈现"中部凹陷"

按照高等教育经费投入水平得分划分方阵（表3-16），全国31个省份中进入第一方阵的有北京、上海和宁夏3个省份，其高等教育经费投入水平远高于全国其他省份。进入第二方阵的省份是西藏、天津、广东、陕西、重庆、江苏、浙江和青海，这些省份高等教育经费投入水平高于全国平均水平。处于第三方阵的省份为四川、黑龙江、湖北、海南、辽宁、云南、新疆、湖南、吉林、安徽、山东、福建、广西、河北、河南、内蒙古、贵州、甘肃、山西和江西，这些省份的高等教育经费投入水平均低于全国平均水平，特别是江西的高等教育经费投入水平得分低于40，仍与全国其他省份存在较大差距。

表3-16　全国各省份高等教育经费投入排序及方阵划分

第一方阵 （得分>60）		第二方阵 （50≤得分≤60）		第三方阵 （得分<50）			
1	北京（87.374）	4	西藏（59.807）	12	四川（49.583）	22	山东（44.688）
2	上海（75.205）	5	天津（55.772）	13	黑龙江（49.025）	23	福建（44.571）
3	宁夏（66.131）	6	广东（54.406）	14	湖北（48.856）	24	广西（44.447）
		7	陕西（53.622）	15	海南（46.708）	25	河北（43.592）
		8	重庆（53.268）	16	辽宁（46.487）	26	河南（42.333）

续表

第一方阵 （得分>60）	第二方阵 （50≤得分≤60）	第三方阵 （得分<50）	
	9　江苏（51.314）	17　云南（46.339）	27　内蒙古（42.012）
	10　浙江（50.697）	18　新疆（45.665）	28　贵州（41.898）
	11　青海（50.339）	19　湖南（45.329）	29　甘肃（41.510）
		20　吉林（45.136）	30　山西（40.236）
		21　安徽（44.913）	31　江西（39.136）
全国高等教育经费投入平均水平得分为 49.541			

从图 3-9 来看，第一方阵和第二方阵的 11 个省份以及第三方阵中的四川省，高等教育经费投入水平要高于全国高等教育经费投入平均水平，其中有 6 个东部省份和 6 个西部省份；而第三方阵 19 个省份的高等教育经费投入水平均低于全国平均水平，其中有 5 个东部省份、8 个中部省份和 6 个西部省份。

我国高等教育财政经费投入向西部地区倾斜的同时，已然呈现出"中部凹陷"的现象，这一情况在 2012 年的评估结果中已经有所显现。在西部 12 个省份中，宁夏、西藏、陕西、重庆和青海 5 个省份处于第一和第二方阵，也就是说有近一半的西部省份高等教育经费投入水平高于全国平均水平；其余 7 个西部省份中，内蒙古、贵州和甘肃省高等教育经费投入水平略低，其余各省份的高等教育国家财政经费投入水平均与全国平均水平较为接近。而中部 8 个省份中的国家财政经费投入水平均列居第三方阵之中且多数省份位次靠后。

和 2012 年评价结果相比（表 3-17），全国有 28 个省份的高等教育经费投入水平的排名位置都发生了变化，仅有 3 个省份排名位置保持不变。总体上看，全国高等教育经费投入水平的发展存在省际差异，各省份排名位置前后变化在 1—15 名之内，变化幅度较大，其中有 19 个省份排名位置变化在 3—15 个位次之间。

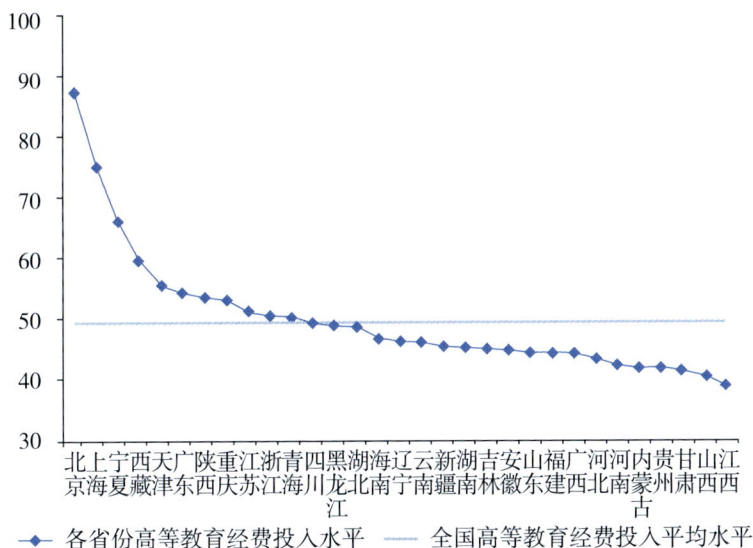

图 3-9　各省份高等教育经费投入水平

在排名位置提高的 15 个省份中，有 5 个位于东部、4 个位于中部、6 个位于西部，主要集中于东北综合经济区、北部沿海综合经济区、长江中游和黄河中游综合经济区以及大西南和大西北综合经济区。其中位置提高超过 2 位的省份为湖南、安徽、辽宁、重庆、四川、陕西、河北、河南、宁夏、黑龙江、海南和云南。在排名位置下降的 13 个省份中，有 4 个位于东部、3 个位于中部、6 个位于西部，主要集中在东部沿海综合经济区、南部沿海经济区、黄河中游综合经济区、大西北综合经济区。其中位置下降超过 2 位的省份有内蒙古、新疆、贵州、吉林、甘肃、江西和山西。

表 3-17　各省份高等教育经费投入水平的排名变化

省　份	2013 年	2012 年	排名变化	所在区域	所处经济综合区
湖南	19	28	↑9	中部	长江中游综合经济区
安徽	21	29	↑8	中部	长江中游综合经济区
辽宁	16	23	↑7	东部	东北综合经济区
重庆	8	15	↑7	西部	大西南综合经济区
四川	12	19	↑7	西部	大西南综合经济区

续表

省　份	2013 年	2012 年	排名变化	所在区域	所处经济综合区
陕西	7	13	↑6	西部	黄河中游综合经济区
河北	25	30	↑5	东部	北部沿海综合经济区
河南	26	31	↑5	中部	黄河中游综合经济区
宁夏	3	8	↑5	西部	大西北综合经济区
黑龙江	13	17	↑4	中部	东北综合经济区
海南	15	18	↑3	东部	南部沿海经济区
云南	17	20	↑3	西部	大西南综合经济区
山东	22	24	↑2	东部	北部沿海综合经济区
天津	5	6	↑1	东部	北部沿海综合经济区
广西	24	25	↑1	西部	大西南综合经济区
北京	1	1	→	东部	北部沿海综合经济区
上海	2	2	→	东部	东部沿海综合经济区
湖北	14	14	→	中部	长江中游综合经济区
浙江	10	9	↓1	东部	东部沿海综合经济区
广东	6	5	↓1	东部	南部沿海经济区
西藏	4	3	↓1	西部	大西北综合经济区
青海	11	10	↓1	西部	大西北综合经济区
江苏	9	7	↓2	东部	东部沿海综合经济区
福建	23	21	↓2	东部	南部沿海经济区
山西	30	26	↓4	中部	黄河中游综合经济区
江西	31	27	↓4	中部	长江中游综合经济区
甘肃	29	22	↓7	西部	大西北综合经济区
吉林	20	11	↓9	中部	东北综合经济区
贵州	28	16	↓12	西部	大西南综合经济区
新疆	18	4	↓14	西部	大西北综合经济区
内蒙古	27	12	↓15	西部	黄河中游综合经济区

（七）多元参与：琼闽渝粤鄂等省份最为活跃

按各省份高等教育多元参与水平得分划分方阵（表3-18），全国31个省份中进入第一方阵的是福建、江西、江苏和广东这4个省份，其高等教育多元参与水平远高于全国其他省份。进入第二方阵的省份是海南、四川、广西、河南、重庆、上海、山东、北京、云南和辽宁；除云南和辽宁之外，其余省份高等教育多元参与水平高于全国平均水平。处于第三方阵的省份为陕西、山西、安徽、宁夏、浙江、湖南、内蒙古、黑龙江、河北、湖北、吉林、贵州、新疆、天津、甘肃、青海和西藏，这些省份的高等教育多元参与水平均低于全国平均水平，特别是新疆、天津、甘肃、青海和西藏的高等教育多元参与水平得分低于40，与全国其他省份存在较大差距。

表3-18　全国各省份高等教育多元参与排序及方阵划分

第一方阵 （得分>60）		第二方阵 （50≤得分≤60）		第三方阵 （得分<50）			
1	福建（79.137）	5	海南（59.498）	15	陕西（49.728）	24	湖北（44.149）
2	江西（73.012）	6	四川（56.640）	16	山西（47.432）	25	吉林（42.526）
3	江苏（62.039）	7	广西（56.251）	17	安徽（46.707）	26	贵州（41.363）
4	广东（61.734）	8	河南（55.893）	18	宁夏（46.129）	27	新疆（39.219）
		9	重庆（55.870）	19	浙江（45.673）	28	天津（36.625）
		10	上海（53.420）	20	湖南（45.528）	29	甘肃（36.564）
		11	山东（52.959）	21	内蒙古（45.508）	30	青海（35.616）
		12	北京（52.813）	22	黑龙江（44.517）	31	西藏（33.964）
		13	云南（52.183）	23	河北（44.362）		
		14	辽宁（50.679）				
全国高等教育多元参与平均水平得分为52.262							

从图3-10来看，第一方阵的4个省份和第二方阵中除云南、辽宁之外的8个省份的高等教育多元参与水平要高于全国平均水平；而云南、辽宁以及第三方阵的17个省份的高等教育多元参与水平均低于全国平均水平。

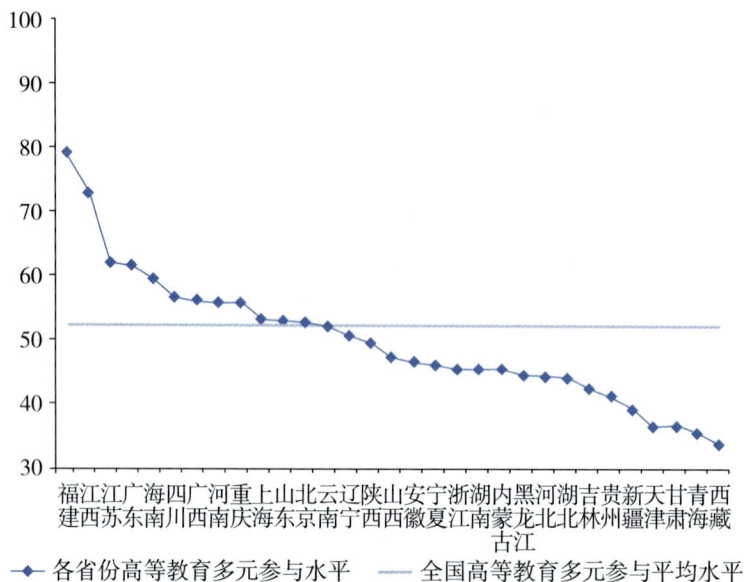

图3-10　各省份高等教育多元参与水平

和2012年评价结果相比（表3-19），全国有27个省份的高等教育多元参与水平的排名位置都发生了变化，仅有4个省份排名位置保持不变。总体上看，全国各省份多元参与高等教育办学的发展水平存在省际差异，排名位置前后变化在1—19名之内，变化幅度较大，其中有19个省份排名位置变化在3—19个位次之间。

在排名位置提高的15个省份中，东、中、西部各有5个省份，主要集中在东部沿海和北部沿海综合经济区、长江中游和黄河中游综合经济区以及大西南和大西北综合经济区。其中位置提高超过2位的省份为北京、山西、广西、江苏、江西、四川、山东、上海和黑龙江。在排名位置下降的12个省份中，有5个位于东部、3个位于中部、4个位于西部，主要集中在东北综合经济区、北部沿海综合经济区、黄河中游综合经济区、大西南综合经济区。其中位置下降超过2位的省份有湖北、浙江、河北、吉林、陕西、重庆、天津、海南、贵州和辽宁。

表 3-19　各省份高等教育多元参与水平的排名变化

省　份	2013 年	2012 年	排名变化	所在区域	所处经济综合区
北京	12	28	↑16	东部	北部沿海综合经济区
山西	16	27	↑11	中部	黄河中游综合经济区
广西	7	18	↑11	西部	大西南综合经济区
江苏	3	10	↑7	东部	东部沿海综合经济区
江西	2	9	↑7	中部	长江中游综合经济区
四川	6	12	↑6	西部	大西南综合经济区
山东	11	16	↑5	东部	北部沿海综合经济区
上海	10	14	↑4	东部	东部沿海综合经济区
黑龙江	22	25	↑3	中部	东北综合经济区
内蒙古	21	23	↑2	西部	黄河中游综合经济区
安徽	17	19	↑2	中部	长江中游综合经济区
云南	13	15	↑2	西部	大西南综合经济区
宁夏	18	20	↑2	西部	大西北综合经济区
福建	1	2	↑1	东部	南部沿海经济区
湖南	20	21	↑1	中部	长江中游综合经济区
广东	4	4	→	东部	南部沿海经济区
西藏	31	31	→	西部	大西北综合经济区
甘肃	29	29	→	西部	大西北综合经济区
青海	30	30	→	西部	大西北综合经济区
河南	8	7	↓1	中部	黄河中游综合经济区
新疆	27	26	↓1	西部	大西北综合经济区
辽宁	14	11	↓3	东部	东北综合经济区
天津	28	24	↓4	东部	北部沿海综合经济区
海南	5	1	↓4	东部	南部沿海经济区
贵州	26	22	↓4	西部	大西南综合经济区
重庆	9	3	↓6	西部	大西南综合经济区

续表

省 份	2013 年	2012 年	排名变化	所在区域	所处经济综合区
陕西	15	8	↓ 7	西部	黄河中游综合经济区
吉林	25	17	↓ 8	中部	东北综合经济区
河北	23	13	↓ 10	东部	北部沿海综合经济区
浙江	19	6	↓ 13	东部	东部沿海综合经济区
湖北	24	5	↓ 19	中部	长江中游综合经济区

四、高等教育综合发展水平的区域特征分析

由于我国经济社会发展水平的地区差异较大，各地区高等教育综合发展水平存在一定的区域差异。基于每个地区各省份高等教育综合发展水平或相应维度得分的中位数来比较东、中、西部地区高等教育发展状况（图3-11）。

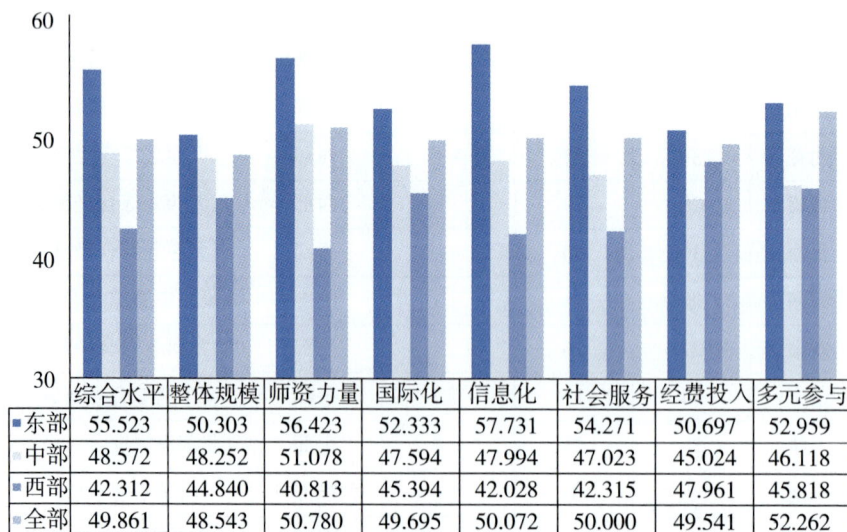

	综合水平	整体规模	师资力量	国际化	信息化	社会服务	经费投入	多元参与
■ 东部	55.523	50.303	56.423	52.333	57.731	54.271	50.697	52.959
中部	48.572	48.252	51.078	47.594	47.994	47.023	45.024	46.118
■ 西部	42.312	44.840	40.813	45.394	42.028	42.315	47.961	45.818
□ 全部	49.861	48.543	50.780	49.695	50.072	50.000	49.541	52.262

图 3-11 我国东、中、西部地区高等教育综合发展水平及各维度的得分比较

总体上看，东、中、西部地区高等教育发展水平具有明显的差异，无论是在高等教育综合发展水平上，还是在高等教育发展的各个维度上，整体呈现由东部到西部逐渐降低的趋势。东部地区高等教育在各方面的发展水平都要高于全国平均水平，中部地区在高等教育整体规模、师资力量以及高等教育综合发展水平上与全国平均水平较为接近，但在国际化、信息化、社会服务、经费投入和多元参与方面则远低于全国平均水平。而西部地区在高等教育各方面的发展水平普遍都低于全国平均水平，尤其是在师资力量的方面与全国平均水平差距最大。但值得注意的是，中部地区高等教育经费投入水平远低于全国平均水平，同时远低于西部地区的经费投入水平，而西部地区高等教育经费投入水平则略高于全国平均水平。也就是说，中部地区靠较少的经费投入支撑着其达到全国中等水平的高等教育整体发展；而尽管西部地区的经费投入力度很大，但其达到的高等教育整体发展水平却很低；只有东部地区的经费投入力度与其高等教育发展水平相一致。

（一）东部地区：整体综合实力强，但区域内呈现两极分化

我国东部地区共有 11 个省份，其中 8 个省份跻身全国高等教育综合发展水平前十的行列（表 3-20）。在东部地区，北京、上海、江苏和广东的高等教育综合发展水平最高，这些省份在师资力量、国际化程度、政府投入、服务社会等多个方面的发展水平都在全国遥遥领先；紧随其后的是浙江、天津、山东和辽宁。相比之下，河北、福建和海南的高等教育发展水平在东部地区的省份中相对较低。

表 3-20　东部地区高等教育综合发展水平及维度排名

省　份	综合水平	高等教育发展的 7 个维度						
		整体规模	师资力量	国际化	信息化	社会服务	经费投入	多元参与
北京	1	1	1	1	1	1	1	12
上海	2	2	2	2	7	6	2	10

续表

省　份	综合水平	高等教育发展的7个维度						
		整体规模	师资力量	国际化	信息化	社会服务	经费投入	多元参与
江苏	3	6	3	4	2	2	9	3
广东	4	15	4	16	3	3	6	4
浙江	5	11	8	6	6	4	10	19
山东	7	14	5	9	5	9	22	11
天津	8	3	11	5	19	12	5	28
辽宁	9	7	7	7	9	11	16	14
福建	14	12	18	19	13	17	23	1
河北	19	19	17	25	14	16	25	23
海南	25	16	28	26	28	21	15	5
进入全国前十的省份数	8个	5个	7个	7个	6个	6个	6个	5个

　　从衡量高等教育综合发展水平的7个维度来看，东部省份在各个方面都实力较强，具有整体规模大、师资力量雄厚、国际化和信息化程度高、社会服务能力强、经费投入充足并且多元参与水平好的特点。

　　具体而言，在整体规模上，北京、上海、天津、江苏和辽宁这5个省份进入了全国前十，同时它们的高等教育国际化水平也位居全国前十。在师资力量方面，东部地区除天津、河北、福建和海南之外，其他7个省份均进入全国前十。在国际化水平上，广东、福建、河北和海南未能进入全国前十，其余省份均进入全国前十。在信息化水平上，北京、江苏、广东、山东、上海和辽宁这6个省份跻身全国前十，同时它们的高等教育社会服务水平也基本进入全国前十的行列（除辽宁位列第11位）。在经费投入方面，北京、上海、天津、广东、江苏和浙江进入了全国前十，而在社会力量多元参与高等教育办学方面，则是福建、江苏、广东、海南和上海进入了全国前十。特别是江苏、浙江和广东这3个省份，不仅其财政经费投入充足而且社会力量多元参与办学的程度也很高，为当地高等教育的健康发展奠定了良好的基础。相比之下，直属高校聚集且财政经费投入水平较高的京津沪地区，其社会力量多元参与高等教育办学的水平反而相对不高，而山东、海南、福建、河北和辽宁等省份，虽然其高等教育财政经费投入水平相对较低，但通过社会力量多元参与办学的发展，其高等教育投入水平也得到了一定的补偿和保障。但值得注意的是，北京在社会力量多元参与高等教育办学的排名有明显提高，较 2012 年评价结果提高了 16 名，说明近两年来北京的高等教育发展向着办学越发多元化的方向有了明显的改观。

（二）中部地区：整体规模大，在国际化、经费投入和多元参与方面有所改善

中部地区共有 8 个省份，只有湖北进入全国高等教育综合发展水平前十名（表 3-21）。在中部地区，湖北属于高等教育各方面发展都在全国较为领先的省份。黑龙江、吉林、湖南和河南的高等教育综合发展水平在中部地区处于中等位置，其中吉林和黑龙江这 2 个省份，地处东北，其高等教育发展具有国际化程度高的共同特征，而河南在高等教育国际化、信息化水平以及多元参与办学水平上表现更为突出。相比之下，江西、安徽和山西的高等教育发展水平在中部地区 8 个省份中排名相对较低。

表 3-21　中部地区高等教育综合发展水平及维度排名

中部省份	综合水平	高等教育发展的 7 个维度						
		整体规模	师资力量	国际化	信息化	社会服务	经费投入	多元参与
湖北	6	5	6	11	8	5	14	24
黑龙江	12	21	10	3	15	20	13	22
湖南	13	10	14	22	12	14	19	20
吉林	15	8	13	10	18	13	20	25
河南	16	25	16	8	10	15	26	8

中部省份	综合水平	高等教育发展的 7 个维度						
		整体规模	师资力量	国际化	信息化	社会服务	经费投入	多元参与
安徽	18	29	15	28	17	8	21	17
江西	20	22	21	23	16	23	31	2
山西	22	9	23	31	23	26	30	16
进入全国前十的省份数	1 个	4 个	2 个	3 个	2 个	2 个	0 个	2 个

从衡量高等教育综合发展水平的 7 个维度来看，中部地区的省份在各方面都逊色于东部地区。相对而言，高等教育整体规模大、社会力量多元参与办学活跃是中部地区高等教育发展的优势，同时师资力量相对薄弱、财政经费投入力度较低是中部地区高等教育发展的劣势。与 2012 年评价结果相比，中部地区在高等教育国际化方面的发展稳中有升，只有吉林和江西两个省份的国际化水平排名下降了 3 个位次，其余 6 个省份的国际化水平排名均保持不变或是有所提升。

在整体规模上，中部 8 个省份中有 4 个进入了全国前十，分别是湖北、吉林、陕西和湖南，而黑龙江则跌出了前十。在师资力量上，黑龙江和湖北进入了全国前十。在国际化水平上，吉林、黑龙江和河南进入了全国前十。在信息化水平上，则是河南和湖北跻身于全国前十。在社会服务方面，湖北和安徽这 2 个省份的排名居全国前十的行列。在财政经费投入方面，中部地区不仅没有一个省份进入全国前十的行列，而且除了黑龙江、湖南和湖北之外，其余 5 个中部省份的经费投入水平只排在全国 20—31 名。但是，与 2012 年评价情况相比，中部省份的高等教育经费投入水平已经有所改观，黑龙江、河南、安徽和湖南四个省份的经费投入水平排名前进了 4—9 名。虽然在国家财政经费投入方面呈现劣势，但是在社会力量多元参与高等教育办学方面，中部地区有 2 个省份进入了全国前十，分别为江西和河南。同时，随着中部地区高等教育的发展，湖南、安徽、黑龙江、江西和山西在多元参与水平排名上都有所提高，在一定程度上弥补了这些省份财政经费投入不足的劣势。当然，经费投入水平和多元参与水平都相对较低仍然是制约中部地区省份高等教育发展的一个重要因素。

（三）西部地区：经费投入力度大，但整体发展水平较低

在西部地区的 12 个省份只有四川进入全国高等教育综合发展水平前十名（表 3-22）。在西部地区，四川、陕西和重庆的高等教育综合发展水平相对较高，跻身于全国前 20 名。除此，西部其余各省份的高等教育综合发展水平均排名在全国 20—31 名之间，依次为广西、内蒙古、云南、新疆、宁夏、甘肃、西藏、贵州、青海。

表 3-22　西部地区各省份高等教育综合发展水平及维度排名

西部省份	综合水平	高等教育发展的 7 个维度						
		整体规模	师资力量	国际化	信息化	社会服务	经费投入	多元参与
四川	10	27	9	24	4	10	12	6
陕西	11	4	12	21	11	22	7	15
重庆	17	17	19	18	21	7	8	9
广西	21	28	20	13	20	19	24	7
内蒙古	23	13	25	17	24	27	27	21
云南	24	30	22	14	22	18	17	13
新疆	26	20	26	12	27	25	18	27
宁夏	27	18	29	20	29	28	3	18
甘肃	28	24	24	27	26	29	29	29
西藏	29	23	30	30	30	31	4	31
贵州	30	31	27	29	25	24	28	26
青海	31	26	31	15	31	30	11	30
进入全国前十的省份数	1 个	1 个	1 个	0 个	1 个	2 个	4 个	3 个

从衡量高等教育综合发展水平的 7 个维度来看，西部省份在各方面都落后于东部和中部地区，多数省份的高等教育综合发展水平在全国范围内位列最后十位。相对而言，高等教育经费投入力度较大是西部地区高等教育发展的优势，同时高等教育规模较小、师资力量相对薄弱则是西部地区高等教育发展最为突出的劣势。

在整体规模上，西部只有陕西进入了全国前十，位列全国第 4。在师资力量上，四川进入了全国前十，位列全国第 9。在国际化水平上，西部省份无一进入全国前十。与 2012 年评价结果相比，青海、甘肃、新疆和云南的高等教育国际化水平排名均有不同幅度的下降，并且新疆和云南的位次跌出了全国前十。在信息化水平上，四川跻身全国前十，陕西、重庆、内蒙古、青海、广西和甘肃的信息化水平的排名位置较 2010 年有所下降。在社会服务方面，四川和重庆位居全国前十的行列。在财政经费投入方面，西部地区有 4 个省份进入了全国前十的行列，分别是山西、重庆、宁夏和西藏，反映出各级政府特别是中央政府对这些省份高等教育发展的投入力度大。和 2010 年相比，重庆、四川、陕西、宁夏、云南和广西的经费投入水平排名有所上升，而西藏、青海、甘肃、贵州、新疆和内蒙古的经费投入水平排名均有所下降，特别是最后三个省份分别下降了 12—15 名。在社会力量多元参与高等教育办学方面，西部地区也有 3 个省份进入了全国前十，分别为四川、重庆和广西。和 2012 年评价结果相比，广西、四川、内蒙古、云南和宁夏的多元参与水平排名有所上升，而新疆、贵州、重庆和陕西的多元参与水平排名均有所下降。需注意的是，贵州和甘肃等省份高等教育经费投入和多元参与水平都不高，在很大程度上制约着这些地区高等教育的发展水平。

五、高等教育综合发展水平的类型分析

根据各省份在高等教育综合发展水平 7 个维度上的得分情况，使用 IBM SPSS 19.0 软件对其进行系统聚类分析（Hierarchical Cluster Analysis），

将我国31个省份按高等教育发展特征分为5个类型。5个类型在高等教育发展水平7个维度上的得分如表3-23所示。第一，这些类型在高等教育综合发展水平上逐渐递减；第二，各个类型在高等教育发展的7个维度上具有其各自独有的特征（图3-12）；第三，经对比，这五种类型的形态特征与2012年聚类分析结果基本保持了一致。

表 3-23　不同类型省份在高等教育综合发展水平各维度上的得分均值

维度		类型1	类型2	类型3	类型4	类型5
综合水平		77.760	63.710	52.179	45.733	40.919
高等教育发展7个维度	整体规模	80.235	50.320	51.678	44.704	45.533
	师资力量	74.260	63.430	54.327	45.631	38.895
	国际化	82.830	51.175	50.649	46.315	44.328
	信息化	69.555	68.700	52.955	45.870	40.490
	社会服务	67.220	73.575	50.634	47.665	41.265
	经费投入	81.285	52.860	48.436	45.215	48.458
	多元参与	53.115	61.885	46.672	59.819	40.724

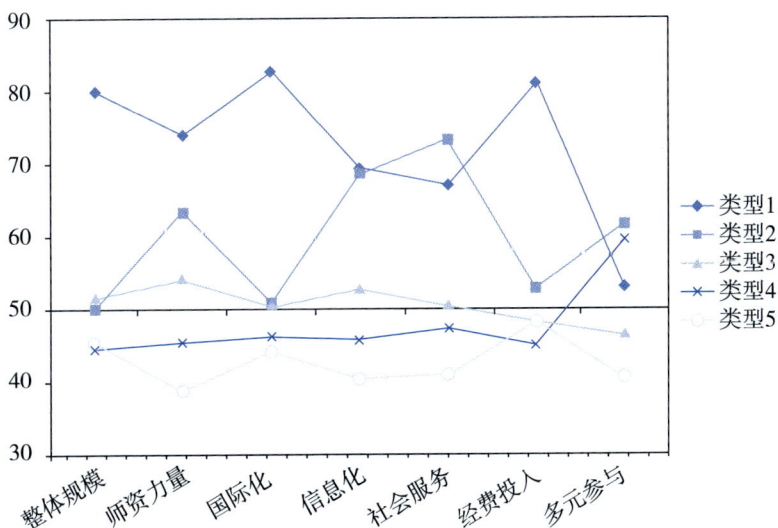

图 3-12　我国东、中、西部地区高等教育综合发展水平及各维度的得分比较

类型 1 包括北京和上海两个直辖市，均属于东部地区。这一类型在高等教育综合发展水平以及高等教育发展 7 个维度上的得分都比较高，这些省份的高等教育师资力量强，国际化程度高，政府投入力度大，在社会服务方面也做出较大贡献。由于北京和上海作为我国北方和南方两个重要的政治、经济和文化中心，本身经济实力雄厚，加之聚集了大量的教育部直属高校，因此与财政性投入相比，这 2 个省份社会力量多元参与高等教育办学的水平则相对较低。

类型 2 包括江苏和广东，均地处东部地区。总体而言，类型 2 在高等教育综合发展水平以及高等教育发展各个维度上的得分略低于类型 1，但在全国范围内，这类省份的高等教育发展状况仍然处于中上水平。江苏和广东分别是东部沿海综合经济区和南部沿海经济区的龙头，其高等教育规模较大，师资力量较强，信息化程度较高，同时社会服务的水平也较高。由于这些省份地方经济发展较为活跃，同时在文化上具有重视教育的良好传统，因此虽然这些地区政府对高等教育的投入力度不像北京和上海那样高，但其社会力量多元参与办学的水平则是四种类型中最高的，成为政府财政性投入的有益补充。

类型 3 包括天津、河北、辽宁、浙江、山东、吉林、黑龙江、湖北、湖南、四川和陕西这 11 个省份；其中东部地区有 5 个省份、中部地区有 4 个省份、西部地区有 2 个省份。这个类型的高等教育综合发展水平处于全国平均水平上下。但是其高等教育规模适中，信息化程度也较好，国际化程度和社会服务都处于全国平均水平。但相比之下，这一类型省份的高等教育的经费投入和多元参与高等教育办学程度略低于其他几个方面的发展水平。

类型 4 包括福建、海南、安徽、江西、河南、广西、重庆和云南这 8 个省份；该类型在东、中、西地区的分布较为均匀。这个类型的高等教育综合发展水平也是处于全国平均水平上下。这一类型高等教育在各个方面的发展水平较为均匀，高等教育规模较低，师资力量、经费投入和国际化程度也一般，但这类省份多元化社会力量参与高等教育办学的程度很高，为这类省份高等教育的发展提供了重要支撑。

类型 5 包括山西、内蒙古、贵州、西藏、甘肃、青海、宁夏和新疆这

8 个省份；除山西之外，其余各省份均位于西部地区。从地理位置上看，这些省份主要分布在我国中西部的经济欠发达地区和少数民族聚集区，这些地区经济社会发展水平不高，同时人口数量也相对较小。从高等教育发展特征来看，类型 5 在高等教育综合发展水平以及高等教育发展各个维度上的得分都相对较低。但是这一类型省份的财政性高等教育经费投入水平较高，一方面反映出当前国家对中西部地区和少数民族地区高等教育发展的扶持力度较大；另一方面也反映出即便在当前经费投入水平的条件下，这些地区高等教育办学水平仍然不高的问题。

从不同高等教育发展类型的省份的区域分布来看（表3-24），在我国东部地区 11 个省份共覆盖了 4 种类型，其中有 5 个省份集中于类型 3，整体呈现出"橄榄型"的分布样态，可以说东部地区各省份在高等教育发展形态上呈现出较为多样化的特点。在中部地区的 8 个省份中，有一半都属于类型 3，另有 3 个省份属于类型 4，1 个省份属于类型 5。相比之下，中部地区各省份的高等教育发展呈现出"倒三角形"的发展形态，区域内部各省份高等教育发展特点的同质性更强。在西部地区的 12 个省份，有超过半数的省份均属于类型 5，另有 3 个省份属于类型 4，2 个省份属于类型 3，总体上呈现"正三角形"的发展形态，区域内部各省份高等教育发展形态同质性更强，并且总体发展水平较低。

表3-24　不同高等教育发展特征类型的省份在东中西部的分布情况

区域＼类型	类型 1	类型 2	类型 3	类型 4	类型 5
东部	北京、上海	江苏、广东	天津、河北、辽宁、浙江、山东	福建、海南	
中部			吉林、黑龙江、湖北、湖南	安徽、江西、河南	山西
西部			四川、陕西	广西、重庆、云南	内蒙古、贵州、西藏、甘肃、青海、宁夏、新疆

与 2012 年的分类结果相比较（表 3-25），全国共有 7 个省份的高等教育发展特征类型发生了变化，其中浙江、湖北由类型 2 变为类型 3，河北、山东、湖南和四川由类型 4 变为类型 3，而云南由类型 5 变为类型 4。这些省份的高等教育发展特征向类型 2 和类型 3 聚集，并且多数省份的高等教育综合发展水平有所提升。

表 3-25　各省份高等教育发展特征类型的变化情况

省　份	类　型		省　份	类　型	
	2013 年	2012 年		2013 年	2012 年
北京	1	1	福建	4	4
上海	1	1	江西	4	4
江苏	2	2	河南	4	4
广东	2	2	广西	4	4
浙江	3	2	海南	4	4
湖北	3	2	重庆	4	4
天津	3	3	云南	4	5
辽宁	3	3	山西	5	5
吉林	3	3	内蒙古	5	5
黑龙江	3	3	贵州	5	5
陕西	3	3	西藏	5	5
河北	3	4	甘肃	5	5
山东	3	4	青海	5	5
湖南	3	4	宁夏	5	5
四川	3	4	新疆	5	5
安徽	4	4			

第四章

高等教育的国际比较

随着高等教育大众化的持续推进，教育结构不断优化，内涵建设不断加强，国际化水平逐步提高，我国正迈向高等教育"后大众化"时代。本章旨在通过国际比较，考察我国高等教育发展与世界高等教育发展之间的联系，明晰我国高等教育的世界位置及水平。

本章选取多个高等教育指标，将中国与发达国家及地区平均水平、发展中国家及地区平均水平以及世界平均水平相比，呈现我国高等教育在世界格局中所处的位置。与此同时，报告还分别选取 8 个发达国家和 8 个发展中国家作为样本，与中国进行比较，了解我国高等教育发展的优势与不足。

一、数据来源、国家分类及样本选择

本章研究数据主要来源于国内外权威数据库，并采纳了国际货币基金组织（IMF）的国家分类标准，选取了 16 个发达和发展中国家作为样本。

（一）数据源于国内外权威数据库

本报告对经济发达国家与发展中国家的分类主要依据国际货币基金组织的《世界经济展望》中的国家分类标准，分析所用的数据主要来源于国际货币基金组织（International Monetary Fund，IMF）、世界银行、联合国教科文组织统计机构（UNESCO Institute for Statistics，UIS）、经济合作与发展组织（OECD）、中国国家统计局、各国教育部官方数据、QS 世界大学排名、泰晤士报高等教育副刊世界大学排名以及中国上海交通大学世界大学学术排行榜等。

本章所使用的数据以联合国教科文组织 2012 年的统计数据为主，部分采用世界银行和经济合作与发展组织的统计数据，考虑到数据的可得性和完整性，个别情况下还会使用其他年份的数据替代 2012 年缺失数据，文中将对此做进一步说明。

（二）国家分类依据国际货币基金组织

本报告依据国际货币基金组织对 189 个经济体的分类法，即根据经济发展程度，将世界各国及地区分为发达经济体（Advanced economies）和新兴发展中经济体（Emerging and developing economies）两大类。其中，发达经济体共包括 36 个国家和地区，分别是卢森堡、挪威、瑞士、澳大利亚、丹麦、瑞典、加拿大、荷兰、奥地利、芬兰、新加坡、美国、爱尔兰、比利时、日本、法国、德国、冰岛、英国、新西兰、意大利、中国香港、西班牙、以色列、塞浦路斯、希腊、斯洛文尼亚、韩国、葡萄牙、马耳他、捷克、中国台湾、斯洛伐克、爱沙尼亚、圣马力诺和拉脱维亚。其余 153 个国家和地区均被列为新兴发展中经济体。本报告中所说的发达国家或地区都在这 36 个国家及地区的范围之内，其余均属于发展中国家和地区。

人均 GDP 是用于划分各国经济发展水平的常用指标。2012 年，36 个经济发达国家和地区平均人口数量为 2863.1 万，人均 GDP 平均值为40312.5 美元。2012 年，中国人口数量为 13.54 亿，居世界首位，GDP 总量居世界第二，仍为全球第二大经济体，中国人均 GDP 仅为 6077.65 美元，远远低于发达国家或地区的平均水平，在 153 个新兴发展中经济体里排在第 54 位，在全世界 189 个经济体中排在第 90 位（表 4-1）。

表 4-1　**2012 年经济发达国家或地区的人口及人均 GDP**①

国家或地区	人口（万人）	人均 GDP（美元）
平均	2863.1	40312.50
美国	31415.4	51708.98
日本	12761.1	46530.38
德国	8052.4	42569.47
英国	6370.5	38999.21
法国	6337.9	41223.21
意大利	5939.4	33915.46
韩国	5000.4	22590.16
西班牙	4676.6	28294.11
加拿大	3470.2	52488.73
中国台湾	2331.6	20386.48
澳大利亚	2292.0	67855.88
荷兰	1675.4	45988.60
希腊	1112.3	22346.58
比利时	1109.5	43553.78
葡萄牙	1060.2	20019.90
捷克	1050.5	18699.47
瑞典	955.6	54829.11
奥地利	846.6	46620.24
瑞士	795.5	79344.25
以色列	770.1	33450.93
中国香港	717.8	36590.44
丹麦	558.1	56475.85
芬兰	542.7	45567.52

① 国际货币基金组织．世界经济展望数据库［EB/OL］．［2014-06-10］．http：//www.imf.org/external/pubs/ft/weo/2014/01/weodata/index.aspx.

续表

国家或地区	人口（万人）	人均GDP（美元）
斯洛伐克	540.4	16912.30
新加坡	531.2	53516.04
挪威	503.8	99249.00
爱尔兰	458.5	45961.96
新西兰	444.0	38384.91
斯洛文尼亚	205.5	22089.39
拉脱维亚	204.2	13899.26
爱沙尼亚	129.4	17295.23
塞浦路斯	87.2	26376.76
卢森堡	53.2	103806.62
马耳他	41.7	21226.73
冰岛	32.0	42482.30
圣马力诺	—	—

（三）样本为16个发达国家和发展中国家

本章样本选择以国际货币基金组织《世界经济展望》（World Economic Outlook）中的国家分类为标准，结合人口数量及人均GDP，从发达国家和发展中国家各选取8个分析样本，共16个样本国家。

整体来看，发达国家普遍人口较少，人均GDP较高，相比之下，发展中国家人口较多，人均GDP相对较低。为增强指标可比性，在发达国家中选取了澳大利亚、加拿大、美国、日本、德国、法国、英国和韩国为样本；在发展中国家选取了俄罗斯、巴西、墨西哥、马来西亚、南非、印度、伊朗和中国作为样本（表4-2）。

表 4-2　2012 年 16 个样本国家人口数量和人均 GDP①

经济发展水平	国　家	2012 年人口数量（万人）	2012 年人均 GDP（美元）
经济发达国家	澳大利亚	2292.0	67855.88
	加拿大	3470.2	52488.73
	美国	31415.4	51708.98
	日本	12761.1	46530.38
	法国	6337.9	41223.21
	德国	8052.4	42569.47
	英国	6370.5	38999.21
	韩国	5000.4	22590.16
经济发展中国家	俄罗斯	14300.0	14015.75
	巴西	19652.6	11437.39
	墨西哥	11705.5	10110.69
	马来西亚	2933.7	10387.16
	南非	5227.5	7314.01
	伊朗	7611.7	5229.18
	中国	135404.0	6077.65
	印度	122719.3	1514.63

注：南非数据为预测数据。

中国作为世界人口大国，近些年国内生产总值（GDP）已经超越日本成为世界第二大经济体，但人均 GDP 与发达国家还有较大差距，2012 年仅为 6077.65 美元。

---

① 国际货币基金组织．世界经济展望数据库［EB/OL］．［2014-06-12］．http：//www.imf.org/external/pubs/ft/weo/2014/01/weodata/index.aspx.

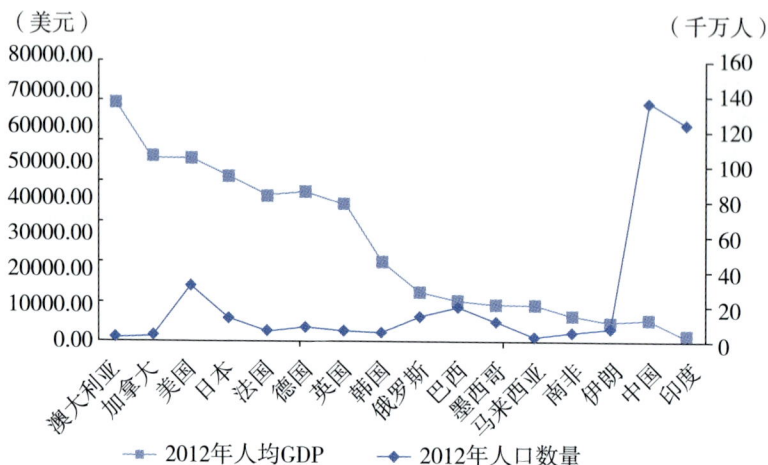

图 4-1 **2012 年各国人均 GDP 和人口数量**①

注：南非数据为预测数据。

二、中国高等教育普及程度有所提高

　　高等教育普及程度体现了一个国家或地区的高等教育发展水平。本章选取高等教育毛入学率和每十万人口中高等教育平均在校生数来反映一个国家或地区的高等教育普及程度。高等教育毛入学率是指高等教育在校生数与相应学龄人口之比，可以反映一个国家教育发展的相对规模和机会，是高等教育发展水平的重要标志之一。根据马丁·特罗对高等教育毛入学率的分析，当高等教育毛入学率低于 15% 为精英教育；15%—50% 为高等教育大众化阶段；高于 50% 时属于高等教育普及化阶段。

---

　　① 国际货币基金组织. 世界经济展望数据库［EB/OL］.［2014-06-12］. http：//www.imf. org/external/pubs/ft/weo/2014/01/weodata/index. aspx.

（一）中国高等教育大众化进程继续推进，毛入学率持续提高

近几年，我国高等教育毛入学率逐步提升，截至 2012 年已达到 26.70%，① 标志着中国高等教育仍处于大众化的发展阶段。我国高等教育毛入学率与发展中国家或地区平均水平（29.57%）之间的差距正逐步缩小，但与世界平均水平（38.32%）以及发达国家或地区平均水平（70.17%）仍有一定差距（图 4-2）。

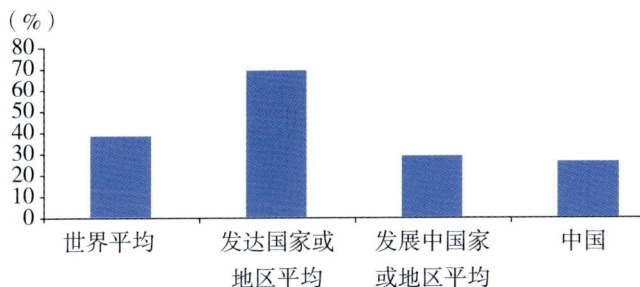

图 4-2　2012 年高等教育毛入学率②

根据联合国教科文组织的统计数据，2012 年 7 个经济发达国家（加拿大数据缺失）的高等教育毛入学率都达到 58% 以上，均处于高等教育普及化阶段，其中韩国毛入学率最高，为 98.38%，美国次之，为 94.28%。在 5 个发展中国家中（巴西、马来西亚、南非数据缺失），俄罗斯毛入学率遥遥领先，以 76.14% 位居首位，伊朗毛入学率首次突破 50%，进入高等教育普及化阶段。其他发展中国家的毛入学率均大于 15%，小于 50%，即处于高等教育大众化阶段。伊朗高等教育的迅速发展，一方面由于其政治、经济、文化和社会民主化进程不断加快，另一方面社会对高技能人才的需

---

① 根据教育部公布的《2012 年全国教育事业发展统计公报》，2012 年中国高等教育毛入学率达到 30%（与 UIS 数据不同），比 2011 年的 26.90% 增长了 11.52% [EB/OL]. [2014-06-12]. http://www.moe.gov.cn/publicfiles/business/htmlfiles/moe/moe_ 633/201308/155798.html. 为保持统计口径一致，以便于同其他国家作比较，本部分采用联合国教科文组织统计数据。

② 联合国教科文组织统计机构（UIS）. 高等教育毛入学率 [DB/OL]. [2014-06-12]. http://data.uis.unesco.org/modalexports.aspx? exporttype = excel&FisrtDataPointIndexPerPage = &SubSessionId = 24e51f2e_ d2ab_ 4c74_ 8cab.

求改变了伊朗家庭对知识和教育的传统观念，逐渐鼓励孩子接受高等教育（图4-3）。

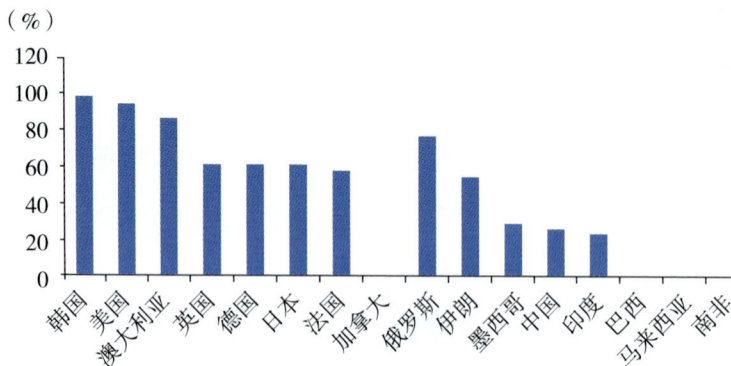

图4-3　2012年各国高等教育毛入学率①

注：其中加拿大、巴西、马来西亚、南非数据缺失。

根据联合国教科文组织统计数据，我国高等教育毛入学率虽然已达到26.70%，但在33个发达国家或地区中，除卢森堡（18.21%）外，其他国家或地区均远高于我国②；120个发展中国家或地区中有76个国家或地区高等教育毛入学率超过15%，约占63.33%，即已处于高等教育大众化阶段。我国高等教育毛入学率在发展中国家或地区排名第57，世界排名第89。近几年，高等教育普及程度的不断提高与我国高等教育迅速发展密不可分，人们已不再拘泥于传统的全日制形式，还可通过自考、成人高考、远程教育以及"慕课"等多种形式接受高等教育。随着学习渠道和机会的逐渐增多，接受高等教育的适龄人口数也大大增加（图4-4）。

分性别高等教育毛入学率可以反映一个国家或地区不同性别适龄人口接受高等教育的比例。根据联合国教科文组织统计数据，2012年我国男性和女性高等教育毛入学率分别为25.19%和28.38%，已接近发展中国家或

---

① 联合国教科文组织统计机构（UIS）. 高等教育毛入学率［DB/OL］.［2014-06-12］. http：//data. uis. unesco. org/modalexports. aspx？exporttype ＝ excel&FisrtDataPointIndexPerPage ＝ &SubSessionId ＝ 0f73b161_c271_4153_a3be_ac460291e19b&Random＝0. 41263796109706163.

② 加拿大、新加坡和中国台湾数据缺失；希腊、冰岛、以色列为2011年数据；卢森堡为2010年数据。

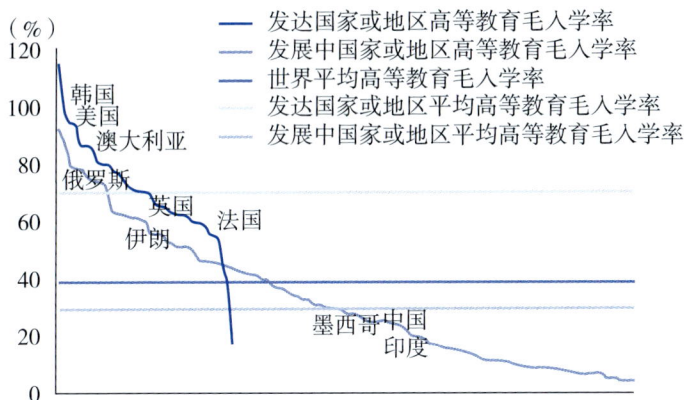

图 4-4 2012 年世界各国高等教育毛入学率①

地区的平均水平（27.17% 和 33.11%），但远低于世界平均（34.53% 和 42.53%）及发达国家或地区的平均水平（62.21% 和 78.48%）（图 4-5）。

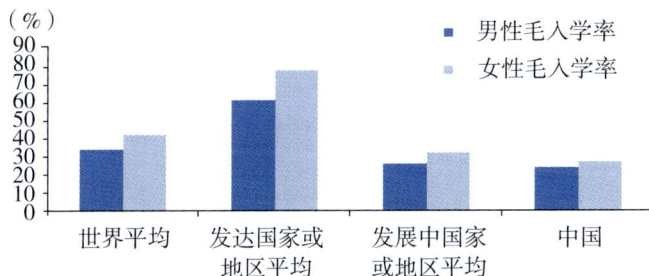

图 4-5 2012 年分性别高等教育毛入学率②

如图 4-6 所示，在样本国家中（加拿大、印度、马来西亚、南非、巴西数据缺失），发达国家男性适龄人口高等教育毛入学率均大于 51%，其中韩国最高，达 111.48%，美国次之，为 79.14%，澳大利亚为 72.84%；

① 联合国教科文组织统计机构（UIS）. 高等教育毛入学率［DB/OL］.［2014-06-12］. ht-tp：//data. uis. unesco. org/modalexports. aspx?exporttype=excel&FisrtDataPointIndexPerPage=&Sub SessionId=24e51f2e-d2ab-4c74-8cab-.

② 联合国教科文组织统计机构（UIS）. 分性别高等教育毛入学率［DB/OL］.［2014-06-12］. ht-tp：//data. uis. unesco. org/modalexports. aspx? exporttype=excel&FisrtDataPointIndexPerPage=&SubSessionId=24e51f2e-d2ab-4c74-8cab-.

发展中国家中，俄罗斯男性适龄人口高等教育毛入学率最高，为 67.51%，伊朗次之，为 55.13%，墨西哥为 29.61%。在发达国家中，美国女性适龄人口高等教育毛入学率最高，为 110.17%，澳大利亚为 110.56%；发展中国家俄罗斯女性适龄人口高等教育毛入学率最高，达 85.05%，伊朗次之，为 55.20%。中国男性和女性适龄人口高等教育毛入学率远低于发达国家，在发展中国家也明显落后于俄罗斯、伊朗、墨西哥等国。

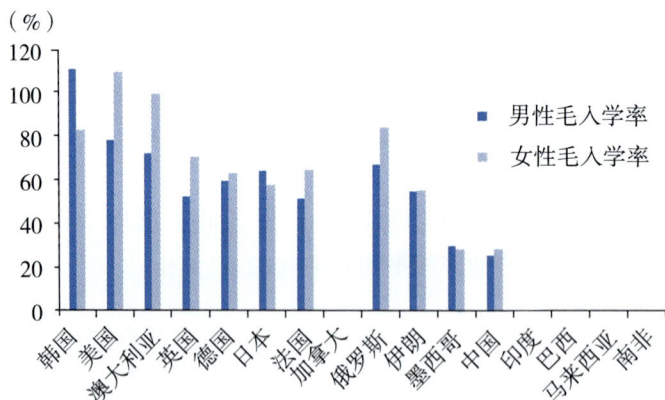

图 4-6 2012 年各国分性别高等教育毛入学率①

注：其中加拿大、印度、巴西、马来西亚、南非数据缺失。

根据联合国教科文组织统计数据，在 33 个发达国家或地区中，除卢森堡（男性 17.27%，女性 19.17%）外，其他国家或地区男、女性高等教育毛入学率均远高于中国（25.19%和28.38%）②；在 124 个发展中国家或地区中，中国男性高等教育毛入学率排名第 58，女性高等教育毛入学率排名第 65。这说明我国高等教育男、女性高等教育毛入学率仍有较大提升空间（图 4-7，图 4-8）。

---

① 联合国教科文组织统计机构（UIS）. 分性别高等教育毛入学率［DB/OL］.［2014-06-12］. http：//data. uis. unesco. org/modalexports. aspx? exporttype = excel&FisrtDataPointIFisrtDataPo = &SubSessionId = 5920a477-fb7b-40ae-8e58-d71be1790df5&Random = 0. 058694027058694027；联合国教科文组织统计机构（UIS）. 分性别高等教育毛入学率［DB/OL］.［2014-06-12］. http：//data. uis. unesco. org/modalexports. aspx?exporttype = excel&FisrtDataPoFisrtDataPointI =&SubSessionId = 5920a477-fb7b-40ae-8e58-d71be1790df5&Random = 0. 20326420326466904.

② 加拿大、新加坡和中国台湾数据缺失；希腊、冰岛、以色列为 2011 年数据；卢森堡为 2010 年数据。

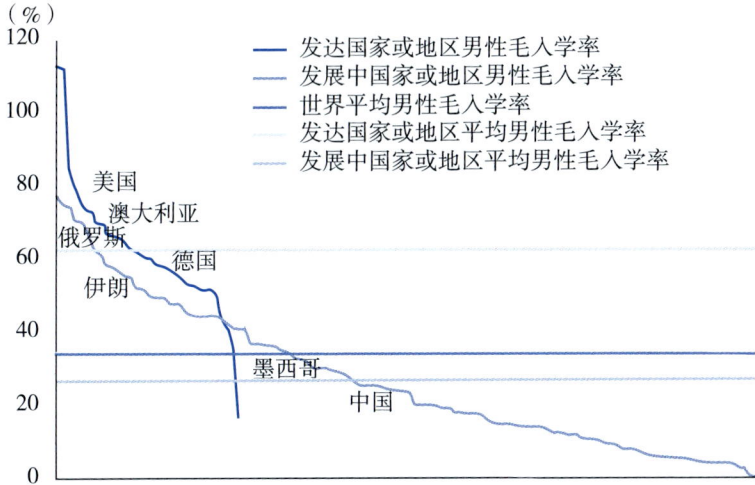

图4-7　**2012年世界各国男性高等教育毛入学率**①

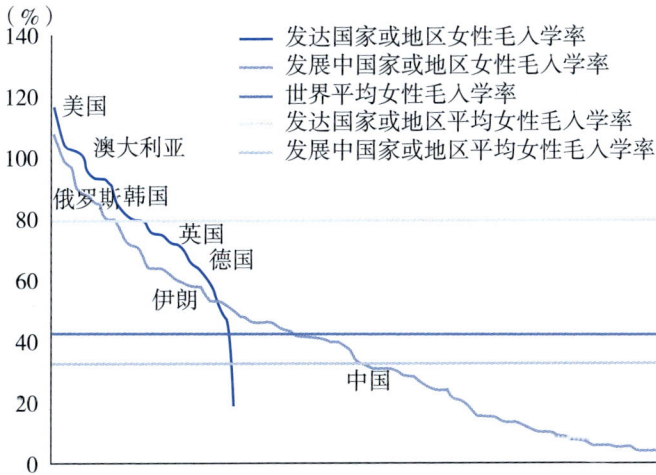

图4-8　**2012年世界各国女性高等教育毛入学率**②

---

①　联合国教科文组织统计机构（UIS）．高等教育毛入学率（男性）［DB/OL］．［2014-06-12］．http：//data. uis. unesco. org/modalexports. aspx？exporttype＝excel&FisrtDataPointIndexPerPage＝&SubSessionId＝24e51f2e-d2ab-4c74-8cab-．

②　联合国教科文组织统计机构（UIS）．高等教育毛入学率（女性）［DB/OL］．［2014-06-12］．http：//data. uis. unesco. org/modalexports. aspx？exporttype＝excel&FisrtDataPointIndexPerPage＝&SubSessionId＝24e51f2e-d2ab-4c74-8cab-．

性别平等指数（Gender parity index，GPI）可反映一个国家或地区男性、女性接受高等教育机会的情况。高等教育性别平等指数是指女性入学人数与男性入学人数之比。通过计算 GPI，可以反映男性、女性在高等教育阶段的性别差异，是评价教育公平的重要指标之一。

2012 年，我国高等教育性别平等指数为 1.13，与发展中国家或地区平均水平（1.18）几近持平，但略低于世界平均水平（1.20），明显低于发达国家或地区平均值（1.28）（图 4-9）。

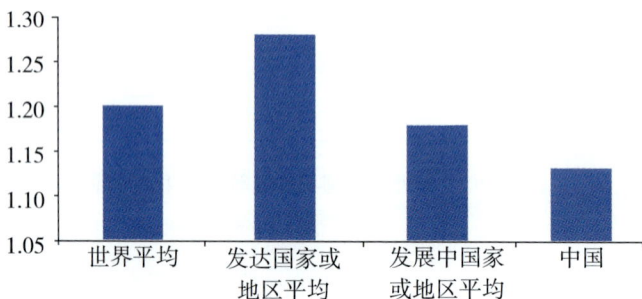

图 4-9 **2012 年高等教育性别平等指数**①

在发达国家中（加拿大数据缺失），除日本、韩国外，其他样本国家女性入学人数均大于男性，其中美国指数最大，为 1.39，澳大利亚次之，为 1.38，日本、韩国性别平等指数分别为 0.9 和 0.75；在发展中国家中（印度、巴西、马来西亚、南非数据缺失），俄罗斯、中国女性入学人数大于男性，伊朗男、女性入学人数持平，墨西哥性别平等指数为 0.96（图 4-10）。

根据联合国教科文组织统计数据，在 33 个发达国家或地区中，有 24 个国家或地区高等教育性别平等指数高于中国（1.13），德国（1.05）、希腊（1.03）、日本（0.90）、韩国（0.75）等 9 个国家或地区低于中国②；在 125 个发展中国家或地区中，中国性别平等指数排名第 62，在发展中国

① 联合国教科文组织统计机构（UIS）. 性别平等指数［DB/OL］.［2014-06-12］. http：// data. uis. unesco. org/modalexports. aspx?exporttype = excel&FisrtDataPointIndexPerPage = &SubSessionId = 24e51f2e-d2ab-4c74-8cab-.

② 加拿大、新加坡和中国台湾数据缺失；希腊、冰岛、以色列为 2011 年数据；卢森堡为 2010 年数据。

家或地区处于中等水平（图4-11）。

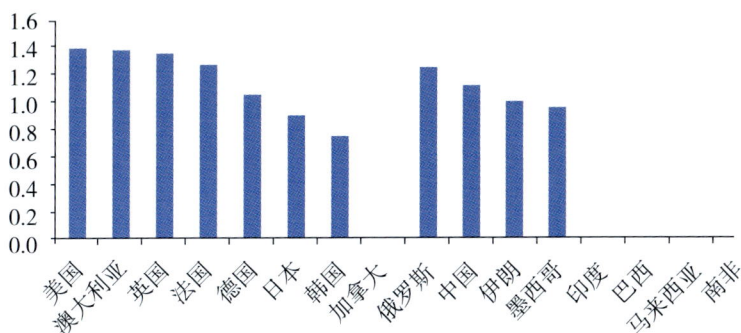

图4-10 2012年各国高等教育性别平等指数①

注：其中加拿大、印度、巴西、马来西亚、南非数据缺失。

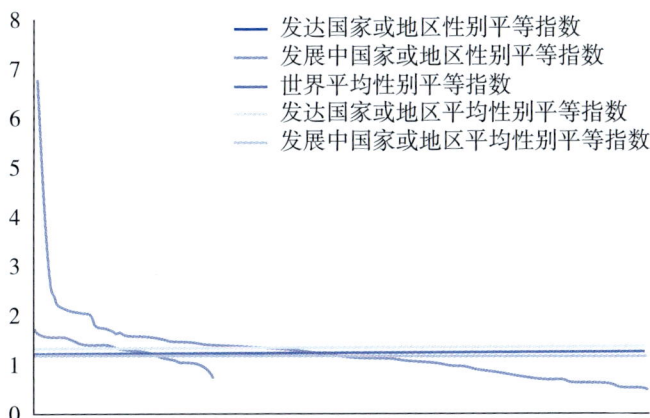

图例：
- 发达国家或地区性别平等指数
- 发展中国家或地区性别平等指数
- 世界平均性别平等指数
- 发达国家或地区平均性别平等指数
- 发展中国家或地区平均性别平等指数

图4-11 2012年世界各国高等教育性别平等指数②

（二）中国每十万人口中高等教育平均在校生数持续增加，与其他国家差距逐渐缩小

每十万人口高等教育平均在校生数可以反映一个国家或地区接受高等

---

① 联合国教科文组织统计机构（UIS）. 性别平等指数［DB/OL］.［2014-06-12］. http：//
data. uis. unesco. org/modalexports. aspx?exporttype＝excel&FisrtDataPointIndexPerPage＝&SubSessionId＝
7193 a0b6-705c-4646-aaf2-e39ebd65bd1c&Random＝0. 12431317288428545.

② 联合国教科文组织统计机构（UIS）. 性别平等指数［DB/OL］.［2014-06-12］. http：//
data. uis. unesco. org/modalexports. aspx?exporttype＝excel&FisrtDataPointIndexPerPage＝&SubSessionId＝
24e 51f2e-d2ab-4c74-8cab-.

教育人口规模情况，从侧面反映出高等教育普及程度和发展情况。从每十万人口高等教育平均在校生数来看（图 4-12），32 个发达国家或地区的每十万人口高等教育平均在校生数是 4582 人;[①] 114 个发展中国家或地区的每十万人口高等教育平均在校生数 2587 人，中国（2413 人）在 146 个国家或地区中排名第 87。[②]

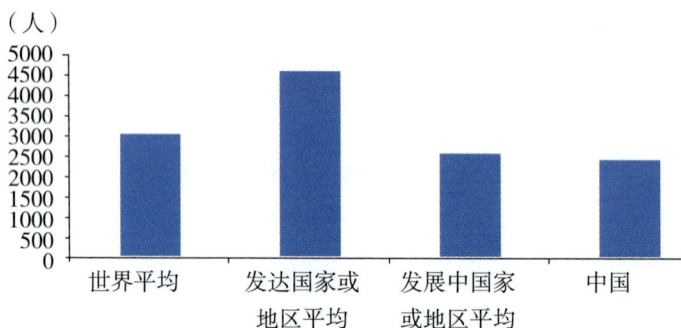

（人）

图 4-12　**2012 年每十万人口高等教育平均在校生数**[③]

根据联合国教科文组织的统计数据，本报告选取的样本国家里，2012 年发达国家每十万人口高等教育平均在校生数均超过 3100 人，其中韩国最多，为 6986 人，美国以 6828 人居第二位；在发展中国家中，伊朗和俄罗斯最多，分别为 5897 人和 5709 人，其他国家每十万人口高等教育平均在校生数均低于 3000 人（图 4-13）。

2012 年（图 4-14），中国每十万人口高等教育平均在校生数为 2413 人，在 114 个发展中国家或地区中排名第 54。发达国家或地区中，除卢森堡（1088 人）外，每十万人口高等教育平均在校生数均明显大于中国，最

①　加拿大、新加坡、中国台湾和中国香港数据缺失；希腊、冰岛、以色列、圣马力诺为 2011 年数据；卢森堡为 2010 年数据。

②　根据《中国教育统计年鉴 2012》，中国 2012 年每十万人口中高等教育平均在校生数为 2335 人。参见：中国教育统计年鉴.2012/中华人民共和国教育部发展规划司编.北京：人民教育出版社，2013.12. 为便于同其他国家进行比较，这里采用的是联合国教科文组织统计的数据，即，中国 2012 年平均每十万人口中高等学校在校生人数为 2412 人。

③　联合国教科文组织统计机构（UIS）.每十万人口高等教育在校生人数 ［DB/OL］.［2014-06-12］. http：//data. uis. unesco. org/modalexports. aspx? exporttype = excel&FisrtDataPointIndexPerPage=&SubSessionId=24e51f2e-d2ab-4c74-8cab-.

少的马耳他为 2915 人。

（人）

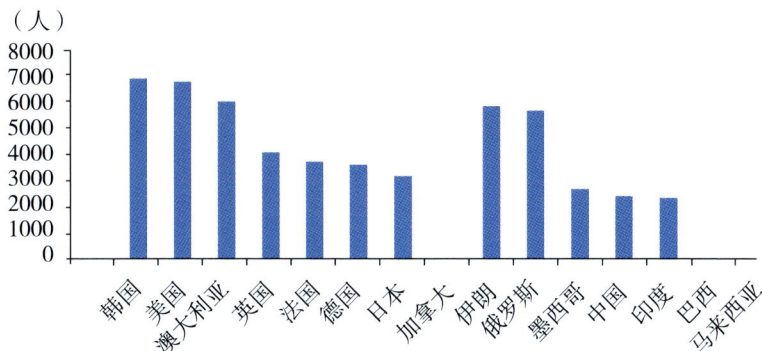

图 4-13　2012 年各国每十万人口高等教育平均在校生数①

（人）

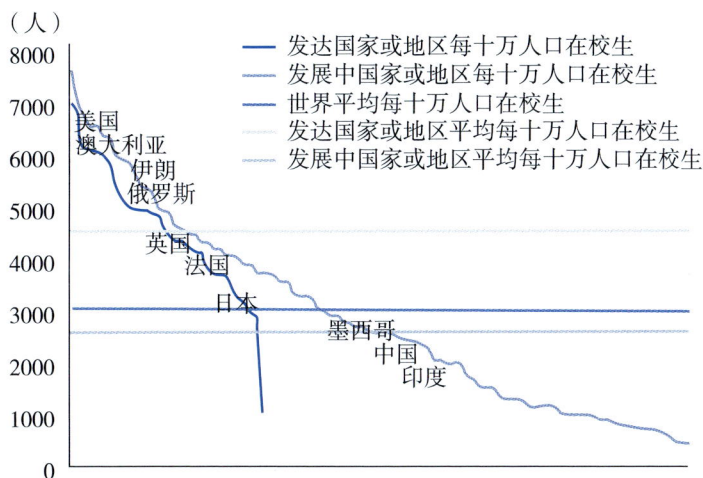

图 4-14　2012 年世界各国每十万人口高等教育平均在校生数②

据我国教育部官方数据显示，1991 年我国每十万人口高等教育平均在

---

① 联合国教科文组织统计机构（UIS）. 每十万人口高等教育在校生数［DB/OL］.［2014-06-12］. http：//data. uis. unesco. org/modalexports. aspx？exporttype = excel&FisrtDataPointIndexPerPage = &SubSessionId = 697e28c4-16c2-42f1-baff-0336f241d4ef&Random = 0. 5869789770804346.

② 联合国教科文组织统计机构（UIS）. 每十万人口高等教育在校生数［DB/OL］.［2014-06-12］. http：//data. uis. unesco. org/modalexports. aspx？exporttype = excel&FisrtDataPointIndex PerPage = &SubSessionId = 24e51f2e-d2ab-4c74-8cab-.

校生数仅为 304 人，2012 年达到 2335 人，[①] 是 1991 年的 7.7 倍。1991—2012 年，我国每十万人口高等教育平均在校生数呈现急剧增长态势，这与我国高等教育发展迅速、规模扩张以及接受高等教育的人数大幅增加有关（图4-15）。

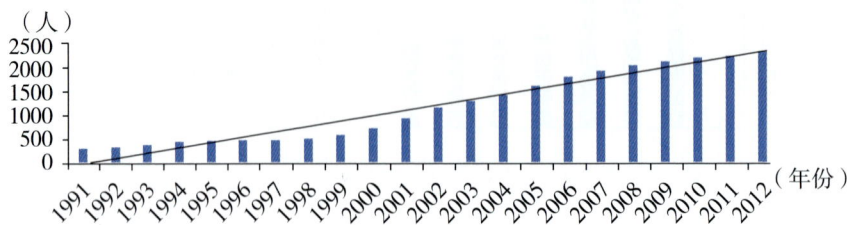

图 4-15　中国每十万人口高等教育在校生数（1991—2012 年）[②]

三、中国高等教育规模稳居世界第一

中国作为人口大国，在高等教育规模上占有绝对优势，而在不同层次学生的培养上和其他国家存在差距。

（一）中国高等教育在校生数超三千万，绝对数量居世界第一

高等教育在校生数通常用来表征一个国家高等教育的总体规模。2012 年，中国各级各类高等教育在校生数已达到 3258.60 万人，[③] 远远超过世

---

① 根据《中国统计年鉴 2012》，中国 2012 年平均每十万人口中高等教育在校生数为 2335 人，与联合国教科文组织统计的数据略有不同。这里因仅对中国的高等教育发展情况进行纵向比较，为保持统计口径一致，故采用中国教育部提供的数据。

② 中华人民共和国教育部. 中国教育统计年鉴 2009-2012［DB/OL］.［2014-06-12］. http：//www. moe. gov. cn/publicfiles/business/htmlfiles/moe/s4959/201012/113467. html.

③ 根据中国教育部颁发的《2012 年全国教育事业发展统计公报》，中国各类高等教育总规模达到 3325 万人，参见中国教育部网站 http：//www. moe. gov. cn/publicfiles/business/htmlfiles/moe/moe_ 633/201308/155798. html；而根据联合国教科文组织的统计数据，中国 2012 年高等教育在校生数为 3258.6 万人。在本部分，为保持统计口径一致，以便于同其他国家比较，这里中国的高等教育在校生数也采用联合国教科文组织的数据，特此说明。

界各国平均水平（116.66 万人）、发达国家或地区平均水平（140.58 万人）和发展中国家或地区平均水平（110.31 万人），位居世界第一，印度以 2852.57 万人的在校生规模位居全球第二，美国排名第三（2099.41 万人）（图 4-16）。

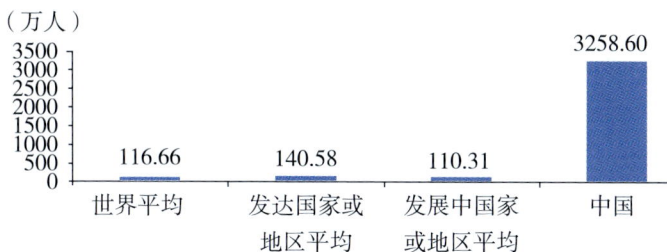

（万人）

图 4-16　2012 年高等教育在校生数①

根据联合国教科文组织的统计数据（图 4-17），2012 年在本报告的样本国家中，多数发达国家高等教育在校生规模主要集中在 200—400 万人，美国远超其他发达国家，在校生规模达 2099.41 万人；发展中国家在校生规模略有差异，

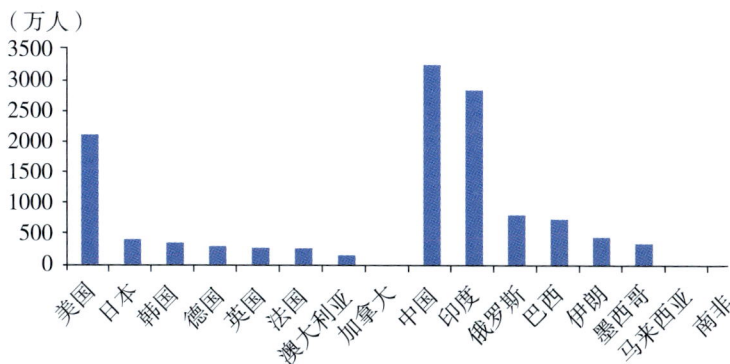

（万人）

图 4-17　2012 年各国高等教育在校生数②

---

① 联合国教科文组织统计机构（UIS）. 高等教育在校生数（含所有类别，男、女性）[EB/OL].［2014－06－12］. http：//data. uis. unesco. org/modalexports. aspx? exporttype = excel&FisrtDataPointIndexPerPage=&SubSessionId = 24e51f2e－d2ab－4c74－8cab-.

② 联合国教科文组织统计机构（UIS）. 高等教育在校生人数（含所有类别，男、女性）[EB/OL].［2014－06－12］. http：//data. uis. unesco. org/modalexports. aspx? exporttype = excel&Fisrt-DaFisrtDataPointIndex = &SubSessionId = e1d5264f－b3a7－43e8－9421－b08965054077&Random = 0. 010181435497943311.

多数发展中国家规模集中在 400—700 万人之间，中国、印度两国高等教育在校生规模异军突起，远超所有发展中国家和发达国家，分别为 3258.6 万人和 2852.57 万人。中国、印度两国位居世界高等教育在校生规模的第一和第二，分别比美国多 1159.19 万人和 753.16 万人。中国和印度在校生规模迅速发展的原因主要在于三方面：首先，中、印两国均属人口大国，接受高等教育的人口相对较多；其次，随着高等教育多元化的发展，民办教育异军突起，以中国 2012 年为例，民办高等学校共吸纳了 533.18 万人，占全国高等教育在校生数的 16.95%；远程教育、慕课、开放大学近几年在亚洲国家的迅速崛起也为人们提供了更加便利的条件和更多的渠道接受高等教育。

（二）中国专科生占比居世界前列，本科生比例低于世界平均值

本报告通过对比各国各级高等教育注册学生数，反映一个国家或地区各级高等教育的规模及层次结构特征。根据联合国教科文组织提出的国际教育标准分类法（ISCED，1997），5 级和 6 级为高等教育阶段，其中 5B 级教育相当于我国高等教育中的专科层次教育，5A 级教育相当于我国本科层次的教育，6 级相当于我国研究生层次的教育。①

根据《2012 年全国教育事业发展简明统计分析》，2012 年我国本、专、研在校生占普通高校在校生的比例分别是 55.76%，37.68% 和 6.56%。② 根据联合国教科文组织提供的数据统计，发达国家对应的平均值分别是 77.77%、18.57%、3.85%，发展中国家对应的平均值分别是 77.96%、24.86%、1.43%，世界各国对应的平均值分别是 77.91%、23.30%、2.14%。与世界平均值、发达

---

① UNESCO. International Standard Classification of Education. ISCED1997 ［EB/OL］. ［2014-06-12］. http：//www.uis.unesco.org/Education/Pages/international - standard - classification - of - education.aspx.

② 由于联合国教科文组织数据库升级改版，中国专科、本科及研究生在校生占比数据严重缺失，因此这里中国相关数据引自中华人民共和国教育部.中国教育统计年鉴 2012 ［M］. 北京：人民教育出版社，2013. 2012 年我国研究生占普通高校在校生的比例是 6.56%，其中，在校硕士、博士研究生占普通高校在校生的比例分别是 5.51% 和 1.05%。因可能与联合国教科文组织的统计口径略有差异，加之各国学制及教育体系不同（例如，有些国家本科只有三年，硕士研究生教育只有一年或两年，且不需提交学位论文即可获得学位，而有些国家本科是四年，硕士研究生教育一般为两到三年，且需要提交学位论文才可获得学位），因此在这一部分中，中国与其他国家的比较难免存在一定误差。

国家或地区平均值及发展中国家或地区平均值相比，我国专科在校生占比相对较高，但本科在校生所占比例相对较低（图4-18）。

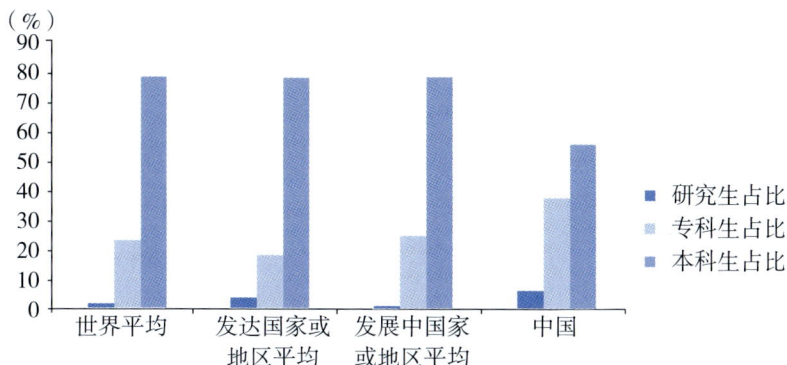

图 4-18　2012 年各级高等教育在校生所占比例①

1. 本科层次高等教育在校生所占比例低于发达国家和发展中国家或地区约 22 个百分点

全球 34 个发达国家或地区的本科生所占比例的平均值为 77.77%②，99 个发展中国家或地区的本科生所占比例的平均值为 77.96%，133 个国家或地区的本科生所占比例的平均值为 77.91%（图4-18）。

本报告中 8 个主要经济发达国家的本科层次高等教育在校生占高等教育在校生总数的比例相差不大，其中英国比例最高（80.54%），法国比例最低（71.81%）；8 个发展中国家的本科在校生占高等教育在校生总数的比例差别较大，其中墨西哥、印度比例均超过 90%，比例最高的墨西哥达

①　UNESCO Institute for Statistics. Percentage of all students in tertiary education enrolled in ISCED 5A, both sexes（%）［EB/OL］.［2014-06-12］. http：//data. uis. unesco. org/modalexports. aspx?exporttype = excel&FisrtDataPointIndexPerPage=&SubSessionId=24e51f2e-d2ab-4c74-8cab-. UNESCO Institute for Statistics. Percentage of all students in tertiary education enrolled in ISCED 5B, both sexes（%）.［EB/OL］.［2014-06-12］. http：//data. uis. unesco. oor/modalexports. aspx? exporttype = excel&FisrtDataPointIndexPerPage =&SubSessionId=24e51f2e-d2ab-4c74-8cab-. UNESCO Institute for Statistics. Percentage of all students in tertiary education enrolled in ISCED 6, both sexes（%）　［EB/OL］.［2014-06-12］. http：//data. uis. unesco. org/modalexports. aspx? exporttype = excel&FisrtDataPointIndexPerPage = &SubSessionId = 24e51f2e-d2ab-4c74-8cab-.

②　加拿大和中国台湾数据缺失；希腊、冰岛、以色列为 2011 年数据；卢森堡为 2010 年数据。

到 95.33%，远远高出世界平均水平、发达国家或地区平均水平及发展中国家或地区平均水平，伊朗、俄罗斯及巴西的本科生所占比例在 76%—85%之间，超出发达国家及发展中国家或地区平均水平，而马来西亚与中国的本科生所占比例分别为 55.23% 和 55.76%，低于世界平均水平、发展中国家或地区平均水平以及发达国家或地区的平均水平。

2012 年，中国本科在校生占高等教育在校生总数的比例为 55.76%，明显低于发达国家或地区，在 99 个发展中国家或地区中排名第 88（图 4-19）。

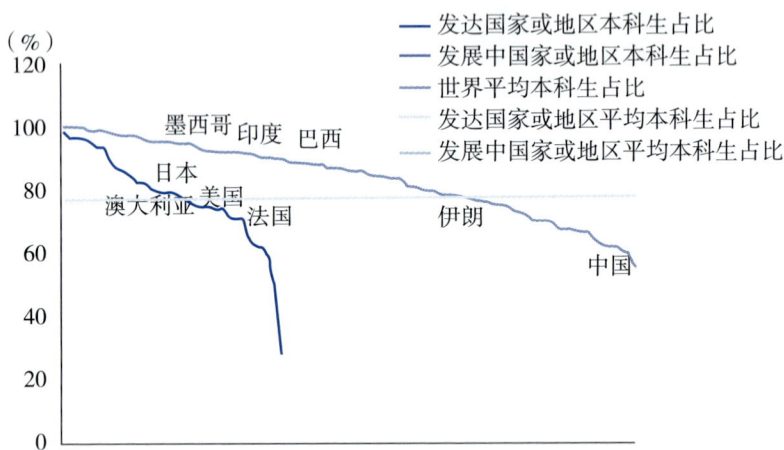

图 4-19　2012 年世界各国高等教育本科在校生所占比例①

2. 专科层次高等教育在校生所占比例高于发达国家或地区近 20 个百分点

全球 33 个发达国家或地区的专科生所占比例平均值为 18.57%，② 97 个发展中国家或地区的专科生所占比例平均值为 24.86%，129 个国家或地区的专科生所占比例平均值为 23.30%（图 4-18）。

本报告中 8 个主要经济发达国家的专科层次高等教育在校生占高等教育在校生总数的比例主要集中在 15%—25% 之间，其中法国最高（25.11%），英国最低（15.66%）；8 个发展中国家情况略有不同，马来西亚、中国及伊

---

① UNESCO Institute for Statistics . Percentage of all students in tertiary education enrolled in ISCED 5A, both sexes（%）. [EB/OL]. [2014-06-12]. http：//data. uis. unesco. org/modalexports. aspx? exporttype=excel&FisrtDataPointIndexPerPage=&SubSessionId=24e51f2e-d2ab-4c74-8cab-.

② 加拿大、卢森堡和中国台湾数据缺失；希腊、冰岛、以色列为 2011 年数据。

朗的专科生比例较高，分别为 42.01%、37.60% 和 22.71%，高于世界平均水平、发展中国家或地区平均水平以及发达国家或地区平均水平；巴西、俄罗斯专科生比例为 13.05% 和 16.69%，低于世界平均水平、发展中国家或地区平均水平以及发达国家或地区平均水平；印度和墨西哥的专科在校生所占比例则不足 10%，分别是 7.87% 和 3.85%。

2012 年，中国专科在校生占高等教育在校生总数的比例为 55.70%，在 33 个发达国家或地区中排名第 2；在 97 个发展中国家或地区中排名第 13，全球 129 个国家或地区中排名第 14，说明我国专科生所占比例较高（图 4-20）。

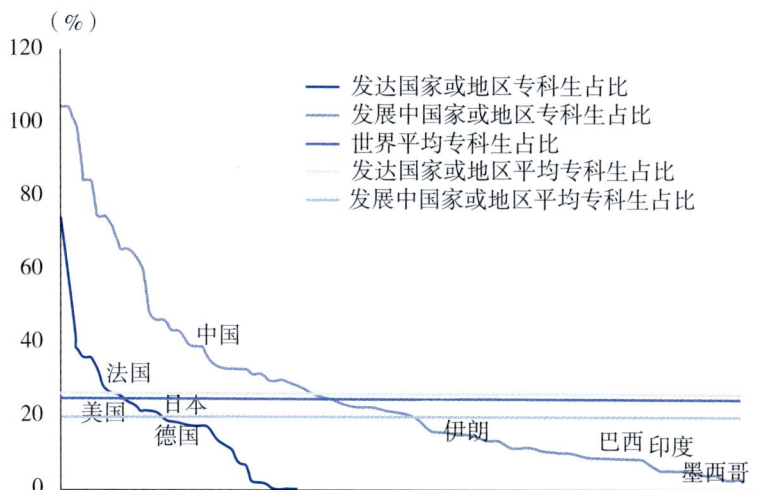

图 4-20　2012 年世界各国高等教育专科在校生所占比例①

3. 研究生层次高等教育在校生所占比例居发展中国家或地区之首，高于发达国家或地区平均值

全球 33 个发达国家或地区的研究生所占比例平均值为 3.85%②，79 个

①　UNESCO Institute for Statistics. Percentage of all students in tertiary education enrolled in ISCED 5B, both sexes（%）.［EB/OL］.［2014-06-12］http：//data. uis. unesco. oor/modalexports. aspx?exporttype=excel&FisrtDataPointIndexPerPage=&SubSessionId=24e51f2e-d2ab-4c74-8cab-.

②　加拿大、圣马力诺和中国台湾数据缺失；希腊、冰岛、以色列、西班牙为 2011 年数据；卢森堡为 2010 年数据。

发展中国家或地区的研究生所占比例平均值为 1.43%，112 个国家或地区的研究生所占比例平均值为 2.14%（图 4-21）。

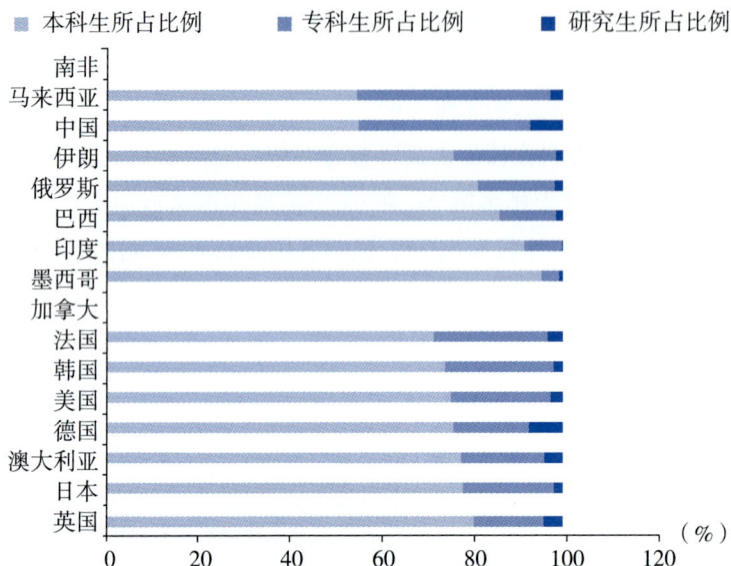

图 4-21　2012 年各国各级高等教育在校生所占比例①

注：马来西亚为 2011 年数据，中国为国内数据，加拿大、南非数据缺失。

本报告涉及的 8 个主要经济发达国家的研究生层次高等教育在校生占高等教育在校生总数的比例，除德国外，其他国家比例相差不大。其中，日本和韩国较低，分别为 1.93% 和 1.86%，低于世界平均水平，而德国则达到 7.09%，其他国家均维持在 2%—4% 之间。相比之下，在 8 个发展中

---

① UNESCO Institute for Statistics. Percentage of all students in tertiary education enrolled in ISCED 5A, both sexes（%）［EB/OL］.［2014-06-12］. http：//data. uis. unesco. org/modalexports. aspx?exporttype = excel&FisrtDataPointIndexPerPage = &SubSessionId = ca705d9a - e1a2 - 4f0d - bd5d - 70d5fb414840&Random = 0. 01689662504941225；UNESCO Institute for Statistics. Percentage of all students in tertiary education enrolled in ISCED 5B, both sexes（%）［EB/OL］.［2014-06-12］. http：// data. uis. unesco. org/modalexports. aspx?exporttype = excel&FisrtDataPointIndexPerPage = &SubSessionId = ca705d9a-e1a2-4f0d-bd5d-70d5fb414840&Random = 0. 13243734347634017；UNESCO Institute for Statistics. Percentage of all students in tertiary education enrolled in ISCED 6, both sexes（%）［EB/OL］.［2014-06-12］. http：//data. uis. unesco. org/modalexports. aspx?exporttype = excel &FisrtDataPointIndexPerPage = &SubSessionId = ca705d9a-e1a2-4f0d-bd5d-70d5fb414840&Random = 0. 9208646062761545.

国家，各国研究生在校生所占比例的差异较大。中国研究生所占比例高于世界平均值、发展中国家或地区平均值以及发达国家或地区平均值；巴西、伊朗及俄罗斯的研究生比例在 1%—2% 之间，低于世界平均值（2.14%）；墨西哥和印度的研究生比例则不足 1%，均低于发展中国家或地区平均值（表4-3）。

2012 年，中国研究生在校生占高等教育在校生总数的比例为 6.56%，在 33 个发达国家或地区中排名第 4，在 79 个发展中国家或地区中排名第3，全球 112 个国家或地区中排名第 6（图 4-22）。

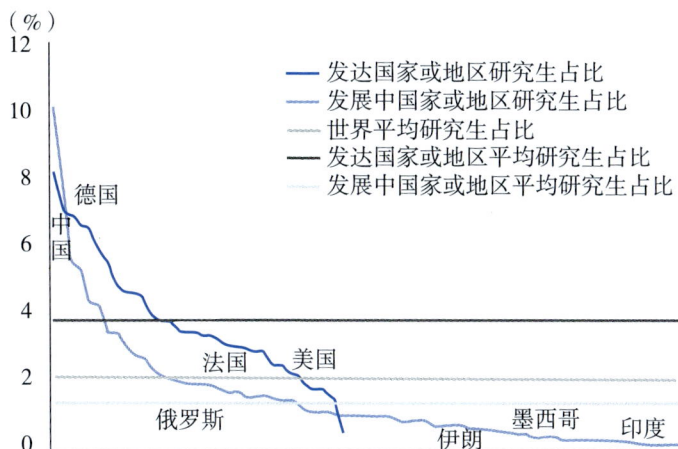

图 4-22　**2012 年世界各国高等教育研究生所占比例①**

整体而言，经济发达国家高等教育层次结构较为稳定，差异性不大，仅德国研究生层次在校生占高等教育在校生总数比例较为突出，这与德国政府下放高校管理自主权，提高科研经费以及启动德国精英大学计划有关。相比之下，发展中国家在高等教育的层次结构上则呈现差异化现象，墨西哥、印度、巴西及俄罗斯的高等教育以本科层次为主体，比例均超过80%，特别是墨西哥和印度已达到90%以上，伊朗与发达国家的情况基本

---

① UNESCO Institute for Statistics. Percentage of all students in tertiary education enrolled in ISCED 6, both sexes（%）[EB/OL].［2014-06-12］. http：//data. uis. unesco. org/modalexports. aspx?export-type＝excel&FisrtDataPointIndexPerPage＝&SubSessionId＝24e51f2e-d2ab-4c74-8cab-.

相似，其本科和专科教育的比例都接近世界平均水平；中国和马来西亚的高等教育则是以本科和专科并重，同时发展研究生教育。

四、中国高等教育投入增长迅速

世界各国通常采用政府高等教育支出占 GDP 比例来反映一个国家或地区对高等教育的重视程度和贡献力度，师资又是保障高等教育质量的基本条件，本部分从高等教育财政经费和高等教育师资力量两个方面对各国高等教育的财力和人力投入情况进行对比分析。①

（一）中国政府高等教育支出不断增长，占 GDP 的比例仍低于世界平均水平

本报告通过比较各国政府高等教育支出占国内生产总值（GDP）的比例、高等教育支出占政府教育总支出的比例，来分析我国高等教育投入水平和力度。鉴于各国数据的可获得性以及数据缺失最少的年份等因素，本部分均采用 2011 年的统计数据进行分析。

1. 中国政府高等教育支出占 GDP 比例接近发展中国家或地区平均水平

根据联合国教科文组织的数据统计，2011 年，32 个发达国家或地区政府高等教育支出占 GDP 比例平均为 1.39%，② 101 个发展中国家或地区该指标平均值为 0.89%，这 133 个国家或地区在该指标上的平均值为 1.01%，我国政府高等教育支出占 GDP 比例为 0.85%，接近发展中国家或地区平均水

---

① 国际上的政府高等教育支出相当于我国的财政性高等教育支出。根据《中国统计年鉴2012》，国家财政性教育经费包括公共财政预算教育经费，各级政府征收用于教育的税费，企业办学中的企业拨款，校办产业和社会服务收入用于教育的经费以及其他属于国家财政性教育经费。财政预算内教育经费指中央、地方各级财政或上级主管部门在年度内安排，并计划拨到教育部门和其他部门主办的各级各类学校、教育事业单位，列入国家预算支出科目的教育经费，包括教育事业拨款、科研经费拨款、基建拨款和其他经费拨款。

② 希腊、卢森堡、圣马力诺和中国台湾数据缺失；塞浦路斯、德国、冰岛、马耳他、挪威、葡萄牙、西班牙、瑞典、英国和美国为 2010 年数据；丹麦为 2009 年数据。

平，但与发达国家或地区水平及世界平均水平比还相对较低（图4-23）。

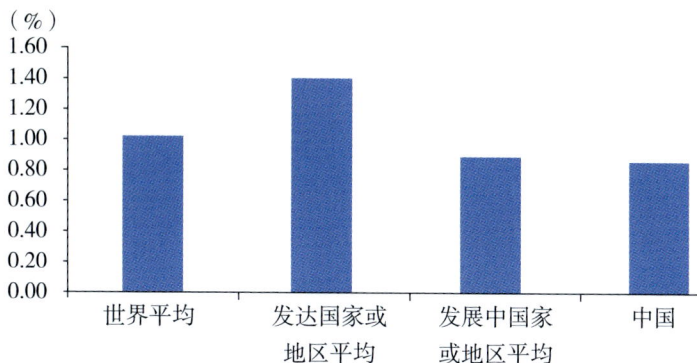

图 4-23　2011 年政府高等教育支出占 GDP 百分比①

2011 年（图4-24），在 8 个发达国家样本中，加拿大的政府高等教育支出经费占 GDP 比例最高，为 1.92%，其次是美国，为 1.39%，德国、法国、澳大利亚及英国略低于发达国家或地区平均水平（1.39%），而韩国、日本则低于世界平均水平（1.01%）和发展中国家或地区水平（0.89%）。同年，在经济发展中国家里，马来西亚的政府高等教育支出经费占 GDP 的比例最高，为 2.20%，超出发达国家或地区平均水平（1.39%），在 16 个样本国家中排名第一；印度、伊朗的高等教育经费支出超过世界平均水平（1.01%），中国的政府高等教育支出占 GDP 的比例在所选样本国家中排名较低，但略高于发达国家中的韩国与日本。②

图 4-25 显示，2011 年，中国政府高等教育支出占 GDP 比例低于世界

---

① UNESCO Institute for Statistics. Government expenditure on tertiary education as % of GDP（%）［EB/OL］.［2014－06－20］. http：//data. uis. unesco. org/modalexports. aspx？exporttype＝excel&Fisrt-DataPointIndexPerPage＝&SubSessionId＝24e51f2e－d2ab－4c74－8cab－f4c6d39bceea&Random＝0. 4940484771504998.

② 根据《中国教育经费统计年鉴 2012》，中国 2011 年普通高等学校财政性教育经费为 4023. 50 亿元，中国 2011 年国内生产总值（GDP）为 473104. 05 亿元，计算可得 2011 年我国普通高等学校财政性经费占 GDP 的百分比为 0. 85%，数据来源于中国国家统计局网 http：//data. stats. gov. cn/search/keywordlist2？keyword＝2011gdp. 其他国家数据来源于联合国教科文组织网站。

（％）

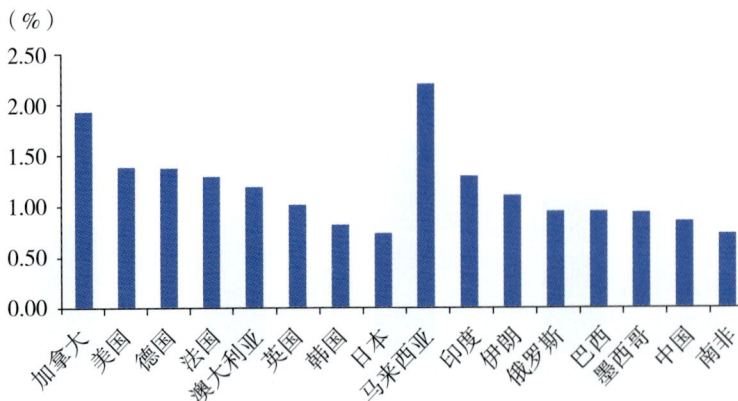

图 4-24　2011 年主要国家政府高等教育支出占 GDP 百分比①

注：美国、英国、德国、俄罗斯与巴西 2011 年数据缺失，因此使用 2010 年的数据代替，俄罗斯使用 2008 年数据代替；中国的数据根据《中国教育经费统计年鉴 2012》财政性高等教育经费支出和国家统计局公布的 2011 年 GDP 数值计算。

（％）

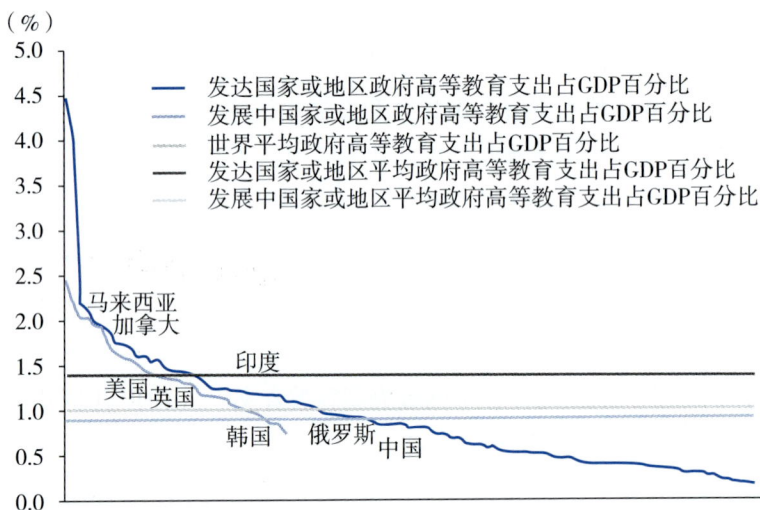

图 4-25　2011 年世界各国政府高等教育支出占 GDP 百分比②

① UNESCO Institute for Statistics. Government expenditure on tertiary education as % of GDP（％）［EB/OL］.［2014-06-20］. http：//data. uis. unesco. org/modalexports. aspx？exporttype = excel&Fisrt DataPointIndexPerPage =&SubSessionId = 0d743c1f-684a-4d25-b788-.

② UNESCO Institute for Statistics. Government expenditure on tertiary education as % of GDP（％）［EB/OL］.［2014-06-20］. http：//data. uis. unesco. org/modalexports. aspx？exporttype = excel&Fisrt-DataPointIndexPerPage = &SubSessionId = 24e51f2e-d2ab-4c74-8cab-f4c6d39bceea&Random = 0. 4940484771504998.

平均水平、发达国家或地区平均水平，但正接近发展中国家或地区的平均水平，在 32 个发达国家或地区中，除意大利（0.83%）、韩国（0.82%）及日本（0.74%）外，其他国家或地区高等教育支出占 GDP 比例均高于中国；在 101 个发展中国家或地区中，中国排名第 45，在全球 133 个国家或地区中排名第 74，说明我国对高等教育的投入处于世界中等偏下水平，仍需进一步加大投入力度。

2. 高等教育支出占政府教育支出比例世界排名居中

高等教育支出占政府教育支出比例通常用来表征一个国家在教育投入中对高等教育的重视程度。根据联合国教科文组织的统计数据，就高等教育支出占政府教育总支出比例这一指标来看，2011 年 33 个发达国家或地区的平均值为 24.10%，[①] 105 个发展中国家或地区的平均值为 19.17%，[②] 现有的 138 个国家或地区高等教育支出占政府教育总支出的比例平均值为 20.35%。中国高等教育支出占教育总支出比例为 21.65%，[③] 分别高于发展中国家或地区平均值以及世界平均值，但略低于发达国家或地区平均值（图 4-26）。

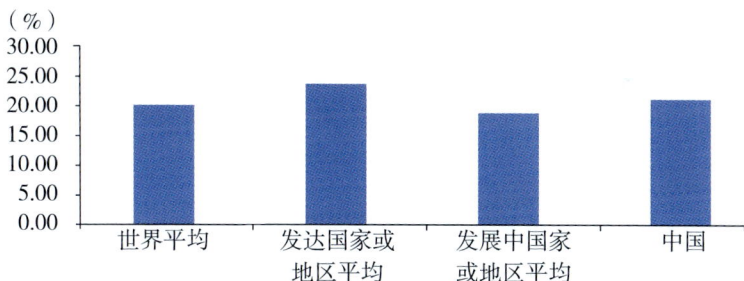

图 4-26　**2011 年高等教育支出占政府教育支出比例**[④]

---

① 希腊、卢森堡和中国台湾数据缺失。塞浦路斯、德国、冰岛、马耳他、挪威、葡萄牙、西班牙、瑞典、英国和美国为 2010 年数据，丹麦为 2009 年数据。

② 少数发展中国家或地区 2011 年的数据缺失，借用的是 2010 年数据。

③ 本报告将高等教育支出占政府教育支出理解为普通高等学校财政性教育经费占全国财政性教育经费的比值。根据《中国教育经费统计年鉴 2012》，中国普通高等学校国家财政性教育经费为 4023.50 亿元，全国财政性教育经费为 18586.70 亿元，计算得出 2011 年中国高等教育经费占财政性教育总经费的百分比为 21.65%。其他国家数据来源于联合国教科文组织网站。

④ UNESCO Institute for Statistics. Expenditure on tertiary as % of government expenditure on education（%）［EB/OL］.［2014 - 06 - 20］. http：//data. uis. unesco. org/modalexports. aspx? exporttype = excel&FisrtDataPointIndexPerPage = &SubSessionId = 24e51f2e－d2ab－4c74－8cab－f4c6d39bceea&Random = 0. 8745893812738359.

从本报告选取的 16 个样本国家具体来看，2011 年，加拿大高等教育支出占政府教育支出的比例在发达国家中最高（35.60%），德国次之（27.16%），美国第三（25.62%），均超过经济发达国家高等教育支出占政府教育支出比例的平均值（24.10%），澳大利亚、法国、日本、英国及韩国则低于该平均值；在发展中国家中，印度高等教育支出占政府教育支出比例最高（37.55%），马来西亚居第二位（36.97%），伊朗第三（27.23%），三国均超过发达国家或地区水平，俄罗斯、中国高于经济发展中国家高等教育支出占政府教育支出比例的平均值（19.17%）（图 4-27）。

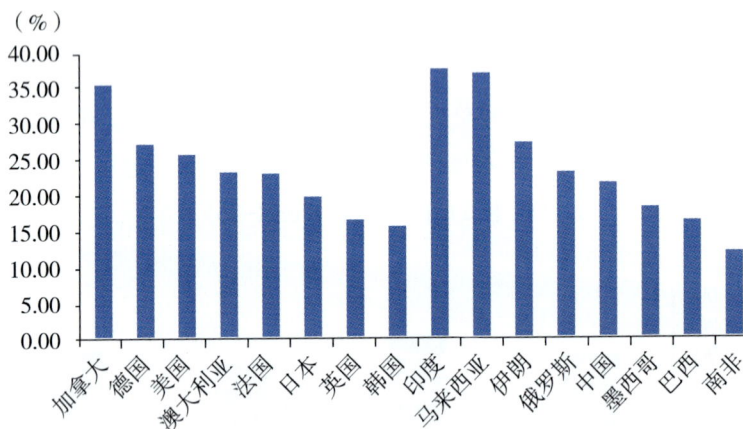

图 4-27 2011 年各国高等教育支出占政府教育支出比例①

注：巴西、德国、俄罗斯、英国和美国 2011 年数据缺失，因此使用该国 2010 年的数据代替，俄罗斯使用 2008 年数据；中国的数据根据《中国教育经费统计年鉴 2012》公布的普通高等学校财政性教育经费及全国财政性教育经费数值计算。

根据联合国教科文组织的统计数据，2011 年，中国高等教育支出占政府教育支出比例为 21.65%，在 33 个发达国家或地区中，排名第 24；在 105 个发展中国家或地区中，中国排名第 40，在全球 138 个国家或地区中

---

① UNESCO Institute for Statistics. Expenditure on tertiary as % of government expenditure on education（%）［EB/OL］.［2014-06-20］. http：//data. uis. unesco. org/modalexports. aspx? exporttype = excel&FisrtDataPointIndexPerPage =&SubSessionId = 897f35af-bcad-4179-a715-e6f1b8bd40a2&Random = 0. 7026391120161861.

排名第 63，说明我国对高等教育的投入占教育支出比例在全球处于中等水平（图 4-28）。

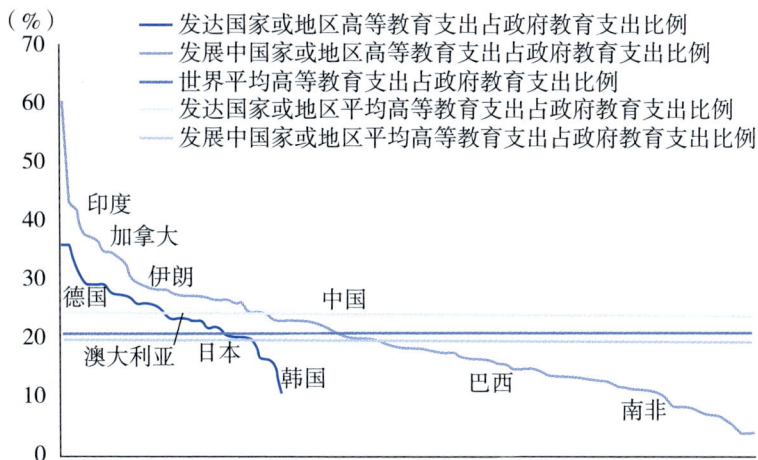

图 4-28 **2011 年世界各国高等教育支出占政府教育支出比例①**

（二）中国高等教育师资数量占绝对优势，师生比有较大提升空间

教师是高等教育质量的重要保障，是推动高等教育改革与发展的源泉。根据世界银行 2012 年的统计数据，我国高等学校教师人数为 160.66 万人（2011 年数据），26 个发达国家或地区高等学校教师人数平均值为 5.42 万人，② 97 个发展中国家或地区教师人数平均值为 5.42 万人，123 个世界国家或地区教师人数平均值为 7.2 万人，中国高等学校教师数以绝对数量居世界第一（图 4-29）。

---

① UNESCO Institute for Statistics. . Expenditure on tertiary as % of government expenditure on educa-tion（%）［EB/OL］.［2014－06－20］. http：//data. uis. unesco. org/modalexports. aspx？exporttype＝excel&FisrtDataPointIndexPerPage＝&SubSessionId＝24e51f2e－d2ab－4c74－8cab－f4c6d39bceea&Random＝0. 8745893812738359.

② 澳大利亚、加拿大、丹麦、爱沙尼亚、希腊、中国香港、以色列、卢森堡、圣马力诺和中国台湾数据缺失，冰岛为 2011 年数据，爱尔兰、卢森堡为 2010 年数据。

（万人）

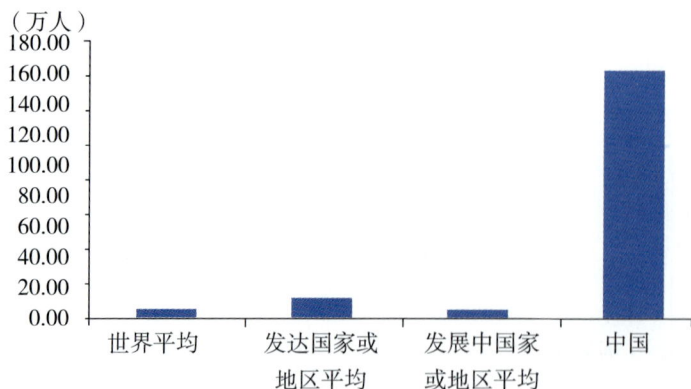

图 4-29　2012 年高校教师总数①

　　本报告选取的 16 个样本国家高等学校教师人数平均值为 47.24 万人，主要经济发达国家高等学校教师人数平均值为 49.20 万人，其中美国最多（152.36 万人），法国最少（11.55 万人）。同年，主要的经济发展中国家高等学校教师人数平均值为 53.16 万人，其中中国最高达到 160.66 万人（2011 年数据），马来西亚最少（6.86 万人）（图 4-30）。

　　中国高校教师人数逾 160 万人，数量居世界第一，美国高校教师数约为 152 万人，数量居世界第二。然而从高等教育在校生数来看，中国在校生数 3258.60 万人，美国 2099.41 万人，比美国多出约 1100 万人，可见，从生师比看，我国师资力量较美国等发达国家还有一定差距，仍需继续加大教师队伍建设力度。

　　从高等学校教师队伍的性别结构来看，2012 年，25 个发达国家或地区高等学校女教师人数平均值为 5.35 万人，② 90 个发展中国家或地区女教师人数平均值为 2.36 万人，世界 115 个国家或地区女教师人数平均值为 3.01 万人，中国女教师数量超过 70 万人（2011 年数据）位居世界首位。从

---

　　① World Bank. Teaching staff in total tertiary. Public and private. Full and part-time. All programmes. Total [EB/OL]. [2014-06-20]. http：//databank. worldbank. org/data/views/variableSelection/FileDownloadHandler. ashx? filename = 1759b2d5 - 13c1 - 40e7 - b2aa - 61d6185fb382. xlsx&filetype = EXCEL&language=en.

　　② 澳大利亚、加拿大、丹麦、爱尔兰、日本、爱沙尼亚、希腊、中国香港、以色列、圣马力诺和中国台湾数据缺失，冰岛、意大利为 2011 年数据，卢森堡为 2010 年数据。

（万人）

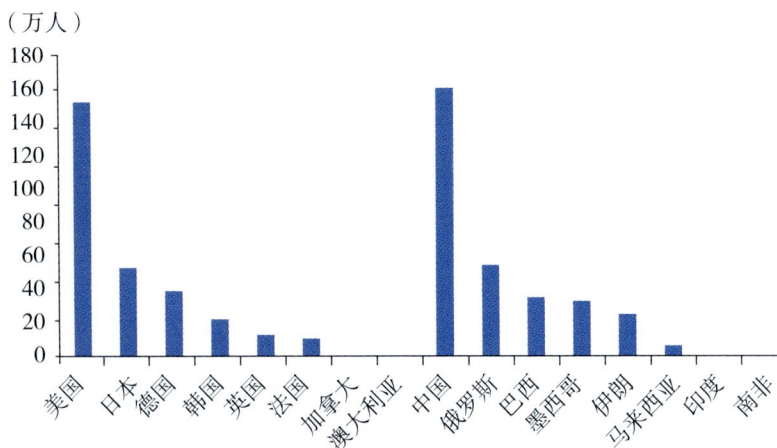

图 4-30　**2012 年各国高校教师总数**①

注：中国、马来西亚 2012 年的数据缺失，因此使用 2011 年数据代替，加拿大、澳大利亚、印度、南非数据缺失。

女教师占教师总数的比值来看，② 2012 年，25 个发达国家或地区女教师所占比例平均为 42.04%，96 个发展中国家或地区女教师所占比例平均为 36.31%，世界 121 个国家或地区女教师平均所占比例为 37.49%，中国女教师所占比例为 45.13%（2011 年数据），远高于世界平均、发达国家或地区平均及发展中国家或地区平均水平（图 4-31）。

在本报告选取的 16 个国家中，美国女教师人数最多（73.44 万人），中国次之（72.50 万人）；从高等学校女教师所占百分比来看，美国依旧占据发达国家首位，达到 48.20%，在发展中国家中俄罗斯以 57.11% 居首位，中国高等学校女教师所占百分比为 45.13%，高于部分发达国家，如德国、法国、英国和韩国，但在发展中国家中仅高于伊朗（表 4-3）。

---

① World Bank. Teaching staff in total tertiary. Public and private. Full and part - time. All programmes. Total [EB/OL]. [2014-06-20]. http：//databank. worldbank. org/data/views/variableselection/FileDownloadHandler. ashx？filename = 1ae5edb4 - 6914 - 44cd - b769 - 6ecb395b11d2. xlsx&filetype = EXCEL&language=en.

② 澳大利亚、加拿大、丹麦、爱尔兰、日本、爱沙尼亚、希腊、中国香港、以色列、圣马力诺和中国台湾数据缺失，冰岛、意大利为 2011 年数据，卢森堡为 2010 年数据。

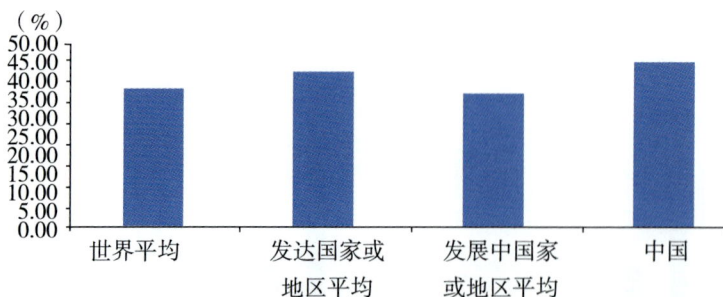

图 4-31　**2012 年高等学校女教师比例**①

表 4-3　**2012 年各国高等学校教师人数及女教师所占比例**②

经济发展水平	国　家	高校女教师数 （万人）	高校女教师比例 （%）
发达国家	澳大利亚	—	—
	加拿大	—	—
	美国	73.44	48.20
	日本	—	—
	德国	16.22	39.91
	法国	4.28	37.10
	英国	6.12	43.75
	韩国	7.93	34.51

① World Bank. Percentage female teachers. Tertiary ［EB/OL］．［2014 - 06 - 20］．http：//databank. worldbank. org/ddat/views/variableSelection/FileDownloadHandler. ashx？filename = 38ce54b6 - 71fd-4b03-b5d7-2aea7bc7e3a2. xlsx&filetype＝EXCEL&language＝en．

② World Bank. Teaching staff in total tertiary. Public and private. Full and part - time. All programmes. Female ［EB/OL］．［2014 - 06 - 20］．http：//stats. uis. unesco. org/unesco/TableViewer/tableView. aspx？ReportId＝181；Percentage female teachers.

续表

经济发展水平	国　家	高校女教师数（万人）	高校女教师比例（%）
发展中国家	俄罗斯	31.63	57.11
	巴西	16.39	45.18
	墨西哥	—	—
	马来西亚	3.63	52.91
	南非	—	—
	中国	72.50	45.13
	印度	—	—
	伊朗	6.87	26.89

注：其中中国、马来西亚的数据为2011年统计数据。

　　根据世界银行统计数据，2012年，中国高等学校女教师所占比例为45.13%，在25个发达国家或地区中，排名第7；在96个发展中国家或地区中，中国排名第36，在全球121个国家或地区中排名第42，说明我国高等学校男女教师性别比例相差不大（图4-32）。

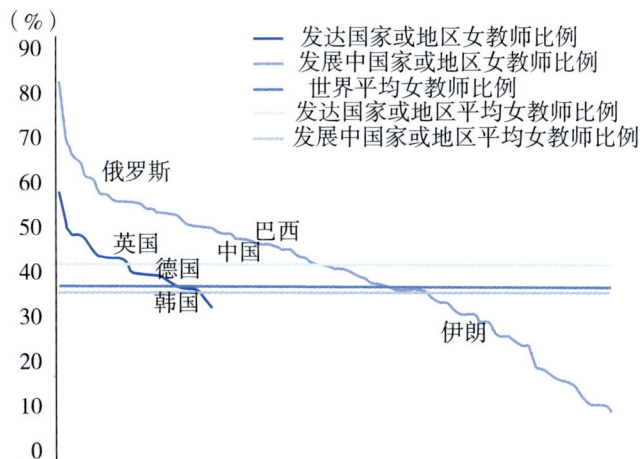

图4-32　2012年世界各国高等学校女教师占高校教师总数比例①

　　①　World Bank. Percentage female teachers. Tertiary ［EB/OL］.［2014－06－20］. http：//databank. worldbank. org/ddat/views/variableSelection/FileDownloadHandler. ashx？filename＝38ce54b6－71fd－4b03－b5d7－2aea7bc7e3a2. xlsx&filetype＝EXCEL&language＝en.

五、中国高等教育国际影响力稳步提升

高等教育国际影响力是一个国家文化软实力的重要标志。影响力不仅反映在规模数量上，同时国际重要学术成果发表、大学排名和学科排名上都可以体现。近年来，中国高等教育国际影响力在不断增强。

（一）高等教育阶段留学目的地仍以欧美国家为主；来华留学生规模持续扩大，生源国更加多元

根据经济合作与发展组织（OECD）《教育概览 2013》的相关统计，从 1975 年到 2011 年的 36 年时间里，全球外国留学生数增长了 5 倍多，已达到 430 万人。向国外派出留学生和吸引外国留学生已经成为体现国家教育质量、竞争力和影响力的重要标志之一。无论是发达国家，还是发展中国家，都积极开放教育市场，寻求国际交流与合作，努力提高高等教育国际化水平。[①]

目前，在全球范围内，留学目的地仍以欧美国家为主。根据 OECD 相关数据，2011 年全球接收留学生数最多的五个国家分别为美国（占全球留学生的 16.5%）、英国（13.0%）、德国（6.3%）、法国（6.2%）和澳大利亚（6.1%）。这些国家接收了全球近半数的留学生。此外，国际上还涌现了一批新兴的热门留学目的地国家，如加拿大（4.7%）、俄罗斯（4.0%）、日本（3.5%）、西班牙（2.5%）、南非（1.9%）和中国（1.8%），这也反映出上述国家高等教育国际化程度不断提高，影响力不断扩大（图 4–33）。

亚洲是全球高等教育留学生的主要生源地。据《教育概览 2013》数据统计，2011 年来自亚洲的国际学生[②]占所有国家国际学生总数的 52.7%；

---

① 经济合作与发展组织. 教育概览 2013：OECD 指标 ［G］. 中国教育科学研究院，译. 北京：教育科学出版社，2013.

② 国际学生是指非留学所在国的永久或常住居民学生，或者为在其他国家接受先前教育的学生，包括其他欧盟国家。

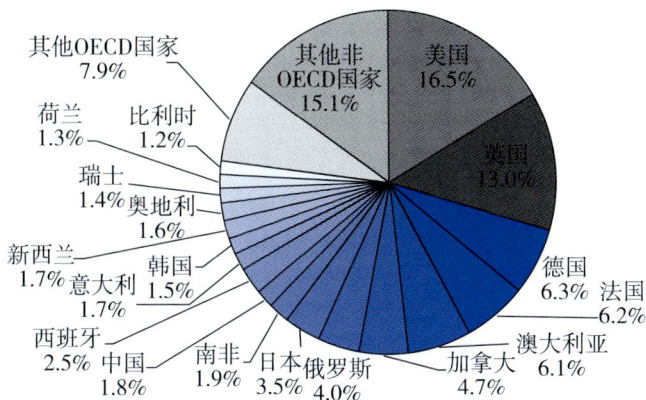

图 4-33　高等教育外国留学生主要目的地国家或地区①

注：非 OECD 国家与非 G20 国家为 2010 年数据，加拿大为 2010 年数据。

来自欧洲国家的国际学生占 23.1%，非洲国际学生占 11.6%，来自拉丁美洲和加勒比海地区的学生占 6.1%，北美的国际学生占 2.7%，大洋洲国际学生占 0.9%，不确定数据约占 3%。世界范围内，来自中国的国际学生最多，占全球总数的 18.5%；印度次之，占 5.5%；韩国位居第三，占 3.6%，余下分别为德国（3.1%）、法国（1.6%）、俄罗斯（1.6%）及沙特阿拉伯（1.5%）（图 4-34）。②

　　从报告涉及的 16 个样本国家来看，2012 年多数经济发达国家出国留学生数低于 7 万人，韩国与德国出国留学生突破了 11 万人，分别达到 12.37 万人和 11.76 万人；在发展中国家出国留学生规模差异较大，从 0.64 万人到 69.44 万人不等，其中马来西亚、伊朗、俄罗斯、巴西、墨西哥及南非出国留学生规模在 6 万人以下，而中国和印度已分别达到 69.44 万人③和 18.95 万人，位居世界第一、第二位（图 4-35）。

---

　　①　经济合作与发展组织. 教育概览 2013：OECD 指标［M］. 中国教育科学研究院，译. 北京：教育科学出版社，2014：3，313.

　　②　经济合作与发展组织. 教育概览 2013：OECD 指标［M］. 中国教育科学研究院，译. 北京：教育科学出版社，2014：3.

　　③　根据教育部公布的出国留学生数据，2012 年我国出国留学生总数为 39.96 万人. 详见 http://www.moe.gov.cn/publicfiles/business/htmlfiles/moe/s7204/201302/148024.html. 这里为便于同其他国家比较，为统一统计口径，采用 OECD 统计的数据。

（%）

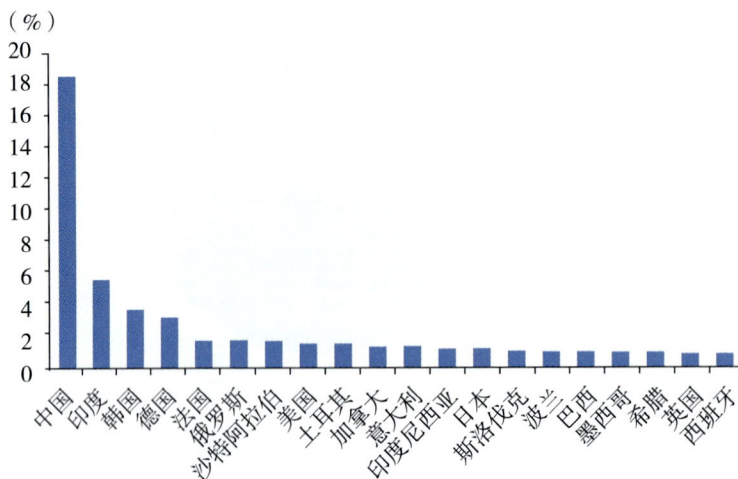

图 4-34 2012 年高等教育阶段出国（境）留学生数前 20 名来源国家或地区①

（万人）

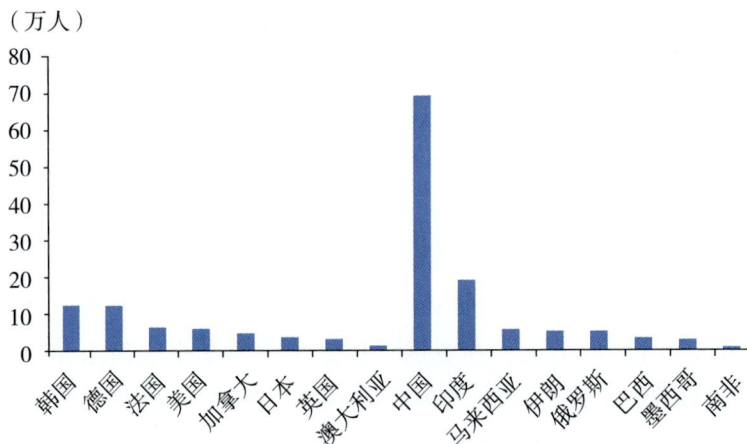

图 4-35 2012 年各国高等教育阶段出国留学生数②

① 经济合作与发展组织. 教育概览 2013：OECD 指标［M］. 中国教育科学研究院，译. 北京：教育科学出版社，2014：329-331.

② World Bank. Outbound mobile students（students from a given country studying abroad）. Tertiary［EB/OL］.［2014-06-23］. http：//databank. worldbank. org/data/views/variableselection/FileDownloadHandler. ashx？filename＝4f340baf-fb4a-4607-af27-.

在 16 个样本国家中，经济发达国家的国际留学生数量整体比发展中国家多，这也证实了留学目的国以欧美发达国家为主的判断。在经济发达样本国家中，美国接收的国际留学生最多，达到 74.05 万人，位居世界第一，英国次之，达到 42.77 万人，法国、澳大利亚、德国、日本及加拿大的国际留学生数量低于 30 万人，韩国最少，为 5.95 万人；在发展中样本国家中，俄罗斯的国际留学生最多，为 17.36 万人，其次为中国，8.90 万人[①]，其他发展中国家国际留学生数量均低于 8 万人，伊朗不到 1 万人。影响学生选择留学目的国的因素是多种多样的，如语言文化、入学要求、课程质量、学费、移民政策、就业情况等（图 4-36）。

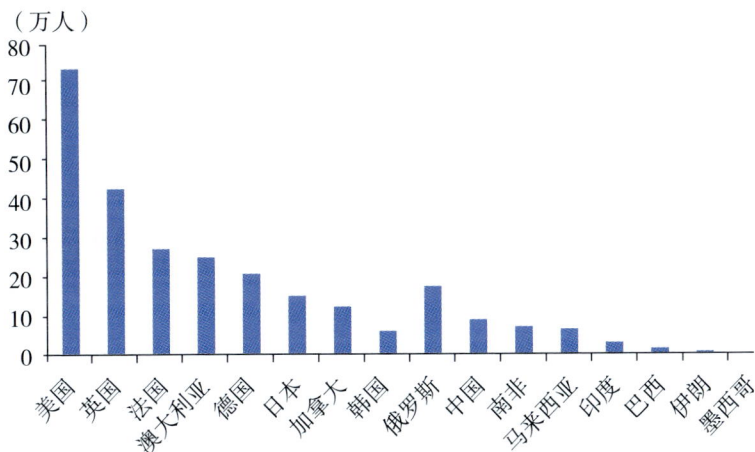

图 4-36　2012 年各国高等教育阶段留学生数[②]

注：其中加拿大、马来西亚、南非及巴西 2012 年数据缺失，因此使用 2011 年的数据代替，墨西哥数据缺失，且无年份数据代替。

留学生生源国的多元化程度可体现一个国家的对外开放程度和国际影响力。近年来，中国不仅接收的留学生数持续增加，而且生源国也更加多

①　根据《中国教育统计年鉴 2012》，中国来华留学生在校生总数为 15.78 万人，其中学历教育留学生 9.64 万人。这里为保持统计口径一致，以便于同其他国家进行比较，故采用世界银行数据。

②　World Bank. International（or internationally mobile）students. Tertiary. Total［EB/OL］.［2014-06-23］. http：//databank. worldbank. org/data/views/variableselection/FileDownloadHandler. ashx? filename=c41a6540-0148-439c-9349-.

元化。根据中国教育部官方数据，2012 年来华留学生排名前 10 位的生源国依次为韩国、美国、日本、泰国、俄罗斯、印度尼西亚、越南、印度、巴基斯坦和哈萨克斯坦（图 4-37）。①

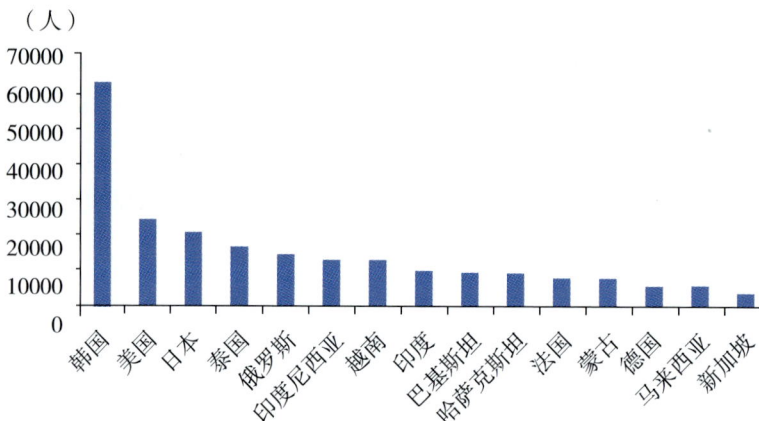

（人）

图 4-37　2012 年来华留学生生源国分布②

（二）中国高校在 EI、SCI 索引期刊上发表论文数量及比例处于世界前列

科学引文索引（Science Citation Index，简称 SCI）、工程索引（Engineering Index，简称 EI）和社会科学引文索引（Social Science Citation Index，简称 SSCI）不仅是权威的文献检索工具，更是国际重要的科研成果评价指标之一。本章通过对比不同国家或地区在上述期刊发表论文数量及比例，来反映其在国际上的学术水平和科研影响力。

1. 2013 年中国在 EI、SCI 索引期刊上发表论文数量稳居世界第一和第二，在 SSCI 索引期刊的论文发表数量占第七，在 EI 期刊发表论文数量首次出现负增长

（1）SCI 期刊发表论文情况：2013 年，美国在科学领域的重要期刊发

---

① 中华人民共和国教育部. 教育对外合作与交流进展情况 [EB/OL]. [2014-06-23]. http：//www. moe. gov. cn/publicfiles/business/htmlfiles/moe/s7204/201302/148024. html.
② 中华人民共和国教育部. 2012 年全国来华留学生简明统计报告 [EB/OL]. [2014-06-23]. http：//www. moe. gov. cn/publicfiles/business/htmlfiles/moe/s5987/201303/148379. html.

表论文 315358 篇，位居世界首位，中国以 207965 篇位居世界第二。样本国家中，除韩国外，所有发达国家在 SCI 期刊发表论文数量同 2012 年相比呈现负增长，英国尤为明显，减少 11362 篇，增长率为-11.45%，发展中国家 SCI 期刊发表论文数量均呈现正增长，其中以中国增长最为显著，增加了 29249 篇，增长率达 16.37%。

（2）EI 期刊发表论文的情况：中国 2013 年在工程领域的重要期刊发表论文 250110 篇，远远高出其他国家的发表数量，位居世界第一；美国同年发表 EI 论文 158758 篇，位居世界第二。样本国家中，发达国家在 EI 期刊发表论文数量同 2012 年相比均呈现正增长，其中澳大利亚增长最为明显，为 43.73%，在发展中国家，6 年来中国 EI 期刊发表论文数量首次出现负增长，增长率为-1.96%。

（3）SSCI 期刊发表论文的情况：美国在社会科学领域的重要期刊上发表论文 94538 篇，位居世界第一，其次为英国和澳大利亚分别位列第二和第三位；同年，中国在 SSCI 期刊发表论文的数量为 8548 篇，位列发展中国家首位，世界第七。样本国家中，除澳大利亚外，发达国家 SSCI 期刊发表论文数量与 2012 年比均呈现负增长，减幅最大的为日本，达-8.94%，世界排名第十六位，在发展中国家，仅中国呈现正增长趋势，增长率为 5.86%。

总体来看，发达国家在科学领域、工程领域以及社会科学领域的重要期刊上发表论文的数量要多于发展中国家，但发展中国家论文数量的增长速度较快。我国在科学领域和工程领域重要期刊上的论文发表数量位居世界前列，但社会科学领域重要期刊上的论文发表数量仍与西方发达国家有一定的差距，在 EI 期刊发表论义数量还首次出现负增长。表 4-4 为 2013 年各国在 SCI、EI 和 SSCI 期刊所发表的论文数量及其在世界的排名情况。

表 4-4　各国 SCI、EI 和 SSCI 索引论文发表数① （2013 年，单位：篇）

经济发展水平	国　家	SCI			EI			SSCI		
		论文数量	增减情况（%）	世界排名	论文数量	增减情况（%）	世界排名	论文数量	增减情况（%）	世界排名
发达国家	澳大利亚	44011	-4.88	12	20498	43.73	13	15321	0.80	3
	加拿大	53393	-7.82	8	27246	24.71	10	14464	-5.73	4
	美国	315358	-10.98	1	158758	20.52	2	94538	-6.91	1
	日本	73810	-0.79	5	48638	6.87	4	3502	-8.94	16
	德国	90696	-4.72	3	49948	31.96	3	12670	-1.49	5
	法国	64659	-1.56	6	38659	42.15	6	6076	-3.92	9
	英国	87875	-11.45	4	40668	39.45	5	31699	-2.87	2
	韩国	47271	0.44	11	32557	12.70	8	2960	-5.10	17
发展中国家	俄罗斯	27322	3.09	15	18104	30.45	14	—	—	—
	巴西	35074	1.98	13	13787	17.96	16	3611	-23.41	14
	墨西哥	10365	—	28	—	—	—	—	—	—
	马来西亚	—	—	—	9373	3.81	22	—	—	—
	南非	—	—	—	—	—	—	2358	-23.69	21
	中国	207965	16.37	2	250110	-1.96	1	8548	5.86	7
	印度	48878	7.10	9	37661	4.07	7	1660	-11.48	27
	伊朗	24008	8.69	18	15850	6.48	15	—	—	—

2. 中国在科学、工程和社会科学领域重要期刊上发表的学术论文数量和比例仅次于美国，并且远远高于其他国家

从各国在 SCI、EI 和 SSCI 期刊发表论文的比例来看（图 4-38），发达国家在 SCI 期刊论文发表比例较高，基本上在 55% 以上；EI 期刊论文所占比例各不相同，德国、日本、法国、韩国等非英语国家所占比例均在 30% 以上，但在美国、英国、加拿大和澳大利亚等英语国家 EI 期刊论文所占比

① 中国台湾"行政院国科会". 科学技术统计要览 ［M］. 台北：中国台湾"行政院国科会"，2014.

例在 25%—30%之间。SSCI 期刊论文所占比例情况略有不同，美国、英国、加拿大和澳大利亚等英语国家所占比例相对较高，均超过 15%，但在非英语发达国家中——德国、法国、韩国、日本 SSCI 期刊论文所占比例不足 10%。发展中国家在上述三大索引期刊发表的论文中，SCI 期刊论文所占比例较高的有墨西哥、巴西、伊朗、俄罗斯、印度等国，而中国和马来西亚等国 EI 期刊论文所占比例更高；在发展中国家里，在 SSCI 期刊上发表论文的只有南非、巴西、印度和中国，但其数量和比例较发达国家相对较小。

由此可见，我国在科学、工程和社会科学领域重要期刊上发表的学术论文数量及所占比例仅次于美国，并且远远高于其他国家。发表的论文以工程领域和科学领域的论文为主，而社会科学领域发表的数量和所占比例都相对较小。

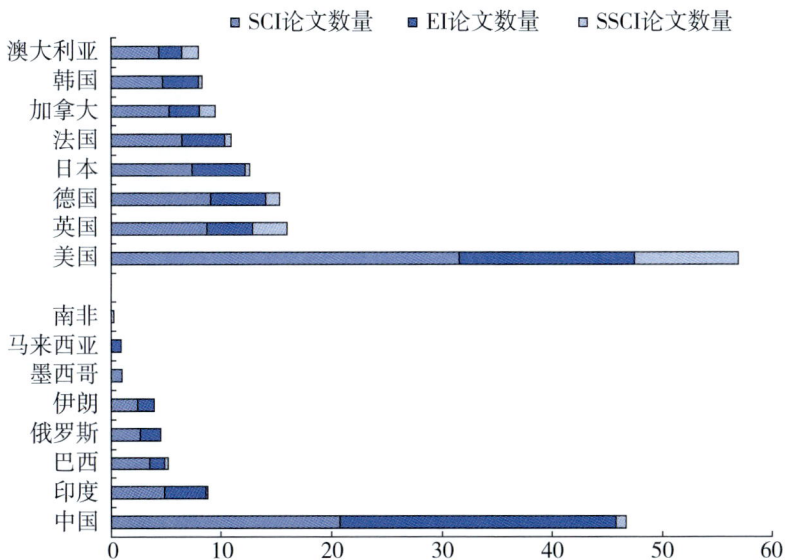

图 **4-38** **2013 年各国发表 SCI、EI、SSCI 论文的累积图**① （单位：万篇）

---

① 中国台湾"行政院国科会". 科学技术统计要览 ［M］. 台北：中国台湾"行政院国科会"，2014.

（三）中国高校的国际排名在发展中国家处于领先地位，与发达国家之间的距离逐渐缩短

高等教育的国际声誉及影响力能够反映一个国家高等教育综合发展水平。本章通过比较各国在全球知名大学排行榜前列的高校数量和学科排名前列的高校数量，反映我国和主要发达国家、发展中国家高等教育的国际评价和影响力情况。

随着高等教育国际化进程的不断加快，人们选择出国留学的热情日趋高涨，对全球高等教育比较评价的需求也越来越强烈，全球性大学排行榜的出现无疑满足了人们进一步认识和评价大学的需求，也对评价各国高等教育的国际影响力提供了重要参考。毋庸置疑，世界大学排名自身具有先天性缺陷，因为高等教育是一个繁杂的系统工程，与国家的经济、文化、社会发展紧密相连，采取统一的指标去评价不同国家的高等教育发展程度，评价结果难免有失准确。然而，我们也不能期望任何一个全球性大学排行榜能够反映出各国大学的整体面貌，但是排名指标的多样化和科学化为衡量各国高等教育国际影响力提供了有力依据。

目前国际公认的三大世界大学排名有国际高等教育研究机构 Quacquarelli Symonds 发布的"QS世界大学排行"、英国《泰晤士报高等教育专刊》（Times Higher Education）的"世界大学排行"（World University Rankings，下文简称"泰晤士世界大学排行"）以及中国上海交通大学高等教育研究院的"世界大学学术排行"（Academic Ranking of World Universities，简称"上海交大世界大学学术排行"）。三大研究机构运用不同的指标体系和方法，对世界高校的教学、科研、学术表现、学生就业、国际化程度等多方面进行全方位的综合评价。因此，本报告选用上述三个全球性排行榜2013—2014年度的排名结果作为数据来源，由此来判断各国高校在世界范围内的影响力。

总体看来，在三大排行榜中位列前100名的高校，除了中国的三所高校外和俄罗斯的一所高校外，其他几乎都来自发达国家或地区。在三大排行榜中位列前200名的高校，绝大多数来自发达国家。本报告选取的16个国家在这三个全球性大学排行中位列前 100 名和前 200 名的高校数量如表 4-5 所示。

表 4-5　各国进入主要高等教育排行榜前列的高校数量①（2013—2014 年，单位：所）

经济发展水平	国　家	QS 世界大学排行		泰晤士报世界大学排行		上海交大世界大学学术排行	
		进入前100 名的高校数量	进入前200 名的高校数量	进入前100 名的高校数量	进入前200 名的高校数量	进入前100 名的高校数量	进入前200 名的高校数量
发达国家	澳大利亚	7	8	5	7	4	8
	加拿大	5	9	4	7	4	7
	美国	30	51	46	77	52	77
	日本	6	9	2	5	3	8
	德国	3	13	6	10	4	13
	法国	2	5	3	8	4	8
	英国	18	29	11	31	8	20
	韩国	2	6	3	4	0	1
发展中国家	俄罗斯	0	1	0	0	1	1
	巴西	0	1	0	0	0	1
	墨西哥	0	1	0	0	0	0
	马来西亚	0	1	0	0	0	0
	南非	0	1	0	1	0	0
	中国	3	7	2	2	0	6
	印度	0	0	0	0	0	0
	伊朗	0	0	0	0	0	0

在三大排行榜中位列前 200 名的高校（图 4-39），绝大部分位于发达国家，其中美国在 QS 世界大学排行、英国泰晤士报世界大学排名以及中国上海交大世界大学学术排行等全球性大学排行榜中进入前 200 名的高校

① QS. 世界大学排行［EB/OL］.［2014-10-20］. http：//www. topuniversities. com/university-rankings/world-university-rankings/2013#sorting = rank+region = +country = +faculty = +stars = false+search =；泰晤士报. 世界大学排行［EB/OL］.［2014-10-20］. http：//www. timeshighereducation. co. uk/world- university - rankings/2013 - 14/world - ranking；上海交通大学. 世界大学排行［EB/OL］. http：//www. shanghairanking. cn/ARWU2014. html.

数量最多，分别是 51、77、77，英国次之，分别为 29、31、20；发展中国家高校整体表现欠佳，进入三大排行榜数量最多的高校位于中国，分别是 7、2、6，在发展中国家里处于领先地位，接近少数经济发达国家，如日本、法国，甚至超过个别经济发达国家，如韩国。中国高校在发展中国家脱颖而出，在国际舞台上崭露头角与我国提出的建设世界一流大学的总体目标密切相关，"211 工程"、"985 工程"的不断推进，"2011 计划"的实施，为我国高校跻身世界前列营造了有利的政策环境，给予了强大的前进动力。

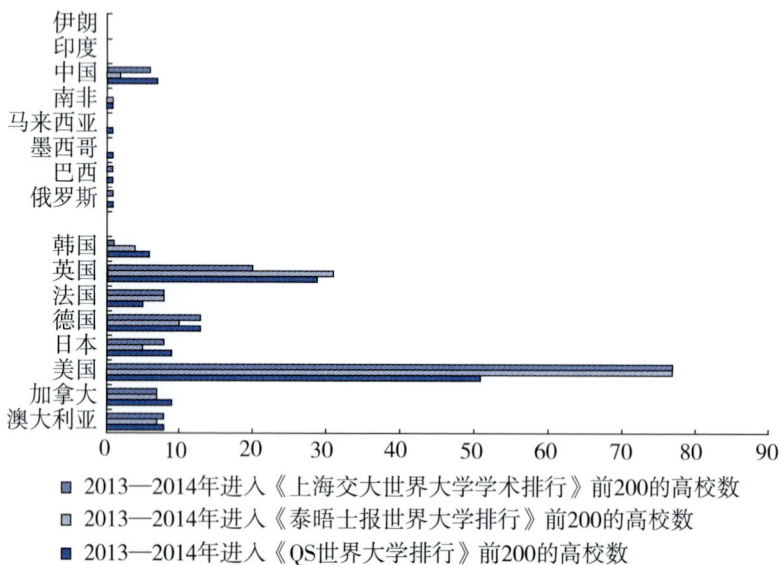

■ 2013—2014年进入《上海交大世界大学学术排行》前200的高校数
■ 2013—2014年进入《泰晤士报世界大学排行》前200的高校数
■ 2013—2014年进入《QS世界大学排行》前200的高校数

图 4-39 **2013—2014 年各国进入世界大学排行榜前 200 名的高校数量**① （单位：所）

（四）中国高校学科排名在发展中国家处于领先地位，整体实力排名第一，但学科发展不均衡

学科是高校人才培养和科学研究的基础，也是衡量一个国家或地区高

---

① QS. 世界大学排行［EB/OL］.［2014-10-20］. http：//www. topuniversities. com/university-rankings/world-university-rankings/2013#sorting＝rank+region＝+country＝+faculty＝+stars＝false+search＝；泰晤士报. 世界大学排行［EB/OL］. http：//www. timeshighereducation. co. uk/world-university-rankings/2013-14/world-ranking；上海交通大学. 世界大学排行［EB/OL］.［2014-10-20］. http：//www. shanghairanking. cn/ARWU2014. html.

等教育质量与水平的重要指标，通过对比分析各国 2013—2014 年进入全球三大世界大学学科领域排名前 100 名的高校数量，了解我国高校学科发展水平，助推我国高等教育改革与发展。

1. 上海交大世界大学学术排行学科前 100 名的高校数量

在本报告选取的 16 个样本国家中，2013—2014 年进入上海交大世界大学学术排行理科前 100 名的高校，美国最多（45 所），英国次之（10 所），中国为 3 所，在发展中国家居首位，高于澳大利亚（1 所）、加拿大（2 所）和韩国（1 所）等少数发达国家，但与欧美高等教育强国比还有一定差距。在工科排行中，美国以 37 所高校居首位，中国次之（12 所），在社会科学排行中，美国以 63 所排名第一，发展中国家仅中国 1 所高校入围，数量高于日本、德国、法国及韩国，在生命科学和医学排行中，发展中国家无一入围，在发达国家中美国入围高校最多，分别是 54 所和 50 所，韩国两学科入围高校数均为 0（表 4-6）。

表 4-6　2013—2014 年进入上海交大世界大学学术排行学科前 100 名的高校数量①

（单位：所）

经济发展水平	国　家	理　科	工　科	生命科学	医　科	社会科学
发达国家	澳大利亚	1	4	4	5	5
	加拿大	2	4	5	4	6
	美国	45	37	54	50	63
	日本	6	3	3	2	0
	德国	9	2	6	3	0
	法国	7	1	1	2	0
	英国	10	7	12	14	9
	韩国	1	4	0	0	0

---

① 上海交通大学. 世界大学学科排行 [EB/OL]. [2014-10-20]. http：//www. shanghai rank-ing. cn/FieldSCI2014. html.

续表

经济发展水平	国　家	理　科	工　科	生命科学	医　科	社会科学
发展中国家	俄罗斯	1	0	0	0	0
	巴西	0	1	0	0	0
	墨西哥	0	0	0	0	0
	马来西亚	0	0	0	0	0
	南非	0	0	0	0	0
	中国	3	12	0	0	1
	印度	0	0	0	0	0
	伊朗	0	1	0	0	0

2. 泰晤士报世界大学排行学科领域前 100 名的高校数量

在 16 个样本国家中，2013—2014 年进入泰晤士报世界大学排行工程与技术、理学和社会科学三大领域前 100 名的高校数量，发达国家普遍高于发展中国家，其中美国最多，分别为 36、44 和 46 所；中国分别是 2、2 和 2 所，在发展中国家中以绝对数量超过俄罗斯（1、3 和 0 所）居首位，超过韩国（3、1 和 1 所），但普遍低于其他发达国家。在艺术与人文学科、临床医学及生命科学等领域中国无一所高校入围，在发展中国家数量低于南非与巴西，与发达国家差距较大（表 4-7）。

表 4-7　**2013—2014 年进入泰晤士报世界大学排行学科领域前 100 名的高校数量**①

（单位：所）

经济发展水平	国　家	艺术与人文学科	临床医学	工程与技术	生命科学	理　学	社会科学
发达国家	澳大利亚	7	7	6	7	3	7
	加拿大	3	7	4	4	5	4
	美国	35	36	36	40	44	46
	日本	0	3	4	3	3	1
	德国	5	3	4	4	7	3
	法国	1	1	3	2	7	2
	英国	25	13	13	18	11	16
	韩国	0	2	3	2	1	1
发展中国家	俄罗斯	0	0	1	0	3	0
	巴西	0	0	0	1	0	0
	墨西哥	0	0	0	0	0	0
	马来西亚	0	0	0	0	0	0
	南非	1	1	0	1	0	1
	中国	0	0	2	0	2	2
	印度	0	0	0	0	0	0
	伊朗	0	0	0	0	0	0

3. QS 世界大学排行学科领域前 100 名的高校数量

2013—2014 年，16 个样本国家中，进入 QS 世界大学排行艺术与人文学科、工程与技术、生命科学与医学、自然科学、社会科学与管理 5 大学科领域的高校数量，发展中国家普遍较少。中国在上述学科中，分别以 4、6、0、5 和 4 所在发展中国家中居首位（生命科学与医学发展中国家无高校入围），在总量上超过日本（2、5、3、5 和 2）、法国（2、1、3、6 和

---

① 泰晤士报 . 世界大学学科排行 ［EB/OL］. ［2014-10-20］. http：//www. timeshi ghereduca-tion. co. uk/world-university-rankings/2013-14/subject-ranking/subject/arts-and-humanities.

4）及韩国（1、3、1、3 和 3），但与美国、英国、德国、澳大利亚和加拿大比还有较大差距。此外，中国学科发展不均衡，在生命科学与医学领域无一所高校入围世界前 100（表 4-8）。

表 4-8　2013—2014 年进入 QS 世界大学排行学科领域前 100 名的高校数量[①]

（单位：所）

经济发展水平	国　家	艺术与人文学科	工程与技术	生命科学与医学	自然科学	社会科学与管理
发达国家	澳大利亚	6	6	6	6	6
	加拿大	4	4	6	3	4
	美国	26	26	35	34	27
	日本	2	5	3	5	2
	德国	7	7	5	8	4
	法国	2	1	3	6	4
	英国	21	9	15	9	16
	韩国	1	3	1	3	3
发展中国家	俄罗斯	0	0	0	1	0
	巴西	1	1	0	0	1
	墨西哥	1	0	0	0	1
	马来西亚	0	0	0	0	0
	南非	0	0	0	0	0
	中国	4	6	0	5	4
	印度	0	5	0	0	0
	伊朗	0	0	0	0	0

---

① QS. 世界大学学科排行［EB/OL］.［2014-10-20］. http：//www. topuniversities. com/university-rankings/world-university-rankings/2013#sorting＝rank＋region＝＋country＝＋faculty＝＋stars＝false＋search＝.

　　虽然世界三大排行榜选取的学科领域、指标与权重各不相同，但从总体可以看出，我国学科排名在发展中国家居于领先地位，整体实力排名第一，在个别学科领域甚至超过个别发达国家，但总体来看，我国学科发展不均衡，工程与技术领域较强，理学和社会科学次之，在生命科学与医学领域发展缓慢，在世界三大排行榜中无一高校入围。

第五章

高等教育的改革实践

2013 年，我国高等教育改革发展稳步推进。以"2011 计划"为抓手持续推动高校协同创新；以"研究生教育全面收费"为契机着力促进高校内涵发展；以"异地高考方案"为突破口推进高校招生制度改革；以"慕课"为切入点提升高校办学信息化水平；以"综合改革"为方式提升高校办学质量，推出了一系列政策，比如成立应用科技大学联盟，应对"史上最难就业季"，加入《华盛顿协议》，颁布首批 6 所高校章程等。本章重点阐述 2013 年中国高等教育的改革与实践，并对相关问题进行了反思探讨。

一、高等教育改革实践不断推进

为了提高质量，促进公平，优化结构，实现内涵发展，2013 年我国高等教育持续推动了"2011 计划"，实施了"研究生全面收费"，出台了《异地高考方案》，引入了"慕课"，同时，开展了一系列"综合改革"举措。

（一）以"2011 计划"为抓手持续推动高校协同创新

2013 年，"2011 计划"有计划稳步推进，受到了各地政府、教育主管部门、高校、科研机构及企业的一致认可，首次产生了 14 个国家级协同创新中心。

1. "2011 计划"出台是时代和高校共同的诉求

2011 年 4 月，时任中共中央总书记胡锦涛在清华大学百年校庆上发表重要讲话，提出："要积极推动协同创新，通过体制机制创新和政策项目引导，鼓励高校同科研机构、企业开展深度合作，建立协同创新的战略联盟，促进资源共享，联合开展重大科研项目攻关，在关键领域取得实质性成果，努力为建设创新型国家做出积极贡献。"这一讲话为高校的协同发展指明了方向。

2011 年 5 月，在教育部、财政部"2011 年教育改革发展重大问题会商会议"上，两部委确定联合制订"2011 计划"。7 月，教育部党组审议，通过了《高等学校创新能力提升计划》（征求意见稿）。9 月，研究小组启动"2011 计划"实施方案的编制工作。2012 年 2 月，教育部、财政部向国务院联合报送《高等学校创新能力提升计划（送审稿）》。3 月，在全面提高高等教育质量工作会议上，发布了《教育部、财政部关于实施〈高等学校创新能力提升计划〉的意见》（又称"2011 计划"），标志"2011计划"的正式出台。

可以说，"2011 计划"的出台，既是对国家领导人清华讲话重要精神的贯彻落实，也是我国经济社会发展的时代要求，同时，更是我国高校由外延扩张向内涵发展转型的必然举措。

2. "2011 计划"立足"国家急需、世界一流"

"2011 计划"，整体上贯穿了一个根本出发点、一项核心任务、四类协同创新模式的探索，以及推进八个方面的体制机制改革的思路。内容如下：一个根本出发点，即以"国家急需、世界一流"为根本出发点；一项核心任务，即以人才、学科、科研三位一体的创新能力提升为核心任务；四类系统创新模式，即探索建立面向科学前沿、行业产业、区域发展和文化传承等重大需求的四类协同创新模式；八个方面的机制体制改革，即构建科学有效的组织管理体系、探索促进协同创新的人事管理制度、健全寓教于研的拔尖创新人才培养模式、形成以创新质量和贡献为导向的评价机制、建立持续创新的科研组织模式、优化以学科交叉融合为导向的资源配置方式、创新国际交流与合作模式、营造有利于协同创新的文化环境（表5-1）。

表5-1 "2011计划"的思路和内容

思　路	内　容
根本出发点	国家急需、世界一流
核心任务	人才、学科、科研三位一体的创新能力提升
协同创新模式	科学前沿、行业产业、区域发展、文化传承
机制体制改革	组织管理体系、人事管理制度、人才培养模式、评价机制、科研组织模式、资源配置方式、国际交流与合作模式、文化环境

3. "2011计划"产生首批14个国家协同创新中心

为了有效落实"2011计划"，各项具体工作有序推进。2012年5月，教育部成立了"2011计划"领导小组和办公室，教育部、财政部联合召开"高等学校创新能力计划工作部署视频会议"，颁布了《〈高等学校创新能力提升计划〉实施意见》，教育部还组织人员到全国各地进行"2011计划"的宣讲和解读。7月，教育部向国务院报送《关于启动实施高等学校"2011计划"情况的报告》。9月，首批"2011协同创新中心"申报工作启动。

2013年4月，经过三轮严格认证，北京大学、南京大学、中南大学、苏州大学等牵头单位申请的14个中心通过最后认定，成为首批国家"2011协同创新中心"。14个协同创新中心内容涵盖了量子物理、化学化工、生物医药、航空航天等多个国家发展重大需求领域，且涉及面广，包括了高校、企业和工业园区，甚至一些非"985"和"211"的高校如河南农业大学、河南工业大学等也在其中（表5-2）。

表 5-2　首批 14 个国家协同创新中心

序号	中心名称	主要协同单位	类别
1	量子物质科学协同创新中心	北京大学、清华大学、中科院物理所等	前沿
2	生物治疗协同创新中心	四川大学、清华大学、中国医学科学院、南开大学等	
3	天津化学化工协同创新中心	天津大学、南开大学等	
4	量子信息与量子科技前沿协同创新中心	中国科技大学、南京大学、中科院上海技物所、中科院半导体所、国防科技大学等	
5	中国南海研究协同创新中心	南京大学、中国南海研究院、海军指挥学院、中国人民大学、四川大学、中国社科院边疆史地中心、中科院地理资源所等	文化
6	司法文明协同创新中心	中国政法大学、吉林大学、武汉大学等	
7	宇航科学与技术协同创新中心	哈尔滨工业大学、中航科技集团等	行业
8	先进航空发动机协同创新中心	北京航空航天大学、中航工业集团等	
9	轨道交通安全协同创新中心	北京交通大学、西南交通大学、中南大学等	
10	有色金属先进结构材料与制造协同创新中心	中南大学、北京航空航天大学、中国铝业公司、中国商飞公司等	
11	河南粮食作物协同创新中心	河南农业大学、河南工业大学、河南省农科院等	区域
12	长三角绿色制药协同创新中心	浙江工业大学、浙江大学、上海医药工业研究院、浙江食品药品检验研究院、浙江医学科学院、药物制剂国家工程研究中心等	
13	苏州纳米科技协同创新中心	苏州大学、苏州工业园区等	
14	江苏先进生物与化学制造协同创新中心	南京工业大学、清华大学、浙江大学、南京邮电大学、中科院过程工程研究所等	

为了支持"2011 计划"协同创新中心开展工作，2013 年 10 月，中央财政下拨"2011 计划"专项资金 5 亿元，其中科学前沿类中心每个拨款 5000 万元，文化传承类、行业产业类、区域发展类中心每个拨款 3000 万元。[①] 这些经费主要用于创新团队建设、拔尖创新人才培养、合作交流、日常运行等方面，重在推动协同创新中心体制机制和模式平台的改革创新，提升高校创新能力。

4. "2011 计划"实施进入全面发展阶段

自"2011 计划"实施以来，得到了高等学校、行业部门、地方政府、企业以及社会各界的普遍认同和积极响应，呈现出积极稳妥的发展态势。

一是各类高校积极响应，参与"协同创新中心"创建工作。2012 年 5 月，天津大学、南开大学选择在两校交界处的联合研究大厦，宣布组建"天津化学化工协同创新中心"，首个由高校自发组织的"协同创新中心"培育组建工作揭牌启动。据不完全统计，截至 2013 年 2 月，全国已有 300 余所高校按照"2011 计划"的要求，开展了不同形式、不同层次的协同创新，有近 150 所高校成立了校级协同创新中心。[②]

二是各地政府高度重视，将"2011 计划"作为推动区域发展的新支点。截至 2013 年 2 月，26 个省市成立了"省级 2011 计划领导小组"，22 个省市落实了"省级 2011 计划"的专项经费。在落实"2011 计划"过程中，有些省份还研究制定地方性的"协同创新中心"，比如江苏省确定立项建设了南京大学"气候变化协同创新中心"等 29 个协同创新中心，同时还着手培育建设南京审计学院"审计信息工程与技术协同创新中心"等 11 个协同创新中心。

三是行业企业主动加盟，协同创新中心培育组建工作有了明显的进展，协同创新的思想和理念引起了行业企业的积极响应。截至 2013 年 2 月，参与高校协同创新中心组建的大型骨干企业承诺和落实新增资源超过 200 亿元。[③]

---

① 宗河. 中央财政下拨今年"2011 计划"专项资金 5 亿元［N］. 中国教育报，2013-10-19.
②③ 高靓. 全国已有 150 所高校成立"协同创新中心"［N］. 中国教育报，2013-03-25.

四是社会各界积极支持，不断涌现协同创新的新经验和新模式。截至2013年2月，已有近80%的中科院研究所、60%的行业骨干研究院所以不同方式参与到高校协同创新中心的培育组建当中，形成了良好的社会环境和氛围。[①]

总之，实施"2011计划"是推进高等教育内涵式发展的现实需要，也是继"211工程""985工程"之后，中国高等教育系统又一项体现国家意志的重大战略举措。如果说之前实施的"211工程""985工程"重点是提升高校内部质量的话，那么"2011计划"主要是加强高校和政府、企业的对接合作，通过机制体制创新，研制出"国家急需、世界一流"的成果。

（二）以"研究生培养全面收费"为契机促进高校内涵发展

2013年，我国以"研究生培养全面收费"为契机，完善投入机制，提高研究生待遇，创新人才培养模式，提升研究生教育质量，促进高校内涵发展。

1. 研究生教育质量亟须提升

研究生教育是高等教育的重要组成部分，承担着培养高层次人才、创造高水平科研成果、提供高水平社会服务的重任。改革开放以来，我国研究生教育稳步发展，20世纪末进入快速发展轨道。据统计，2013年，全国在读研究生总数179.4万人[②]，位居世界前列，已成为研究生教育大国，基本实现了立足国内培养高层次人才的战略目标。

尽管研究生教育从数量、规模上已经取得了巨大成就，但是在结构、质量和效益方面，还不能完全适应经济社会发展的多样化需求，比如培养类型还是以学术型为主，培养单位主要集中在中央部门所属高校，需要进一步优化和完善，构建规模结构适应需要、培养模式各具特色、整体质量不断提升、拔尖创新人才不断涌现的研究生教育体系。

---

① 教育热点问答. 实施"2011计划"提升高校创新能力［N］. 中国教育报，2013-03-11.
② 教育部. 2013年全国教育事业发展统计公报［EB/OL］.［2014-9-20］. http：//www. moe. edu. cn/publicfiles/business/htmlfiles/moe/moe_ 633/201407/171144. html.

2. 完善研究生教育投入机制

面对研究生教育发展新的形势，国家着力完善投入机制，并以此作为契机来提升研究生教育质量。2013 年 2 月，国务院召开国务院常务会议，主题之一就是部署完善研究生教育投入机制问题。3 月，经国务院同意，财政部、国家发展改革委、教育部印发了《关于完善研究生教育投入机制的意见》（以下简称《意见》）。具体包括了如下三方面内容：

（1）完善财政拨款制度。针对目前存在的中央和地方拨款制度各异、拨款标准多年未变、拨款范围仅限于国家计划内的学术学位研究生、拨款方式单一等问题，《意见》提出在中央高校方面，一是扩大拨款范围。从 2012 年起，中央财政对中央高校所有纳入全国研究生招生计划的全日制研究生（委托培养研究生除外），安排生均综合定额拨款。二是提高拨款标准。根据经济发展水平、物价变动情况和财力状况，建立拨款标准动态调整机制，逐步提高拨款水平。三是更加关注绩效。中央财政根据研究生培养质量、科研水平等因素安排中央高校研究生教育绩效拨款，由学校自主安排用于研究生培养。同时，《意见》要求各地参照这一模式，完善地方高校研究生教育拨款制度。

（2）完善奖助政策体系。针对资助方式和经费来源较为单一、资助标准相对较低、各地情况各异等问题，《意见》提出，以财政投入为主，按规定统筹高校自筹经费、科研经费、助学贷款、社会捐助等资金，建立健全多元奖助政策体系。各项奖助政策的基本定位是：国家奖学金和学业奖学金注重奖优，激励研究生潜心学习研究、积极进取；国家助学金、国家助学贷款等注重公平，资助研究生基本生活和学习费用；助研、助教、助管等"三助"津贴注重酬劳，调动学生参与科学研究、教学实践、管理工作的积极性。同时，《意见》还对加大校内资助力度、鼓励捐资助学、吸引国外优秀留学生等提出了要求。

（3）建立健全收费制度。针对目前研究生收费与免费并存、成本分担机制不健全等问题，《意见》提出：一是实行收费制度。从 2014 年秋季学期起，按照"新生新办法、老生老办法"的原则，向所有纳入全国研究生招生计划的新入学研究生收取学费。二是合理确定收费标准。明确了研究生学费标准制定的基本原则和考虑因素，并对研究生学费标准做出了原则规定。三是加强收费管理。明确了研究生学费标准制定程序、学费收取方式、学费收入管理等要求。

3. 高校研究生教育质量提升的实践

为了提升研究生教育质量，各地政府积极落实研究生培养收费政策，高校也从提高研究生待遇、创新研究生培养机制等方面做出了许多有益探索。

（1）落实研究生培养收费政策。从 2014 年秋季学期起，浙江省内的高等学校向所有纳入全国研究生招生计划的新入学研究生收取学费。全日制学术型硕士研究生、博士研究生的学费标准，分别按照每生每学年 0.8 万元、1 万元收取；全日制专业学位硕士研究生、博士研究生的学费标准，分别按照每生每学年 1 万元、1.2 万元收取。[①] 安徽省、河北省等也都积极落实研究生培养收费政策，同时也给予了一定的弹性空间，各高校可以在国家标准内，综合考虑专业培养成本等因素，确定不同专业具体的学费标准。

（2）提高研究生待遇。为了营造健康成才的学习生活环境，许多高校提升研究生待遇。比如，湖南大学对该校研究生奖助学金体系进行重大改革，提高奖助学金力度和覆盖面，全日制脱产研究生全部享有助学金，博士生每年最高可获奖助学金 6 万元，最低 1.5 万元；硕士生每年最高可获 2.3 万元，最低 0.3 万元。[②] 广州大学从 2013 年开始，博士研究生普通奖学金标准从每月 2000 元提高到 3000 元；由博士生导师从个人科研经费中为博士研究生支付的补贴从每月 200 元提高到不低于每月 500 元，加上其他项目资助计划，该校优秀博士研究生一般可以每年拿到近 5 万元的奖学金。[③]

[①] 岳德亮. 浙江今年秋季起研究生入学都要交学费 ［EB/OL］. ［2014-9-20］. http://news. xinhuanet. com/edu/2014-05/07/c_ 1110575198. htm.

[②] 李伦娥，等. 湖南大学：研究生奖助学金体系将进行重大改革 ［N］. 中国教育报，2013-01-19.

[③] 赖红英. 广州大学大幅提升博士研究生待遇 ［N］. 中国教育报，2013-03-29.

（3）创新研究生培养机制。2013 年天津职业技术师范大学获批"服务国家特殊需求博士人才培养"项目，招收首届服务国家特殊需求"双师型"职教师资博士研究生。该项目博士研究生将采取"课程学习+科研训练+职业院校教学实践+校企合作实践"的培养模式，实行由专业导师、教育学导师和企业技术人员、职业院校专业带头人组成的导师组共同指导制度。研究生培养机制的改革，进一步提升了高层次人才培养的质量和多元化发展。

总之，通过完善研究生经费投入机制制度作为突破口，有利于与实现研究生教育发展方式、类型结构转变、培养模式、质量评价的转变，为我国培养更多高质量高层次的专业人才。它对高校办学水平的提高，对整个高等教育质量提升具有至关重要的作用。

（三）以"异地高考方案"为突破口推进高校招生制度改革

异地高考是社会转型期民众关注的焦点。它既是高考招生制度改革的一部分，也是一项民生工程。2013 年，为了落实国家政策，绝大部分省市都出台了异地高考方案，并有 12 个省份率先实施了异地高考。

1. 异地高考出台的政策背景

教育公平是社会公平的基石。根据我国《宪法》规定，中华人民共和国公民有受教育的权利和义务；《教育法》进一步规定，公民不分民族、种族、性别、职业、财产状况、宗教信仰等，依法享有平等的受教育机会。受教育权包括接受义务教育权利，以及平等地参加升学考试的权利。近年来，随着我国城镇化进程的加快，越来越多务工人员进入城市。截至2012 年，我国有 2.53 亿农民进城务工，许多子女随迁进城或在流入地出生，希望在当地接受教育，获得平等的升学机会。

我国政府非常重视进城就业农民子女的教育工作。早在 2003 年，国务院办公厅就转发了教育部、中央编办、公安部、发展改革委、财政部、劳动保障部联合制定的《关于进一步做好进城务工就业农民子女义务教育工作的意见》，各地认真贯彻落实"以流入地政府为主，以全日制公办中小学为主"的政策，进城务工人员随迁子女在当地接受义务教育的问题得到初步解决，对于教育公平、社会和谐具有重要的意义。

近年来，随着大量城市流动人口和进城务工农民工在异地工作时间的推移，随迁子女在流入地参加高考的问题日益迫切，关于放开"异地高考"的呼声也日趋强烈。为了回应这个问题，2011年3月，教育部袁贵仁部长在列席十一届全国人大四次会议时表示，将逐步推进异地高考。2012年3月，袁贵仁部长在全国政协十一届五次会议开幕会上透露，异地高考改革方案将在10个月内出台。2012年7月，异地高考方案获得国务院同意。2012年8月，国务院转发了教育部等四部委《关于做好进城务工人员随迁子女接受义务教育后在当地参加升学考试工作的意见》，要求"各省、自治区、直辖市有关随迁子女升学考试的方案，原则上应于2012年年底前出台"。作为高考招生制度改革的一项重要内容，进城务工人员子女异地高考改革终于正式开启。

2. 地方异地高考方案出台

国务院办公厅转发教育部等部门《关于做好进城务工人员随迁子女接受义务教育后在当地参加升学考试工作的意见》之后，各地政府积极响应，努力探索并积极出台异地高考方案。截至2013年1月，已有北京、上海、广东、天津、重庆、黑龙江、吉林、辽宁、江苏、浙江、安徽、江西、福建、广西、湖南、山东、新疆、河北、陕西、河南、云南、湖北、甘肃、贵州、四川等省份出台了《随迁子女接受义务教育后升学考试方案》。截至6月份，全国31个省、自治区、直辖市，除了西藏、天津、北京（过渡方案）外，28个省份公布了随迁子女异地高考方案（表5-3）。

表5 3　全国31省（自治区、直辖市）异地高考①情况表

序号	省区市	实施时间	具体条件
1	北京	2014年	父母有居住证明及稳定住所，稳定职业及社保满6年；子女高中3年连读且有学籍。

① 高考包括普通本科层次高校招生，也还包括高职高专。在方案中，凡是放开高职高专招生，都视同于实施异地高考。

序号	省区市	实施时间	具体条件
2	上海	2013 年	父母符合上海市进城务工人员管理制度要求并达到积分；子女参加高中招生考试并接受完整 3 年学习。
3	广东	2013 年	父母有合法稳定职业、住所并连续 3 年有居住证和社会保险，子女具有 3 年完整学籍。
4	天津		未公布
5	河北	2013 年	子女具有在流入地具有 2 年高中学籍。
6	吉林	2013 年	父母有合法稳定职业、住所并参加社会保险 3 年以上，子女有完整普通高中阶段学习经历。
7	黑龙江	2013 年	父母有稳定住所，子女具有高中连读 3 年经历。
8	江苏	2013 年	父母有稳定职业、稳定住所，子女取得普通高中学籍并有完整的普通高中学习经历。
9	浙江	2013 年	子女具有高中学籍且有完整的高中阶段连续学习经历。
10	安徽	2013 年	子女具有高中阶段完整学籍。
11	云南	2013 年	父母有合法稳定职业、住所和社保缴费记录，子女户籍转入满 3 年，高中连续就学满 3 年，具有学籍。
12	湖北	2013 年	父母有合法稳定职业、住所并符合相应条件，子女有 3 年完整高中学习经历并取得学籍。
13	湖南	2013 年	父母有居住证，子女拥有高中段就读经历且有学籍。
14	广西	2013 年	父母有合法稳定职业、住所 3 年以上，子女就读初中、高中 6 年，并参加学业水平考试。
15	河南	2013 年	父母有合法稳定职业、住所并符合相应条件。
16	甘肃	2015 年	父母有合法稳定职业、住所并参加社会保险等，子女有连续高中 3 年学籍。
17	重庆	2013 年	父母有合法稳定职业、住所，子女有高中阶段 3 年连续就读且有完整学籍。

续表

序号	省区市	实施时间	具体条件
18	辽宁	2013 年	父母有合法稳定职业、住所，子女有高中阶段 3 年学籍，并有完整学习经历。
19	山西	2014 年	父母有合法稳定职业、住所，子女连续 3 年接受高中教育并有正式学籍。
20	内蒙古	2014 年	父母有合法稳定住所及职业且纳税（或社保）均满 2 年，子女有高中阶段学籍且连续就读满 2 年。
21	福建	2014 年	子女有 3 年完整学习经历。
22	江西	2014 年	子女具有高中阶段 1 年以上学习经历并取得学籍。
23	山东	2014 年	子女有完整高中阶段学习经历。
24	海南	2014 年	父母有合法稳定职业且交满社保 6 年；子女初一到高三 6 年都在海南就读。
25	四川	2014 年	父母有合法稳定职业和住所，子女具有高中阶段学籍和 3 年完整学习经历。
26	贵州	2014 年	父母有合法稳定住所、职业，持有居住证和社会保险 3 年以上，子女高中阶段三年连续就读且有学籍。
27	陕西	2016 年	父母有居住证和养老保险 3 年以上，子女高中学籍连续满 3 年，参加高中学业水平考试且有高中毕业证书。
28	宁夏	2014 年	父母须有连续 6 年以上合法稳定职业、住所，缴纳 3 年以上社会保险。子女有初中、高中连续就读满 6 年，且有高中学籍和高中学业水平考试成绩。
29	青海	2013 年	子女已落户且拥有学籍；如无户口，父母须有合法稳定工作，且办理了"蓝印户口"或"居住证"，子女高中阶段连续就读且顺利毕业。
30	新疆	2014 年	子女有常住户口，且户口迁入时间不少于 2 年，高中阶段连续就读 3 年且有学籍和学业水平考试成绩。
31	西藏		未公布

3. 地方异地高考首次破冰

2013 年是异地高考政策颁布实施第一年。根据各地公布的方案及推进时间表，从全国范围来看，河北、辽宁、江苏、湖北、安徽、黑龙江、吉林、浙江、湖南、河南、重庆、云南等 12 个省份首次进行异地高考。

据统计，2013 年共有 4440 名随迁子女参加各省异地高考，其中浙江省有 984 名，湖北省有 219 人，江苏省为 347 人，辽宁省有 552 人，安徽省有 261 名，而异地高考"零门槛"的河南省仅只 49 名异地高考学生①。虽然在 900 万人的高考大军中，这个数字所占比例不高，但却是中国高考招生制度改革的一个重要进步，对于教育公平、社会稳定发挥了极其重要的作用。

（四）以"慕课"为切入点提升高校信息化水平

高校办学信息化是教育现代化的重要组成部分，也是社会发展的趋势。2013 年，"慕课"（MOOCs）席卷全球，出现了许多平台和网络课程。我国高校顺应时代发展，积极探索"慕课"，提升我国高校的信息化水平，进而实现优质教育资源共享，提高办学质量。

1. "慕课"成为一种世界时尚

"慕课"是由加拿大爱德华王子岛大学网络传播与创新主任大卫·柯米尔（Dave Cormier）与国家人文教育技术应用研究院高级研究员布莱恩·亚历山大（Bryan Alexander）在 2008 年联合提出来的术语。顾名思义，MOOC 中的"M"代表 Massive（大规模），与传统课程只有几十个或几百个学生不同，一门"慕课"课程动辄成千上万人；第二个字母"O"代表 Open（开放），以兴趣导向，凡是想学习的，都可以进来学，向所有人开发；第三个字母"O"代表 Online（在线），学习在网上完成，不受时空限制；第四个字母"C"即 Course（课程）。以上四个字母连起来，意思就是大型的开放在线课程。

---

① 刘金阳. 异地高考"破冰"第一年符合条件者仅一成报名［EB/OL］.［2014-9-20］. http：//news. china. com. cn/txt/2013-06/07/content_ 29052929. htm.

这一大规模的在线课程席卷全球始于 2011 年秋天。先是超过 16 万人通过斯坦福大学教授赛巴斯汀·索恩（Sebastian Thrun）新成立的知识实验室（即 Udacity）参与了开设的人工智能课程；2012 年 4 月，两位斯坦福大学计算机学科的教授推出了名为 Coursera（课程时代）的网站；2012 年 5 月，麻省理工学院和哈佛大学联合推出了 edX（在线教育平台）。目前"三驾马车"Coursera、Udacity、edX 三大课程提供商在互联网上提供免费的在线课程，在短时间内已有超过 100 万人次的学习者加入"慕课"，被誉为"印刷术发明以来教育最大的革新"，呈现"未来教育"的曙光。2012 年，被《纽约时报》称为"慕课元年"。

在美国三大"慕课"课程提供商不断扩张的同时，欧盟、英国等也紧跟步伐。2012 年 12 月，英国开放大学联合英国 12 所高校建立名为"未来学习"（Futurelearn）的"慕课"平台，该项目得到了英国文化委员会的支持，已有来自全球的 26 个组织成员和合作伙伴。2013 年 4 月，由欧洲十一个国家联合推出的慕课网站"开放教育"（OpenupED）正式上线。

这场始发于美洲的行动，在影响欧洲的同时，于 2013 年也大规模进入中国高校。

2. 我国高校的"慕课"行动

在"慕课"席卷全球的同时，我国许多重点高校也积极参与和研发"慕课"，并且通过多种形式进行研讨，推动了我国高等学校的信息化发展，对我国高等教育现代化和国际化也有重大的作用。

首先，我国高校积极加入和研发"慕课"平台。2013 年 1 月，香港中文大学加入 Coursera 平台。4 月，香港科技大学加入 Coursera 平台。5 月，北京大学、清华大学几乎同时加入美国在线教育平台 edX。7 月，上海交通大学宣布加盟 Coursera，成为加入 Coursera 的第一所中国内地高校。9 月，edX 平台发布了北大首批"慕课"课程，分别是《电子线路》《世界文化地理》《中国民俗文化》和《二十世纪西方音乐》，向全球学习者免费开放，这标志着北大在积极推进网络开放课程建设的道路上迈出了重要的第一步，这也是中国大陆加盟 edX 平台的高校中发布的首批网络公开课程。北大在 edX 推出的全球共享课受到热捧，截至 10 月 7 日，北大 10 门课程的注册人数将近 3.7 万人，已超过该校本部在校生人数①。10 月，清华大学打造的"学堂在线"正式开放，这是全球首个中文版"慕课"平台，来自清华大学、北京大学、麻省理工学院的 7 门课将陆续上线。

其次，我国高等教育界通过多种形式对"慕课"进行了研究和研讨。比如 2013 年 6 月，清华大学召开大规模在线教育论坛，来自清华大学、北京大学、北京师范大学、复旦大学等近 30 所高校的专家出席论坛。清华大学针对在线教育开展了多方面的工作，成立了"清华大学大规模在线教育研究中心"，深入研究教与学的规律，促进先进计算和网络技术与教育的融合，进而提升学生的学习质量和学习效率。7 月，上海交通大学举办"在线教育发展（MOOCs）国际论坛"，教育部、上海市教委领导、全球在线教育联盟机构 Coursera，以及海内外十余所高校的专家学者和企业界人士 200 余人参加会议，与会高校达成一致，将在教育部支持下探讨如何建设中国"慕课"，建立若干高水平在线课程平台，实现在线优质课程共享，推动中国高校教学模式改革。10 月，高等教育国际论坛在宁波召开，会议主题之一就是"慕课"，学术界就"慕课"的理念、方式、运行进行交流，推动高等学校课程的改革，在追寻世界潮流的同时，引领中国高等教育教学方式的变革。

以上这一系列举措，标志着在大规模在线教育发展并可能引发全球高等教育深刻变革中，我国高校紧跟时代步伐，积极参与并融入了国际在线教育发展，同时在搭建大规模在线教育平台方面迈出了坚实步伐。以"慕课"建设与发展为契机，国内顶尖高校将紧密合作，引领和推动我国高等教育在线教育的发展和创新。

（五）以"综合改革"提升高校办学质量

高等教育发展到今天，已进入到一个新的阶段，出现了许多新问题、新情况，需以"综合改革"的方式去处理。2013 年，围绕教育环境、工程

---

① 任敏. 清华推出"学堂在线"网上学堂将可修多所名校学分 [EB/OL]. [2014-9-20]. http：//news. xinhuanet. com/edu/2013-10/11/c_ 125511049. htm.

人才培养、高校转型、大学生就业、大学章程等工作，进行了一系列的探索。

1. 以"学术、招考规范管理"改善教育环境

为了改善高等教育生态环境，2013 年，我国从学术规范、招考管理出台了一些规定举措：一是首部处理学术不端的规章出台。2013 年 1 月，我国《学位论文作假行为处理办法》开始正式实施，这是教育部颁布的首部处理学术不端行为的部门规章，共 16 条，对学位论文作假行为情形、学位授予单位和导师职责以及各有关主体作假行为的处罚等方面做出了明确规定。这意味着，从今以后论文作假者将被取消学位申请资格，而为他人代写、出售学位论文者以及作假者的指导教师、学校等也将面临处罚。二是高科技手段首次全面应用于高考和研究生招生。2013 年，无论是高考招生，还是研究生招生，教育部和地方政府都加大了治理力度，通过制度、手段创新规范考场，从而促使招生考试上的公平公正，山西、广西、辽宁、吉林等省份运行高科技手段治理考试舞弊问题，为高考和研究生考试规范做出了很好的探索。

2. 以加入"华盛顿协议"提升工程教育水平

为了推进我国高等教育国际化进程，2013 年 6 月，在韩国首尔召开的国际工程联盟大会上，我国成为《华盛顿协议》组织第 21 个成员。《华盛顿协议》是世界上最具影响力的国际本科工程学位互认协议，它提出的工程专业教育标准和工程师职业能力标准，是国际工程界对工科毕业生和工程师职业能力公认的权威要求。中国加入《华盛顿协议》，在一定程度上表明中国工程教育的质量得到了国际社会的认可，是中国工程教育界多年努力的结果。目前，中国开设工科专业的本科高校有 1047 所，占本科高校总数的 91.5%；高校共开设工科本科专业 1.41 万个，占全国本科专业点总数的 32%；高等工程教育的本科在校生 452.3 万人，研究生 60 万人，占高校本科以上在校生规模的 32%。① 加入该协议，将促进中国工程教育人才

---

① 马婷婷. 中国加入《华盛顿协议》，成为该组织第 21 个成员 [EB/OL]. [2014-07-25]. http://www.chinanews.com/edu/2013/08-20/5185330.shtml.

培养质量标准与《华盛顿协议》的标准实质等效，推动教育界与企业界的紧密联系，对提高中国工程教育水平和职业工程师能力水平，实现国家新型工业化的战略目标，提升中国工程制造业总体实力和国际竞争力具有重要意义。

3. 以"应用科技大学联盟"成立推动地方高校办学转型

为了推进我国高等院校转型发展，2012 年 12 月，教育部启动中国应用科技大学改革试点战略研究，2013 年 6 月，由 35 所地方本科院校发起的应用技术大学（学院）联盟、地方高校转型发展研究中心在天津职业技术师范大学成立。联盟作为教育部推动成立的校际协作组织，将围绕建设应用技术大学类型高等学校的目标，组织联盟成员单位推进教育改革创新，促进联盟成员的转型发展、合作交流、学术研究，推动建立产教融合和协同创新机制，推动地方高等学校更好地服务区域经济社会发展。同时，联盟将受教育部委托，加强与国外同类大学协会的合作交流。可以说，"应用科技大学联盟"的成立，标志着我国高等教育转型有了实质性的突破，并以此为契机，进而推动我国高等教育的结构调整和整体优化。

4. 以多项举措应对"史上最难就业年"

为了应对大学生"最难就业年"，2013 年 5 月，教育部下发通知要求各地各高校认真贯彻落实《国务院办公厅关于做好 2013 年全国普通高校毕业生就业工作的通知》（国办发〔2013〕35 号）精神，明确提出不得对求职者设置性别、民族等条件，招聘高校毕业生，不得以毕业院校、年龄、户籍等作为限制性要求。同时，在全国范围内组织实施"离校未就业高校毕业生就业促进计划"，将每一名有就业意愿的离校未就业高校毕业生都纳入公共就业服务，从 2013 年起，对享受城乡居民最低生活保障家庭的毕业年度内高校毕业生，给予一次性求职补贴。各地积极进行大学生就业帮扶政策，比如上海市实施"大学生社区服务计划"等。此外，通过鼓励学生创业，提供政策支持，对未就业的大学生进行培训再就业等方式，多方举措协同促进大学生就业。举措取得了一定的成效，以北京市为例，截至 2013 年 6 月 27 日，已办理完成就业手续的高校毕业生就业落实率为

85.79%，其中高职（专科）毕业生 89.35%、本科毕业生 86.21%、研究生 83.33%。[①] 在多项举措的实施下，面对近 700 万的大学生就业群体，2013 年就业状况总体良好。

5. 以"高校章程"开启高校"立宪"时代

为了建立完善我国现代大学制度，2013 年 11 月，教育部核准了中国人民大学、东南大学、东华大学、上海外国语大学、武汉理工大学和华中师范大学等 6 所高校的章程，率先进入"立宪"时代。教育部高等学校章程核准委员会认为，它们在形式和内容上涵盖了法律和规章所要求的必备内容，依法对学校管理体制作了全面规定，明确了学校管理的基本架构，促进了学校法人治理结构的完善，并突出了对教师和学生在办学活动中主体地位的尊重与保护。这是 2011 年 11 月教育部发布的第 31 号令《高等学校章程制定暂行办法》以来，教育部第一批核准的高校章程，标志高校章程建设取得实质进展。同时要求所有"985 高校"需在 2014 年 6 月底前完成章程起草工作，"211 高校"要在 2014 年年底前完成，其余部属高校要在 2015 年年底前完成。大学章程的制定、发布和实施，将有利于促进我国高校治理体系的现代化，进而全面提升高校内涵发展。

6. 以"中西部高等教育振兴计划"推进教育公平

为了促进高等教育公平发展，2013 年 5 月，教育部、国家发改委、财政部三部委联合颁布了《中西部高等教育振兴计划（2012—2020 年）》。具体举措包括：一是提升办学条件，二是扩大优质资源，三是增加入学机会，四是强化人才队伍，五是服务区域经济社会发展。总体看来，从经费、学科、人才等全面对中西部高等教育进行政策倾斜。[②]

---

① 黄蔚. 北京高校超八成毕业生实现就业 [N]. 中国教育报，2013-07-03.
② 详见第六章热点专题研究之"提升中西部高等教育水平"。

二、高等教育改革实践的思考

高等教育的改革实践无疑推动了我国高校的内涵发展和办学水平的提升，但是也还存在一些需要改进和值得思考的地方。以下结合我国高等教育改革与实践的相关问题，做进一步探讨。

（一）"2011 计划"注重短期成效更要重视长远发展

从"2011 计划"的出台和实施来看，它表明了国家致力于提升高校内涵发展，尤其研发世界一流科研成果的决心，教育主管部门、地方政府和高等学校也都积极有序推进工作。"2011 计划"设计和出发点都非常好，但也有一些问题值得思考。

1. 对我国科研整体环境能否产生积极影响。目前，"2011 计划"的实施落脚点在于协同创新平台的建设，但毋庸置疑的是，协同创新平台的有效运行，又在于我国整体科研氛围的改善。有学者甚至认为，协同创新政策适时推出的意义远远超出了建立几个以"协同中心"命名的符号性平台，它涉及与社会契约有关的整个知识生态、场域和惯习的改造问题。[①]但是能否对我国传统的科研方式、模式产生积极影响，推动我国科研氛围的整体提升，需要从思想、机制、制度上进一步做探索。

2. 平衡协调科研、学科、人才三者的关系。"2011 计划"非常重要的一个环节，即是通过科研的发展、学科的建设，促进人才的培养。从以往的产学研情况来看，基于项目驱动的产学研活动，占横向产学研活动的80%—90%，其特点是主要满足企业短期的创新需要，只有不足 1% 是以原始创新和行业共性技术为目的的合作。[②] 由此可见，目前产学研活动大都具有短期性和功利性特点。那么，"2011 计划"，就不仅仅需要短期性的产

---

① 周作宇. 协同创新政策的理论分析 [J]. 高教发展与评估，2013（1）：17.
② 丁烈云. 实施"2011 计划"的意义、重点和难点 [J]. 中国高等教育，2012（20）：11.

出，还需要从长期考虑人才的培养、原创新研究以推进协同中心可持续发展。

3. 进一步完善相配套的体制机制。从基础研究、技术开发一直到产品投入市场的过程其实是一个完整的创新链。在整个创新链中，高校、企业和科研院所发挥着各自不同的作用。这就需要一系列体制机制的完善，比如协同体的合作机制、人事聘用考核机制、社会资源共享机制、知识产权共享机制、科研项目引发机制、成果应用转化机制以及创新人才培养机制等，都需要进行相应的设计和完善。"2011 计划"的机制体制创新，提到了 8 类创新，但相关配套制度，究竟如何去设置，尤其兼顾不同院校和部门的关系，尚需要研究和落实。

总之，"2011 计划"的实施，是社会需求和高校发展双重逻辑下的产物。通过"2011 计划"的推进，带动一批地区、高校、科研院所和企业共同参与进来，形成协同创新中心，研发"国家急需、世界一流"的科研成果，在产生经济和社会效益的同时，也促进高校人才的培养和科研氛围的改善。

（二）"研究生全面收费"促进内涵发展需系统考量

以"研究生全面收费"为重要特征的《关于完善研究生教育投入机制的意见》出台，成为我国 2013 年研究生教育中的重要政策。这项政策，除了全面收费外，还完善了研究生教育财政投入的力度、范围和绩效考虑，也对研究生资助体系做了整体设计。应该说，它对于研究生教育综合改革具有极大的"杠杆"作用。但是，相应地，也还有一些问题值得思考。

1. 学费涨价提升了研究生入学的门槛。从 2014 年开始对研究生全面实行收费，"全面收费"的设计本身是没有问题的，因为研究生教育不属于义务教育，学生和家庭应该承担一定的费用。对于优秀和贫困的学生，采取相应的奖励和资助的政策予以支持。但是，在入学门槛上，某种意义上提高了研究生入学门槛，让很多有志于深造的贫困家庭子弟望而却步。

2. 奖助学金的发放尚需建立有效机制。虽然国家提高了奖助金的待遇，能够确保家庭贫寒的学生顺利完成学业。但是一个客观事实是，我国高校的贫困生人数比例依然不低，如何让所有的学生都享受到政策的实惠，还需要进一步研究和落实。同时，在具体的运作过程中，最大限度确保它的有效性和公平性，也还需要进一步的规范。

3. 研究生招生培养模式需进一步创新。在研究生招生和培养上，研究生教育各方面都有了更多的探索，但是还需要进一步创新发展。在今后的研究生招生中，要进一步扩大专业研究生的招生，尤其研究生培养上，逐渐加大应用型高层次研究生的培养；同时，职业院校也可招生研究生，普通高校的研究生尤其硕士研究生也应加强专业化的取向；此外，培养模式和方式要更加多元，注重研究生导师队伍的遴选，注重研究生的国际视野和实践能力的培养。

总之，研究生教育质量，是国家继本科生教育质量重视之后的又一重大举措。除了完善投入和培养体系外，还需要考虑的是，如何吸引更多高水平的本科人才加入到研究生队伍中来；同时，如何确保研究生能够实现好的就业，杜绝高学历在就业过程中的逆向歧视，以及学历"查三代"的做法，减少"过度教育"现象的普遍存在。

（三）"异地高考"推进公平需深化拓展

异地高考方案集体亮相和"首次破冰"，从此改变了单一户籍管理制度下的高考招生方式，在我国高等教育发展史上，具有里程碑的意义。但作为一项制度，异地高考仍然存在如下一些问题。

1. 异地高考"准入门槛"较高。在推行异地高考的过程中，各个省份都不同程度上设置了相应的具体条件，只有在达到一定的条件下，进城务工人员随迁子女才能在当地参加高考。对父母来说，排在前3位的指标依次为：合法稳定住所、职业以及缴纳社保；对学生来说，高中学籍及3年连续学习经历是异地高考学生准入的基本条件，有些地方还规定了6年。对于进城务工人员来说，只有少部分父母和孩子能够达到所规定的条件，"门槛"仍然较高。

2. 异地高考开放程度存在局限。异地高考的开放，牵涉到不同利益相关者，也考验城市的承受能力。但是从地方政策的出台来看，开放程度仍然存在局限。从时间上来看，虽然有 28 个省份（自治区、直辖市）颁布异地高考方案，但是 2013 年最后真正招生的只有 12 个省份，相当部分省份的异地高考还停留在政策层面。从院校开放类别来看，北京异地高考过渡方案规定"2014 年起，有学籍且连读高中 3 年，可参加高职考试录取"，仍然没有对异地高考生开放本科院校，这也包括内蒙古、云南和青海等省份。

3. 异地高考公众参与度并不高。虽然从媒体和网络上可以看到民众对异地高考的呼声之高，以及当地利益群体的抵制，但是实际上，进城务工人员对于异地高考的了解和参与并不高。据调查，全国 30 省份异地高考方案中仅有安徽和上海在出台过程中以网络途径征询社会各界人士的意见和建议，其他地区都未经有效的程序便出台了方案。针对农民工对异地高考政策反响的调查报告显示，仅有 17.8% 的农民工了解并且十分关注异地高考政策，高达 61.3% 的农民工不清楚异地高考政策，甚至从未听说。① 由此可见，农民工对异地高考的了解度和关注度很低，其参与度更可见一斑。

总之，作为高考招生制度的组成部分，异地高考方案的出台，多个省份的"首次破冰"，对高等教育公平的推进具有重要的意义。但是，过高的门槛、开放程度的局限以及民众参与的程度，对于高考制度的改革，影响依然有限，异地高考还需要进一步的深化和拓展，让更多进城务工人员子女在更大程度上受益。

（四）"慕课"注重技术开发更应回归理念

在全球化、信息化、学习型社会等时代背景下，"慕课"对知识的获得、教学方式的变革、教育质量的提高，甚至对未来大学组织的管理都会发生深刻的影响，但是，仍有一些问题值得思考。

---

① 冯帮，崔梦川. 关于农民工对异地高考政策反响的调查报告 [J]. 上海教育科研，2013（3）：48.

1. "慕课"是否符合教育基本原理。对"慕课"的评价，从源头上，我们需要反思什么是好的教育？什么是好的课程？就在"慕课"席卷全球的同时，美国开始有批评者对"慕课"提出了质疑。2012 年是美国"慕课"元年，2013 年在美国兴起了"反慕课"的思潮。很多人认为，目前"慕课"的"三驾马车"——Audacity、edX、Cousera 主要是基于视频授课，违背了 2008 年"慕课"提出时的最基本教育原理，即关联主义理论，强调学习的交流和互动。有学者认为当下流行的"慕课"实质上还是一种传统的课堂教学模式，只不过是搬上了网络而已，教育教学方式未能从根本上发生变革。① 如何最大程度地发挥资源分享、合作交流的功能，还需进一步的研究。

2. 质量监测工作难以铺开。"慕课"的风靡，非常重要的原因就在于免费和开放，大家可以非常便捷地获取优质教育资源，但是，如何监测"慕课"的教学质量？能否大范围地引进学分认证和互认？存在许多难点。首先，优质教学资源如何鉴定，以学科知识体系为准，还是受欢迎程度为依据？其次，学习者的学习效果，能否通过简单的在线测验就足以表明它的合格或优秀。最后，即便教育资源优质，学习效果良好，但谁来认证，多大范围认证？都还需要进一步的研究和设计。此外，在课程开发中，主要还是以文科课程为主，理工科相对偏少，实验和实践性问题如不能解决，教育质量监测无疑会大打折扣。

3. 免费模式影响可持续发展。"慕课"的推行，可以使那些原本无法上大学的群体可以无障碍地学习大学课程，接受全世界范围内的优质教育资源，大大促进了受教育者的机会公平。但搭建在线平台、聘请优质师资、开发课程内容、组建推广团队等，都需要大量的资金做支撑。从政府和高校的层面来看，能否完全无条件的投入，并毫不保留地开放？如果没有政府或慈善机构的资助，免费模式的实施，只会让许多高校望而却步或者保持观望。而一旦企业资本投入，营利性是其首要考虑的问题，那么，

---

① J. Daniel. Making Sense of MOOCs：Musings in a Maze of Myth, Paradox and Possibility ［J］. Journal of Interactive Media in Education，2012（3）.

"慕课"的可持续发展，就成了问题。

总之，以"慕课"为首的网络课程逐渐得到开发和共享，并且在短时间内引起了政府、高校和学者的重视。除了技术本身之外，关键在理念上的变革。如何更好地利用它的优势，更好地和世界接轨，和市场对接，同时，又切合教育自身的规律，这需要大学做出更好的回应。

（五）"综合改革"提高质量还需加强顶层设计

我国颁布首部处理学术不端的《学位论文作假行为处理办法》，出现"史上最严高考和研考"，对于推进教育公平进程、实现教育质量提升具有深远的影响。但是也需考虑一些问题：一是学术不端行为的治理不仅要从制度上设计，还需从社会文化心理方面去引导，才能从根上去除学术不端的局面；二是高考科技手段的介入问题，不仅要从技术上做文章，还应从高考招生制度整体设计。否则，只会是治标不治本，难以彻底根除高等教育发展中的一些问题。

中国高校加入"华盛顿协议"，是对我国工程教育成绩的充分肯定，实现了我国工程教育和国际的接轨，从此可以按照国际标准培养人才，并获得相应认证，但有些问题还需进一步考虑：一是在成为"华盛顿协议"成员之后，我国高校需要迅速借鉴一些发达成员国的做法，融入这个大家庭，同时分享我国工程教育的成功经验；二是不仅要加强高标准工程人才的培养，而且要为他们创造更好的成长和就业环境，防止我国高端工程人才的流失；三是在工程教育中，要加大人文素养的教育，培养全面发展的工程领域领军人才。

"应用科技大学联盟"的建立，是贯彻落实《教育规划纲要》"建立高校分类体系，实行分类管理""建立现代职业教育体系"的重大举措，但是应用科技大学联盟的成立，也有相应的问题需要进一步解决：一是要发挥示范影响，进一步促进更多地方本科院校进行办学方向的重新定位和设计；二是要认真研究应用科技大学的办学标准、经营方式，围绕高素质高技能人才的培养，设计培养方案和模式；三是要加强高层次应用型人才的培养，打通人才培养渠道，提升应用型人才的薪资待遇和社会地位，改变传统的人才观和育人观。

面对"史上最难就业年",教育部明文规定取消就业歧视,对贫困弱势群体进行就业帮扶,多措并举,引导大学生学有所用,但是,在具体操作过程中,也还存在相应的问题:一是高校过于对就业率依赖,导致就业造假现象频繁发生①;二是高校应从根本上去找原因,注重高校办学特色和人才质量问题;三是要引导大学生更新就业观念,积极发挥市场调节作用,引导一批优秀大学生到中西部和基层去工作。

中国人民大学等六所大学颁布章程,率先进入立"宪"时代,在我国具有标志性的意义。但是,在大学章程制定和落实中,也还存在一些问题:一是思维惯性的问题,章程制定实施的过程就是从经验到法治的转换过程,这个过程的转变是比较难的,不仅需要高校领导班子的高度重视,也需要全校师生的拥护支持;二是章程特色的问题,"千校一面"的章程要极力避免,一定要体现办学特色,符合学校实情,凸显自身个性;三是利益整合的问题,章程制定实施的过程也是充分体现协商民主和法治精神的过程。② 只有把这些关系理顺了,才能真正发挥大学章程应有的作用。

《中西部高等教育振兴计划(2012—2020年)》的出台,是我国高等教育发展过程中,向中西部高校倾斜的纲领性文件。但也存在相应的问题:一是资源的来源问题。不仅仅是中央财政的资源,更需要发挥地方政府和企业的作用,引导他们积极参与当地高校的建设;二是招生名额问题。虽然每年总量在增加,但是究竟多大范围和程度以及是不是真正促进了公平,还需研究;三是人才支持问题,不仅仅是政策上的倾斜,也还需从人才的工作环境进行考量,才能真正吸引高素质人才。

总之,我国高等教育发展进入"深水区"之后,必须通过综合改革的思维和方式治理出现的新现象和新问题,进而优化结构,促进公平,提升质量,实现高等教育内涵发展。

---

① 姜朝晖. 最难就业季也不要虚假就业率 [N]. 光明日报, 2013-05-17.
② 唐景莉. 对话六所大学校长:大学章程,究竟意味着什么 [N]. 中国教育报, 2014-03-18.

第六章

高等教育的热点专题

2013 年我国高等教育领域开展了一系列改革与实践活动，其中教育公平、地方院校"转型"发展与独立学院"转设"成为热点问题，在本章就这些热点问题进行了探讨。

一、提升中西部高等教育水平

高等教育是我国教育体系的龙头，承担着培养高级专门人才、发展科学技术文化、促进社会主义现代化建设的重大任务。促进高等教育公平是促进教育公平的重要环节，是实现社会公平公正的重要步骤。从 21 世纪以来，我国高等教育实现跨越式发展，在促进高等教育公平方面也取得了长足进步。

在高等教育整体发展中，中西部高等教育的发展是重点，也是难点。促进高等教育公平，关键是提升中西部高等教育水平，补齐区域发展短板。多年来，通过各级政府的大力支持和自身努力，中西部与东部地区的高等教育发展水平差距正在逐步缩小。然而从公平视角来看，其发展水平仍有待进一步提高。

（一）我国中西部高等教育发展的速度加快

由于地理区位、历史条件、经济发展等原因，中西部地区高等教育在办学条件、教学水平、入学机会等方面长期落后于东部地区。中西部高等教育具有整体规模大、发展速度快且内部结构不断调整的发展特点。

1. 中西部地区普通高校数量多，且在校生规模大

2012 年，中西部地区共有普通高校 1617 所，占全国普通高校总数的 66.2%；高等教育普通本、专科在校生 1644.9 万人，占全国总数的 68.8%；普通高校研究生在校生 89.3 万人，约占全国总数的 53.2%（表 6-1）。

表 6-1　2012 年中西部地区普通高校在校生情况①

（单位：人）

在校生类型	专科生	本科生	硕士生	博士生
数量	7110800	9337813	777610	114974
在全国占比	73.8%	65.4%	55.2%	42.8%

2. 中西部地区普通高校增长速度快，且在校生规模增长幅度大

1999—2012 年，中西部地区新增普通高校 912 所，占同期全国新增普通高校数的 66.5%。从 2006—2012 年（图 6-1），中西部地区高等教育普通本、专科在校生数共增加 459.7 万人，占同期全国增量的 70.5%；普通高校研究生在校生数也稳中有增。近年来，中西部地区普通高校本、专科在校生数的年增长率都高于全国平均水平。

---

① 中华人民共和国教育部. 中国教育统计年鉴 2012 [M]. 北京：人民教育出版社，2013.

图6-1 中西部普通高校在校生数变化情况①（2006—2012年）

3. 中西部高等教育层次结构在不断调整

从2006—2012年（图6-2），中西部地区普通高校中本科高校占比从36.8%提升至45.9%。目前，中西部地区普通本科高校中，拥有学位授权点的高校为287所，占全国总数的50%。

---

① 中华人民共和国教育部. 中国教育统计年鉴2006［M］. 北京：人民教育出版社，2007；中华人民共和国教育部. 中国教育统计年鉴2007［M］. 北京：人民教育出版社，2008；中华人民共和国教育部. 中国教育统计年鉴2008［M］. 北京：人民教育出版社，2009；中华人民共和国教育部. 中国教育统计年鉴2009［M］. 北京：人民教育出版社，2010；中华人民共和国教育部. 中国教育统计年鉴2010［M］. 北京：人民教育出版社，2011；中华人民共和国教育部. 中国教育统计年鉴2011［M］. 北京：人民教育出版社，2012；中华人民共和国教育部. 中国教育统计年鉴2012［M］. 北京：人民教育出版社，2013.

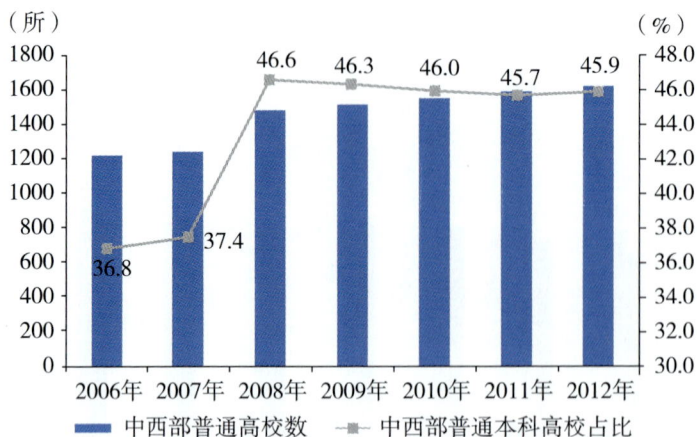

图 6-2　中西部普通高校数量及普通本科院校所占比例变化（2006—2012 年）①

（二）我国中西部高等教育发展受众多制约

1. 中西部高校部分办学硬件条件较差

中西部普通高校部分办学硬件条件相对较差，突出表现在教学、科研仪器设备和图书信息资源等方面。

（1）教学、科研仪器设备资产增速较缓。2012 年，中西部地区普通高校教学、科研仪器设备资产总数为 1551.3 亿元，当年新增数为 184.8 亿元，仅占全国增长总数的 51.4%，这一比例远低于中西部普通高校本、专科在校生年增长量占全国总增长量 77.3% 的比例。近年来，中西部地区教学、科研仪器设备资产总数的增长率始终低于全国平均水平（图 6-3）。

---

① 中华人民共和国教育部. 中国教育统计年鉴 2006 [M]. 北京：人民教育出版社，2007；中华人民共和国教育部. 中国教育统计年鉴 2007 [M]. 北京：人民教育出版社，2008；中华人民共和国教育部. 中国教育统计年鉴 2008 [M]. 北京：人民教育出版社，2009；中华人民共和国教育部. 中国教育统计年鉴 2009 [M]. 北京：人民教育出版社，2010；中华人民共和国教育部. 中国教育统计年鉴 2010 [M]. 北京：人民教育出版社，2011；中华人民共和国教育部. 中国教育统计年鉴 2011 [M]. 北京：人民教育出版社，2012；中华人民共和国教育部. 中国教育统计年鉴 2012 [M]. 北京：人民教育出版社，2013.

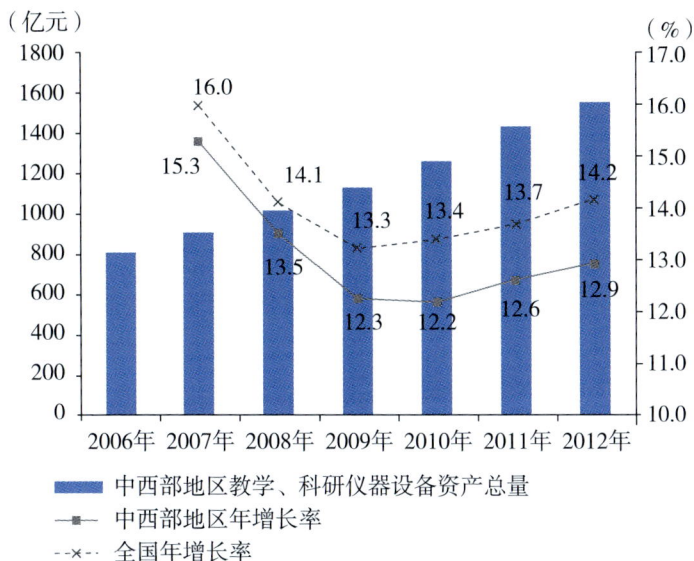

图 6-3　普通高校教学、科研仪器设备资产总量变化① （2006—2012 年）

（2）图书资源的增量不足。2012 年，中西部普通高校共有一般图书 13.1 亿册，年增长率 6.0%。尽管该增长率与全国持平，但是相比之下，中西部普通高校本、专科在校生年增长率却始终高于全国，生均拥有图书量仍然不足。

（3）电子信息资源的发展也相对滞后。根据最新统计，2010 年中西部地区普通高校电子图书藏量为 496.9 万 GB，较上一年下降了 21.5 万 GB，这与全国普通高校电子图书藏量总体增多的趋势相反，说明差距进一步加大。

2. 中西部普通高校生均教育经费支出偏低

（1）中西部普通高校生均教育经费支出相对较低。2011 年，中西部各

---

① 中华人民共和国教育部. 中国教育统计年鉴 2006 ［M］. 北京：人民教育出版社，2007；中华人民共和国教育部. 中国教育统计年鉴 2007 ［M］. 北京：人民教育出版社，2008；中华人民共和国教育部. 中国教育统计年鉴 2008 ［M］. 北京：人民教育出版社，2009；中华人民共和国教育部. 中国教育统计年鉴 2009 ［M］. 北京：人民教育出版社，2010；中华人民共和国教育部. 中国教育统计年鉴 2010 ［M］. 北京：人民教育出版社，2011；中华人民共和国教育部. 中国教育统计年鉴 2011 ［M］. 北京：人民教育出版社，2012；中华人民共和国教育部. 中国教育统计年鉴 2012 ［M］. 北京：人民教育出版社，2013.

省区市普通高校生均教育经费支出的平均值为 21398.91 元，增长率为 27.4%，仍然远低于全国 24753.14 元的平均水平。普通高校生均教育经费支出低于全国平均水平的 20 个省区市中有 18 个在中西部地区。

（2）普通高校生均公共财政预算内教育经费支出也相对较低，且中部地区尤弱。近年来，中西部各省区市普通高校生均公共财政预算内教育经费支出均逐年提高，但其平均值仍低于全国（图6-4）。特别是黑龙江和吉林，2011 年其普通高校生均公共财政预算内教育经费支出分别为 8840.16 元和 8784.48 元，远低于当年全国 14442.20 元的平均水平。

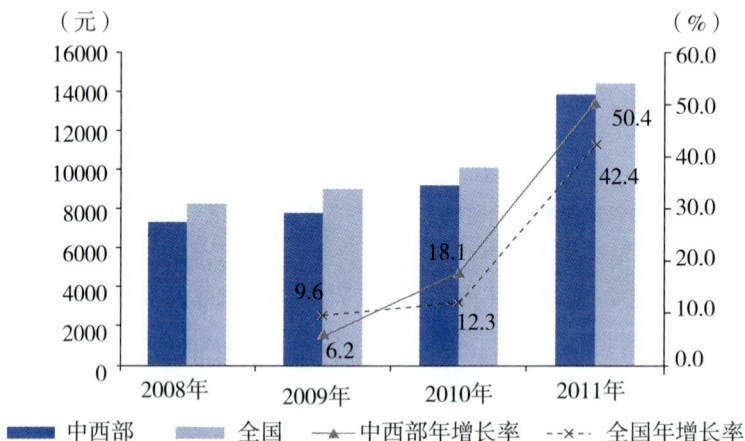

图6-4 普通高校生均公共财政预算内教育经费支出变化① （**2009—2012 年**）

3. 中西部高校师资力量薄弱

（1）师资队伍的数量不足。2012 年，中西部普通高校专任教师 92.5 万人，占全国总数的 64.2%，低于其本、专科在校生在全国所占比例的 68.8%；生师比高于全国平均水平的 16 个省区市中，中西部地区占 15 个。

---

① 教育部财务司，国家统计局社会科技和文化产业统计司. 中国教育经费统计年鉴 2009 [M]. 北京：中国统计出版社，2010；教育部财务司，国家统计局社会科技和文化产业统计司. 中国教育经费统计年鉴 2010 [M]. 北京：中国统计出版社，2011；教育部财务司，国家统计局社会科技和文化产业统计司. 中国教育经费统计年鉴 2011 [M]. 北京：中国统计出版社，2012；教育部财务司，国家统计局社会科技和文化产业统计司. 中国教育经费统计年鉴 2012 [M]. 北京：中国统计出版社，2013.

（2）优质师资力量相对薄弱。近年来，虽然中西部地区普通高校具有博士学位的专任教师逐年增多，但是其占专任教师总数的比例始终低于全国平均水平（图6-5）。

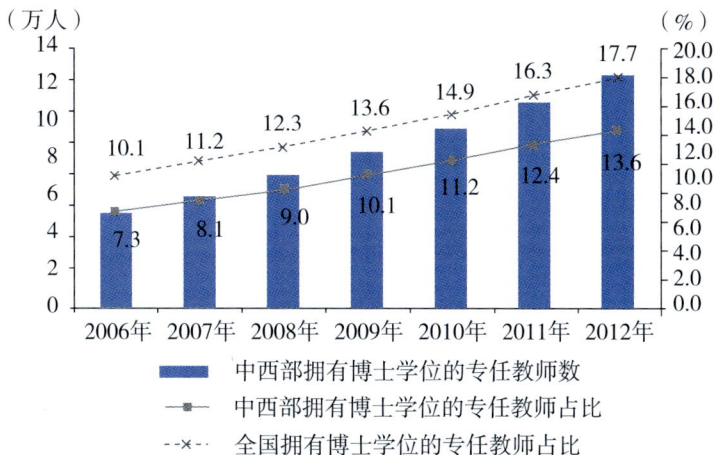

图 6-5　普通高校拥有博士学位的专任教师变化① （2006—2012 年）

4. 中西部高校学科专业整体实力较弱

（1）高校整体学科实力较弱。在教育部学位与研究生教育发展研究中心公布的 2012 年全国学科排名中，中西部高校进入各学科排名前十的优势学科共有 410 个，占全国总数的 39.0%，其中有 7 个中西部省区市仅有 1 个或没有进入全国排名前十的优势学科。从学科的国际竞争力来看，2011 年中西部高校共有 40 所高校 105 个学科进入 ESI 学科排名，占全国进入该排名学科总数的 37.63%，有 11 个中西部省区市没有学科进入该排名。

（2）新建本科院校的专业整体缺乏特色。在中西部 442 所新设本科院

---

① 中华人民共和国教育部.中国教育统计年鉴 2006 ［M］.北京：人民教育出版社，2007；中华人民共和国教育部.中国教育统计年鉴 2007 ［M］.北京：人民教育出版社，2008；中华人民共和国教育部.中国教育统计年鉴 2008 ［M］.北京：人民教育出版社，2009；中华人民共和国教育部.中国教育统计年鉴 2009 ［M］.北京：人民教育出版社，2010；中华人民共和国教育部.中国教育统计年鉴 2010 ［M］.北京：人民教育出版社，2011；中华人民共和国教育部.中国教育统计年鉴 2011 ［M］.北京：人民教育出版社，2012；中华人民共和国教育部.中国教育统计年鉴 2012 ［M］.北京：人民教育出版社，2013.

校中，仅有 85 所公办本科拥有特色专业，拥有与经济社会发展紧密结合的应用型特色专业高校更少，仅 35 所。①

（三）我国为推进中西部高等教育公平一直在努力

2000 年以来，为缩小区域间高等教育差距，全面提高中西部高等教育发展水平，国家出台实施了一系列政策、项目。特别是 2012 年国家启动的中西部高等教育振兴计划，将有步骤、分重点地推进中西部高等教育科学发展。其中已实施的政策、项目主要有：中西部高校综合实力提升工程、中西部高校基础能力建设工程、对口支援、省部共建、倾斜招生以及西部开发助学工程。这些工程在一定程度上推进了中西部高等教育的发展，但同时也存在一些问题。

1. 中西部高校综合实力提升工程

工程旨在没有教育部直属高校的省份，专项支持一所本区域内办学实力最强、办学水平最高，区域优势明显的地方高水平大学加快发展。目前已经实现"一省一校"的建设目标。在没有教育部直属高校的 13 个省、区和新疆生产建设兵团，共计支持了 14 所高校。项目改善了这些高校的办学条件，加强了特色学科和师资队伍建设，提高了人才培养质量和科学研究水平，增强了社会服务能力。2012 年中央财政已下达专项经费 4.2 亿元。但是，工程资金使用方向有待进一步完善。第一批资金多用在硬件建设上，对学校软件建设，特别是教师队伍建设力度不够。

2. 中西部高校基础能力建设工程

工程主要重点支持建设中西部 100 所地方本科高校。为保障工程顺利进行，国家发改委安排了中央预算内专项投资，同时，中西部省级政府设立了省级专项资金，中部地区省级政府专项资金按不低于中央与地方 6∶4 的比例安排；西部地区省级政府专项资金按不低于中央与地方 8∶2 的比例安排；西藏自治区所需建设资金由中央专项资金安排。工程每五年为一周期，在一期工程中将投入 100 亿元着重改善本科教学基础条件，加强师资

---

① 根据教育部网站 2013 年 6 月公布的数据整理。

队伍建设，深化教学改革，提高服务地方经济社会发展的能力，推进中西部高等教育科学发展。该工程实施以来，促进了这些学校改善基础教学实验条件，优化师资队伍素质结构，提升学生学习实践、创新创业和就业能力，使学校办学特色逐步彰显，服务区域经济社会发展能力得到增强。但是，工程主要指向高校基础办学能力，尤其是硬件基础办学条件的保障。工程的初衷是"硬件搭台，软件唱戏"，但是目前的软件建设没有跟上硬件建设的步伐。

3. 对口支援西部地区高等学校计划

该计划根据西部地区重点建设高校的学科特点和意愿，支援高校采取一对一的方式，以人才培养工作为中心，以学科专业建设、师资队伍建设、学校管理制度与运行机制建设为重点，实施对受援高校的支援和全方位合作，最终使受援高校的教学、科研和管理水平有较大提高，为受援高校的长远发展奠定坚实基础。经过十多年的发展，对口支援高校增加到100 所，受援高校增加到 75 所（本科 52 所，高职 23 所）。受援高校的一级博士点总量增加 19 倍，受援高校教师队伍中拥有博士学位的人数由原来1391 人增长到 5393 人。贵州大学、宁夏大学、青海大学、西藏大学和石河子大学等 5 所大学步入"211 工程"院校行列。但是，该计划也存在一些问题。首先，对口支援范围小。截至 2013 年，受援本科高校共计 52 所，只占中西部本科高校的 9%。其次，执行主体单一。目前对口支援工作多由学校牵头开展，院系作为主体合作较少，形式较为单一。此外，还缺乏长效机制。随着对口支援工作的广泛开展，支援高校的不断增多，在没有专项经费的支持下，支援高校压力与负担逐年增大，很难对受援高校进行全方位深入支援。

4. 省部共建政策

省部共建是指国务院部委与相关省、直辖市、自治区共建高校。截至2013 年，省部共建高校达 122 所（教育部共建了 39 所高校，其他部委共建了 83 所高校），其中中西部省部共建高校 86 所（教育部共建高校 30 所）。共建工作开展以来，地方政府、教育部和其他部委从宏观指导、政策、资金等各方面给予共建高校以大力支持，极大地提高了中央与地方政府发展高校的积极性。然而省部共建也存在一些不足之处，比如缺乏约束机制，尽管省部共建多以签署协议的方式进行，但由于缺乏约束机制与措施，导致地方政府的配套措施落实不到位。此外，该政策还由于缺乏绩效考核，无法对省部共建高校进行科学评估。

5. 倾斜招生政策

为贯彻落实党的十七大关于促进区域协调发展的要求，加大中西部考生的入学机会，提升考入重点大学的比例，国家专门启动了支援中西部地区招生协作计划和面向贫困地区定向招生专项计划。

支援中西部地区招生协作计划是指每年从全国普通高校招生计划中专门拿出一部分，安排给高等教育资源丰富的省份，由其地属高校承担，专门面向中西部高等教育资源缺乏、升学压力大的省份招生。招生协作计划调整优化了生源结构，大幅度增加了中西部考生的高等教育尤其是优质高等教育的入学机会，极大改变了原有区域之间入学机会不公平的现状。2008—2013 年，"协作计划"从 3.5 万人扩大到 18.5 万人，由高等教育资源丰富的 16 个省（市）公办普通本科高校面向中西部 7 省市招生。在"协作计划"的直接影响和引导带动下，7 个"协作计划"受援省的高考录取率均超过 60%，与全国平均水平的差距缩小到 10 个百分点左右。目前，招生协作计划缺乏生均经费支持，给招生高校造成一定的负担，影响了招生高校的积极性，使招生协作计划很难持续有效发展。

面向贫困地区定向招生专项计划是指在"十二五"期间，每年在普通高校招生计划中专门安排适量招生专项计划，以本科一批招生计划为主，面向集中连片特殊困难地区生源，实行定向招生，引导和鼓励学生毕业后回到贫困地区就业创业和服务。截至 2013 年，专项计划已覆盖 21 省 832 个贫困县（371 个民族自治县、252 个革命老区县，57 个陆地边境县，所有国家级扶贫开发重点县，含新疆生产建设兵团在新疆南疆三地州的 22 个团场，以及重点高校录取比例相对较低的河北、山西等省区）。承担专项计划本科任务的高校扩大到 263 所，涵盖所有"211 工程"学校和 108 所中央部属高校。招生规模扩大至 32100 名（本科 30000 名，高职 2100 名）。在专项计划的推动下，2013 年录取农村学生比例比 2012 年提高 2 个百分点以上。然而，目前该计划增量与国家要求和农村学生的需求还有一定差距。2013 年贫困地区农村学生上重点高校人数比上年增长 8.5%，若要在2014 年人数再增长 10% 以上，计划增量还远远不够。

6. 西部开发助学工程

从 1999 年开始国家逐步在高等教育阶段建立起"奖、助、贷、勤、减、补、免"七位一体的学生资助政策体系。针对贫困生较多的中西部省份，2001 年中央宣传部、中央文明办、教育部专门启动了西部开发助学工程。受助的大学生为当年考入部属和省（自治区、直辖市）属重点高校的品学兼优的本科生，其家庭经济收入在当地贫困线以下，确实无力承担学生在校期间学费及最低生活费者（重点资助特困农民和特困下岗职工家庭的大学生）。从 2000 年至 2004 年（学年）的 5 年间，每年在西部 12 省（区、市）选择 1100 名新入学的部属和省（区、市）属重点高等院校特困生，除在校期间的学费由所在学校按规定减免外，每人资助 2 万元（分四个学年陆续拨付），每人每年 5000 元。从 2002 年开始，西部开发助学工程资助范围由西部 12 省（区、市）和新疆生产建设兵团扩大到贫困面较大的河北、山西、黑龙江、安徽、江西、河南、湖北、湖南等省。工程的不足之处在于资助人数少。虽然政策资助范围已经由西部省份扩至贫困面较大的中部省份，但资助人数并没有成比例增加，中西部仍有较多贫困大学生等待资助。

（四）进一步推进高等教育公平的政策建议

推进中西部高等教育公平的总体思路是在"中西部高等教育振兴计划"的整体框架下，统筹安排现有相关政策与工程，以"促进内涵建设，引领转型发展"为目标，通过调整建设重心、深化对口支援、完善招生协作机制等措施，切实在中西部地区形成一批有特色的高水平的高等学校。

1. 重点调整资金使用投向

引导高校将资金投入有助于高校内涵建设的项目，如教师聘用、培训、科研开发等。建立中西部高校综合实力提升工程资金使用咨询委员会，对资金的使用合理性进行审核。

2. 建立绩效评价考核机制，引导高校加强内涵建设

加强对工程的绩效考核，尽快出台绩效考核的具体指标。完善省部共建机制。改变软性的协商，建立硬性的指标约束机制。

3. 建立长效机制，保障中西部学生上重点高校比例

继续实施和完善"支援中西部地区招生协作计划"，建立招生协作计划可持续发展的长效机制，中央财政按生均经费标准对协作招生高校进行经费支持。本科和高职均按每生 12000 元拨付给协作招生高校。继续实施"面向贫困地区定向招生专项计划"，实现 10% 的增长目标。

4. 进一步扩大对口支援

新增地方本科高校为受援高校，重点支持学科实力强、专业特色鲜明的高校，促进其向应用型高校发展。创新对口支援形式。现有的对口支援形式还比较单一，主要靠东部高校支援中西部高校，没有发挥中西部高水平大学在区域内的引领作用。因此，在现有对口支援形式下，充分调动中西部高水平大学的能动性，激活中西部高等教育的造血功能，形成梯队式支援格局。完善对口支援机制。建立联合培养学生、师资培养、中央财政奖补等多种长效机制，向中西部地区进行政策倾斜。

二、推动地方高校转型

地方高校是我国高等教育体系的重要组成部分，承担着服务区域经济社会发展的重要使命。当前，我国正处在加快转变发展方式、推动产业结构调整升级的关键时期，推动地方高校向培养应用技术和技能人才的应用技术类高校转型发展，对我国高等教育改革发展、优化高等教育结构以及推动地方社会经济发展都具有重要的意义。

（一）地方高校转型势在必行

2013 年 6 月，在教育部的推动下，35 所地方本科院校发起的应用技术大学联盟在天津成立，同时还成立了地方高校转型发展研究中心。教育部副部长鲁昕参加了会议并指出，当前我国高等院校结构中，学术型大学比重过大，而应用技术型大学比重过小的现状，正是大学生就业难的根源所在。应用技术大学联盟将围绕建立应用技术大学的目标，促进联盟成员更好地服务区域经济社会发展，为推动中国地方高校转型发展，推动高等教育分类办学提供有益的探索。地方高校转型，不仅关乎国家经济社会发展，也将促进我国高等教育生态的整体改善。

1. 地方高校转型是我国加快转变经济发展方式的迫切需要

随着世界经济的发展，中国的经济发展方式也发生了转变，产业结构也做出了重要的调整。根据我国经济发展中结构失衡问题依然比较突出的现实和转变经济发展方式的基本要求，党的十八大明确提出推进经济结构战略性调整是加快转变经济发展方式的主攻方向。[①] 当前我国经济发展中结构失衡问题仍较突出，是阻碍经济发展方式转变的重大障碍，其中，产业结构不合理，服务业比重偏低，制造业多处于国际产业价值链的中低端；区域经济发展不协调，生产力布局不尽合理，资源配置效率低的问题比较突出。三大产业中，第一产业基础薄弱，迅速成长的工业也未能对农业提供应有的技术改造和服务；第二产业处于全球价值链底端，产业升级产品的附加值难以提高；第三产业发展严重滞后，对第一、第二产业的制约作用也相当突出。

早在 2005 年国务院就颁布了《促进产业结构调整暂行规定》，明确指出了我国产业结构调整的目标是推进产业结构优化升级，促进第一、第二、第三产业健康协调发展，逐步形成以农业为基础、高新技术产业为先导、基础产业和制造业为支撑、服务业全面发展的产业格局。十八大又提出要大力推进经济结构战略性调整，促进经济发展方式加快转变，以改善需求结构、优化产业结构、促进区域协调发展、推进城镇化为重点，着力解决制约经济持续健康发展的重大结构性问题。明确了要牢牢把握发展实体经济这一坚实基础，强化需求导向，推动战略性新兴产业、先进制造业

---

① 中华人民共和国中央人民政府网.十八大报告解读：为什么说推进经济结构战略性调整是加快转变经济发展方式的主攻方向？［EB/OL］.［2014-09-20］. http：//www. gov. cn/jrzg/2013-01/07/content_ 2306329. htm.

健康发展，加快传统产业转型升级，推动服务业特别是现代服务业成长壮大。我国经济发展方式最终要从劳动密集型向知识、技术密集型转变。

转变经济增长方式的重要路径是发展实体经济。实体经济直接创造物质财富，是社会生产力的集中体现，也是社会财富和综合国力的物质基础。发达稳健的实体经济，对提供就业岗位、改善人民生活、实现经济持续发展和社会稳定具有重要意义，更是一个国家应对外部冲击、巍然屹立的关键。2008年国际金融危机爆发之后，对发达国家过度依赖虚拟经济的增长模式形成了巨大冲击，各国把推进结构调整升级作为应对危机的重要措施，出现了"再工业化"和重归实体经济的发展趋势。"再工业化"不是简单地恢复传统的制造业，而是通过政府的大力扶持，实现传统制造业的转型升级，寻求支撑未来经济增长的高端产业。发达国家为了抢占国际竞争的制高点，加大了战略性新兴产业和优势产业的培植力度。在发达国家重新重视国内产业尤其是先进制造业发展的背景下，我国也明确了要牢牢把握发展实体经济这一坚实基础，强化需求导向，推动战略性新兴产业、先进制造业健康发展，加快传统产业转型升级，推动服务业特别是现代服务业成长壮大的经济发展任务。

我国经济发展方式的转变以及产业结构的优化升级对高等教育的人才培养的方向也提出了要求，高等教育必须培养出高素质的、能够满足劳动力市场需求的掌握新技术、新技能的应用型人才。未来社会信息化和工业化将深度融合，农业现代化全面推进，文化创意和设计服务产业迅猛发展，科技型小微企业成为经济活力的重要源泉，新型城镇化战略全面启动，实体经济成为社会发展的坚实基础。这些深刻的变化，都要求高等教育向现代生产服务一线提供既掌握现代科学技术知识又接受系统技能训练的应用型、复合型、创新型人才，特别是产业链高端的技术技能人才。

2. 地方高校转型能为我国跨越"中等收入陷阱"提供人才保障

当一个国家的人均收入达到中等水平后，由于不能顺利实现经济发展方式的转变，导致经济增长动力不足，最终出现经济停滞的状态就是"中等收入陷阱"。2013年我国人均GDP达到了6767美元，这表明我国已经进入了中等收入偏上国家的行列。从各个国家的发展经历来看，一个国家从中等收入向高收入迈进的过程中，如果不能摆脱以往由低收入进入中等收入的发展模式，就很容易出现经济增长的停滞和徘徊，人均国民收入难以突破 1 万美元，进入发达国家行列。进入这个时期，经济快速发展，积累的各种矛盾将集中爆发，原有的增长机制和发展模式无法有效应对由此形成的系统性风险，经济增长容易出现大幅波动或陷入停滞。因此，我国亟须把握发展模式转换时机，成功跨越"中等收入陷阱"。

低端制造业的迅速转型是走出"中等收入陷阱"的关键。"中等收入陷阱"发生的原因主要就是低端制造业转型失败，低端制造业可以带来中等收入，但是伴随而来的污染、低质、低价，会形成经济发展的恶性循环。从产业链的低端产业走向产业链的高端，是完全靠高科技解决，而高科技需要的是企业的自主创新。从不能成功跨越"中等收入陷阱"的国家发展历程来看，除了错失经济发展转型时机、宏观经济政策执行偏差等因素外，一个重要的原因便是难以克服技术创新瓶颈。在进入中等收入阶段后，低成本优势逐步丧失，在低端市场难以与低收入国家竞争，但在中高端市场则由于研发能力和人力资本条件制约，又难以与高收入国家抗衡。在这种上下挤压的环境中，很容易失去增长动力而导致经济增长停滞。要克服这一挑战，就需要在自主创新和人力资本方面持续增加投入，培育新的竞争优势。

低端制造业的快速转型亟需应用技术类人才的支撑。从韩国和日本跨越"中等收入陷阱"的经验来看，两国在研发能力和人力资本存在明显的优势，比如韩国在 R&D 支出（研究与开发支出）占国内生产总值的比重高居世界前茅，每千人中研发人员的比例也明显高于那些陷入"中等收入陷阱"的国家。因此，高等教育必须在未来的发展时期，为我国培养具有创新能力的适应低端制造业转型发展的应用技术类人才，他们除了掌握必备的学科理论知识，还要有较强的动手能力，关键是要有技术创新的能力和思维能力。

3. 地方高校转型是国家高等教育改革发展的必然选择

高等教育的一个重要作用便是通过培养人才为社会经济的可持续发展提供智力支持，将可能的劳动力转化为现实的劳动力。高等教育人才培养应该紧密围绕国家经济发展需求，为国家经济社会可持续发展提供强有力的人才保障。目前，我国已经进入高等教育大众化阶段，大众化背景下的高等教育应该是多样化的教育。一方面，随着经济的转型升级，我国高层次技术技能人才的数量和结构远不能满足市场需求；另一方面，众多地方高校同质化发展，不利于办出特色，提高质量。办学目标大都定位为学术型院校，评价方式也与追赶世界一流学术型大学为标准，学科专业设置雷同，忽视社会、经济、科技文化等因素，致使门槛较低、热门应用学科类专业低水平重复开设现象严重，造成这些专业毕业生结构性过剩。因而，调整高等教育结构，推动高等教育多样化发展，促进人才培养结构与市场需求的匹配度，已成为当务之急。

在过去的一段时期内，我国高等教育的发展在结构上严重失调，各类高校不管性质如何，也不管条件如何，盲目升格，办综合性大学，致使高校之间同质化倾向特别严重。因此，2010年颁布的《国家中长期教育改革和发展规划纲要》（以下简称《纲要》）明确指出高等教育要"适应国家和区域经济社会发展需要，建立动态调整机制，不断优化高等教育结构。重点扩大应用型、复合型、技能型人才培养规模"。党的十八大报告提出"要加快发展现代职业教育，推动高等教育内涵式发展"。十八届三中全会决定提出，要"深化教育领域综合改革，加快现代职业教育体系建设，深化产教融合、校企合作，培养高素质劳动者和技能型人才"。这些方针政策为我国高等教育的改革和发展指明了方向。

我国高等教育的目标是着力培养信念执着、品德优良、知识丰富、本领过硬的高素质专门人才和拔尖创新人才。其中，应用型人才是指系统掌握某一门学科专业知识、具有一定专门的技能技巧，在一定理论规范的指导下进行社会化的操作运用，将抽象的理论符号转换成具体操作构想或产品构型，将新知识应用于实践的专门人才。而应用技术大学是一种与普通大学并行、以专业教育为主导和面向工作生活的教育，是高等教育体系的必要组成部分，肩负培养高层次应用型人才、开展应用研发创新、服务就业和区域发展及促进终身学习等多重使命。其主要特征是为区域经济服务，人才培养目标突出应用性和技术性，人才培养过程重视理论与实践相结合，研究侧重于应用性研发创新。因此，地方高校转型发展是顺应我国高等教育改革与发展的一种必然选择。

4. 地方高校转型是解决大学生就业难的突破口

大学生就业是个民生问题，也是当前的社会热点问题。由于全球经济形势不容乐观，我国大学生就业矛盾近年来凸显。2013 年全国大学毕业生共计 699 万人，被称为"史上最难就业季"。李克强总理主持召开的国务院常务会议上，明确提出要做好高校毕业生的就业工作，这关乎经济升级、民生改善和社会稳定。而在大学生就业难的同时，我国在经济发展过程中也陷入"人才荒"的尴尬局面，劳动者技能与岗位需求不相适应、劳动力供给与企业用工需求不相匹配的结构性矛盾越来越突出，特别是制造业高级技工人才尤其缺乏。所以，我国大学生就业困难是结构性的就业困难。

解决大学生就业难的关键在于经济的复苏、经济结构的调整、经济增长方式的转变，一方面国家要多渠道地提供足够的就业岗位，另一方面教育部门要为社会培养顺应经济、社会发展的高技能人才。目前，地方本科院校学生就业率偏低，毕业之后不能就业，不仅是我国人力资源的巨大浪费，也关乎每个家庭的幸福生活。而地方院校的转型，改变过去的人才培养方向和模式，培养应用型技术人才，更好地与就业单位对接，使大学生毕业之后能够找到合适的工作岗位，特别是有利于解决家庭收入较低的大学生就业困难的社会难点问题，是解决我国大学生结构性就业困难的重要突破口。

（二）地方高校转型的重点与策略

1. 地方新建本科院校是高校转型的重点

地方新建本科院校一般是指 1999 年高校扩招之后，随着我国高等教育规模的扩张和体制改革的不断深化，新建立的本科院校。它包括由多所不同层次、不同类型学校合并而成的院校；专科学校独立升格的新型本科院校和新成立的本科院校三类。截至 2012 年，我国共有 2442 所普通高校，其中本科院校 1145 所。① 在 1145 所本科院校中，地方新建本科院校约有 640 所，占全国本科院校的 50% 以上，在我国高等教育体系中占有十分重要的地位，是我国高等教育大众化的一支重要生力军。地方新建本科院校分布在我国除西藏之外的 30 个省、直辖市和自治区，从学校分布来看，中部最多，其次是东部，西部最少。

地方新建本科院校占据我国本科院校的半壁江山，但是在发展过程中，由于办学历史短、基础薄弱、本科办学经验不足，导致办学定位不明确，出现了学科专业趋同、人才培养同质化、服务区域经济社会发展的能力较弱、缺乏办学特色等问题。地方新建本科毕业生陷入了"高不成低不就"的尴尬境地，毕业生就业率低、专业对口率低和就业质量差不仅导致了我国高技能人才的严重缺乏，也是高等教育人才培养的巨大浪费。因此，地方新建本科高校是我国高校转型的重点和主体。

2. 地方高校转型的策略

地方高校转型虽然势在必行，但是转型不是改革措施的简单相加，更不是简单的学院更名，而是整体性、系统性的改革，存在着许多困难和问题，政府和高校有不同的任务和使命，同时也需要社会、企业、家庭及学生等多方共同合作。

（1）政府做好转型顶层设计

地方新建本科院校转型需要政府在法制规范、经费保障、评估引导、政策扶持等方面进行全方位的顶层设计，为转型提供良好的制度环境。具体地说，包括明确应用技术类型高校的定位，建立健全政府主导、行业指导、企业参与的办学机制，以明确的法律法规保障转型的顺利进行；国家要建立相关机制，运用行政及经济手段，加强企业的人才培养责任，进一步推进校企合作制度，建立企业和应用技术大学深度合作的长效机制，明确学校和企业在人才培养过程中的地位和责任，鼓励企业参与应用技术大学建设和人才培养。出台相关政策，加快"双师型"队伍建设，探索不同学科专业培养成本，研究并制定不同学科应用技术大学生均经费基本标

---

① 中华人民共和国教育部. 中国教育统计年鉴 2012 ［M］. 北京：人民教育出版社，2013.

准、生均财政拨款基本标准，对应用技术大学的学科专业建设、教师队伍建设、实训基地建设、校企合作办学等给予支持，以经费保障转型。教育部门、人力资源部门等要广泛收集社会经济发展信息，及时发布国家产业结构调整目录，加强人才需求预测，建立就业预警机制，为应用技术大学学科专业建设提供信息支持。教育部应建立符合应用技术大学特点的评估标准，推动应用技术大学以技术创新和服务产业为基准的评估标准。

（2）学校应设计好转型发展规划

地方新建本科院校转型不是简单的更名，而是学校内涵和发展方式的转变。为了更好、更快地实现转型，院校应设计好转型发展规划。

首先，地方新建本科院校应该明确办学定位，应用技术大学不再是以往的综合性学术类大学，它要立足于培养既具有良好理论知识和文化基础的，同时又具备专业技能和实践能力的具有创新精神和能力的高素质人才，服务于地方经济产业发展，为我国实现经济结构调整、产业升级提供高水平的人力资源。除了培养为经济发展服务的高素质人才外，应用技术大学还要广泛开展应用型研究，为企业提供技术支持，特别是关键的技术革新。

其次，应用科技大学要重视师资队伍建设。应用科技大学的师资不同于学术型大学的师资，他们既要精通理论知识，还必须有丰富的实践经验，能够指导学生进行技术实践，即我们通常说的"双师型"教师。应用科技大学应当与企业建立深度合作，让教师和学生都能有最直接的实践机会。

最后，应用科技大学应该建立独特的专业课程体系和人才培养模式。应用科技大学的专业设置应紧跟社会经济发展的需求，具有显著的应用性和就业导向性，因此，它的课程体系不仅需要深厚的理论知识，还需要根据行业技术发展的趋势进行灵活的调整，课程设计还要符合学生动手能力的特点，要有较强的实践性。人才培养模式不能遵循学术型大学的模式，在课程、课时、学习方式上均要有创新，体现应用科技大学理论与实践紧密结合的特点。

（3）社会做好转型舆论支持

地方高校的转型，除了政府的顶层设计、高校的发展规划外，也离不开社会的舆论支持。可以说，外部环境的保证，对地方高校转型的成败也非常重要。

首先，社会要对高校转型有正确的认识。地方高校转型，是我国高等教育结构调整、适应经济社会发展的要求，不能以此来评判高校办学水平的优劣，或者把高校转型和办学质量直接挂钩。它的出现，会进一步促进我国高等教育生态的多样化，创新人才培养模式，改变千校一面的局面。

其次，社会要对转型高校培养的人才有正确认识。通常认为，研究型或教学型大学培育的学术性人才是精英，而地方院校转型之后培养的应用型、复合型人才就低人一等，其实这是一种错误的认识。恰恰相反，随着社会对人才培养的类型、层次的多样化要求，应用型、复合型人才恰恰能够很好适应经济结构转型升级的要求，成为我国大学生人才体系中的重要组成部分。

最后，社会要树立正确的质量观、人才观和发展观。"学而优则仕"的传统观念，要予以摒弃，要从观念上彻底改变对高校、人才的整体认识；同时，政府、企业也要尊重人才，给予毕业生同等的就业待遇和发展空间。

三、推进独立学院转设

独立学院产生于 20 世纪 90 年代末期，是在优质高等教育资源不足的情况下，促进高等教育大众化的产物，同时，独立学院也是当时形势下高等教育办学机制与模式的一种探索和创新，对提高我国高等教育毛入学率、扩大高等教育资源等方面起到了重要的作用。2008 年，教育部颁布的《独立学院设置与管理办法》（教育部令第 26 号）（以下简称《办法》）明确指出，"独立学院是民办高等教育的重要组成部分"，《关于〈独立学院设置与管理办法〉的工作说明》指出：基本符合《办法》要求的，由省级教育行政部门向教育部提出考察验收申请，教育部组织考察验收，并对考察验收合格的独立学院核发办学许可证。符合普通本科高等学校设置标准的，可申请转设民办高等学校，颁发民办教育办学许可证。从出台的相关政策来看，独立学院的未来发展主要有两个方向，一个是回归母体，一个是转设为民办高校。独立学院的民办属性意味着转设是独立学院发展的主要路径，国家对已设独立学院给予了 5 年的过渡期，2013 年是考察独立学院转设情况的关键年度。

（一）2013 年是考察独立学院转设的关键年度

1. 独立学院的产生与规范

独立学院是我国高等教育大众化进程中出现的新生事物，成立之初，独立学院在探索中前进，在最初的发展中存在很多不规范的现象。为了规范独立学院办学，2003 年，教育部发布了《关于规范并加强普通高校以新的机制和模式试办独立学院管理的若干意见》（教发〔2003〕8 号），"独立学院"第一次出现在国家文件中，并对独立学院做出了明确的界定，即独立学院是指实施本科以上学历教育的普通高等学校与国家机构以外的社会组织或者个人合作，利用非国家财政性经费举办的实施本科学历教育的高等学校。自此独立学院开始在国家政策的支持和监督下进行办学，教育部依据这份文件，对我国的独立学院进行清理整顿，将独立学院的审批权从省级教育行政部门收回到国家教育行政部门，在独立学院的试办中，优先支持办学质量高、办学条件好的普通本科高校试办独立学院，办学质量差、办学困难多的普通本科高校，重在进一步提高自身办学水平，改善办学条件，暂不要试办独立学院。

2. 独立学院发展中存在的问题

独立学院与民办、公办高校形成不公平竞争。独立学院从产生起，即凭借着母体高校的办学声誉，利用母体高校优质的教学资源和先进的管理方式发展起来。独立学院的成立与发展，与其他的高等教育办学主体形成了不平等的竞争地位。与民办高校相比，独立学院自成立之时便获得了本科学历的招生资格，而很多民办高校仅有专科层次的招生，独立学院起步高于民办高校，母体高校对独立学院提供师资支持，此外，独立学院依托母体高校成立，附带着母体高校的光环，可见，独立学院在招生、师资和声誉等方面，与民办高校形成了不公平的竞争。同时，独立学院在一定程度上影响公办高校的发展，独立学院依托母体高校发展，易使母体高校的学生对自己学历的认同感降低，产生学历贬值的错觉。在社会的接受度上，社会对母体学校和独立学院的了解较少，独立学院的学生质量可能会影响母体学校未来学生的就业。

独立学院发展的差异性对转设提出不同要求。独立学院所依托的母体高校不同，以及对自身发展前景的预期不同，对转设与否提出了不同的诉求。有些独立学院希望从依托母体高校的半独立状态中走出来，逐步转设为民办高校，实现真正的办学自主权，有更大的发展空间。有些独立学院经过十几年的发展，长期积累下了错综复杂的关系，以及对未来发展担忧，不希望独立成校。

3. 独立学院的改革

为了规范与深化独立学院改革，2008 年，教育部颁布的《办法》实施，意味着独立学院的发展进入了一个新的历史阶段，进一步明确了独立学院的发展方向和工作思路。《办法》充分体现独立学院的"优""独""民"的原则，明确独立学院的民办属性，促进独立学院在运行机制和管理体制上改革创新，并对已设独立学院给予了 5 年的过渡期，以引导独立学院健康发展。

（二）独立学院的转设现状

2013 年国家对已设独立学院给予的 5 年过渡期结束，但 2008—2013 年，独立学院转设的数量较少。根据教育部网站上公布的独立学院转设的情况看，2008—2013 年独立学院每年转设的数量不同，其中，2011 年转设的数量最多，为 13 所（图 6-6）。2008—2013 年教育部网站公布的独立学院转设数量只有 35 所，且主要集中在 2011—2013 年，这说明独立学院转设的条件在不断成熟，转设的速度在加快。从省域分布来看，2008—2013 年，不同省市转设的独立学院数量不同，其中东北三省独立学院转设的较多，共 21 所，占 2008—2013 年我国转设学校总数的 60%（图 6-7）。

（所）

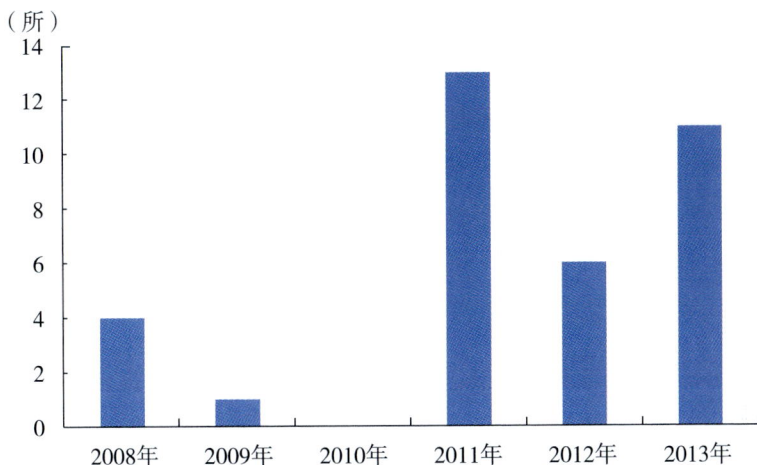

图 6-6　**2008—2013 年独立学院转设数量**①

注：根据教育部规划司网站公布的独立学院转设函统计所得。其中，2013 年有 2 所独立学院
联合转设为 1 所民办普通高校，在此将转设数量计为 2 所。

（所）

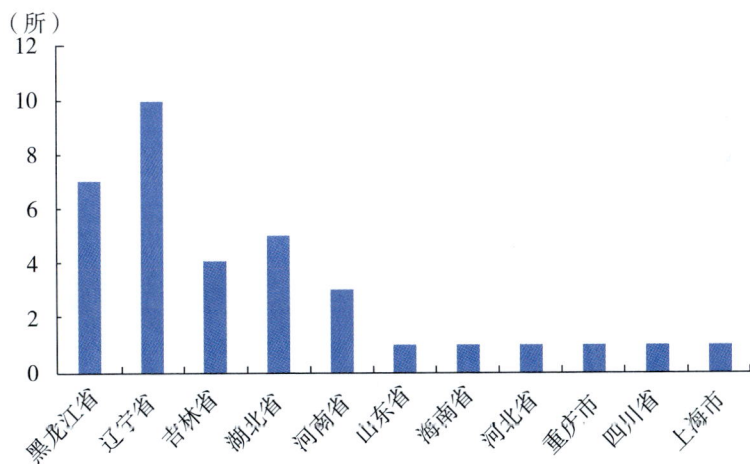

图 6-7　**2008—2013 年独立学院转设的省域分布**②

---

①②　中华人民共和国教育部规划司．教育统计［EB/OL］．［2014-06-20］．http：//www.moe.
edu.cn/publicfiles/business/htmlfiles/moe/A03/index.html.

（三）独立学院转设面临的困难

目前独立学院转设的数量较少，独立学院转设面临着很多困难，主要表现在：独立学院规模庞大，难以短时间内完成转设；独立学院转设离普通本科学校设置标准还有差距；独立学院与母体高校之间过于依赖。

1. 独立学院规模庞大，难以在短时间内完成转设

独立学院数量繁多，并涉及大规模的在校生，独立学院的改革不是一蹴而就的事情。从近几年独立学院的总体数量看，呈现出先平稳后下降的趋势，2008 年我国独立学院数量为 322 所，2010 年独立学院数量为 323 所，2012 年独立学院数量减少为 303 所（图 6-8）。

（所）

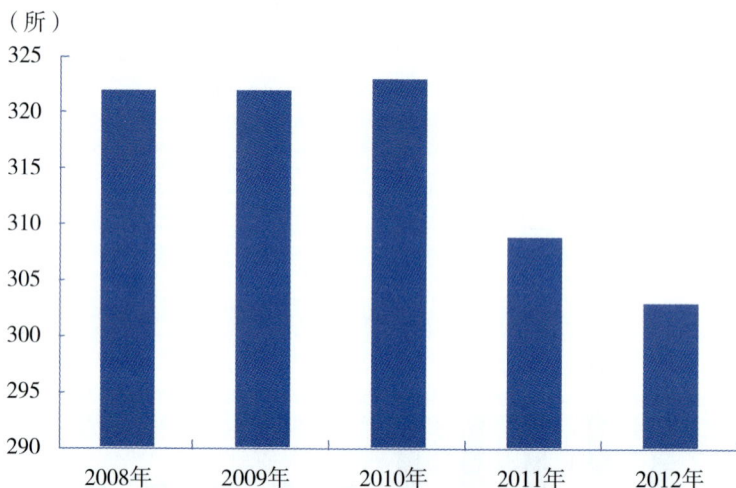

图 6-8　2008—2012 年我国独立学院数量①

2008—2012 年，独立学院本专科在校生具有一定规模，且本科在校生数呈现增长趋势。独立学院本科在校生数从 2008 年的 193.30 万人，增长

---

① 中华人民共和国教育部. 中国教育统计年鉴 2008［M］. 北京：人民教育出版社，2009；中华人民共和国教育部. 中国教育统计年鉴 2009［M］. 北京：人民教育出版社，2010；中华人民共和国教育部. 中国教育统计年鉴 2010［M］. 北京：人民教育出版社，2011；中华人民共和国教育部. 中国教育统计年鉴 2011［M］. 北京：人民教育出版社，2012；中华人民共和国教育部. 中国教育统计年鉴 2012［M］. 北京：人民教育出版社，2013.

至 2012 年的 262.02 万人，增长了 35.55%（图 6-9）。

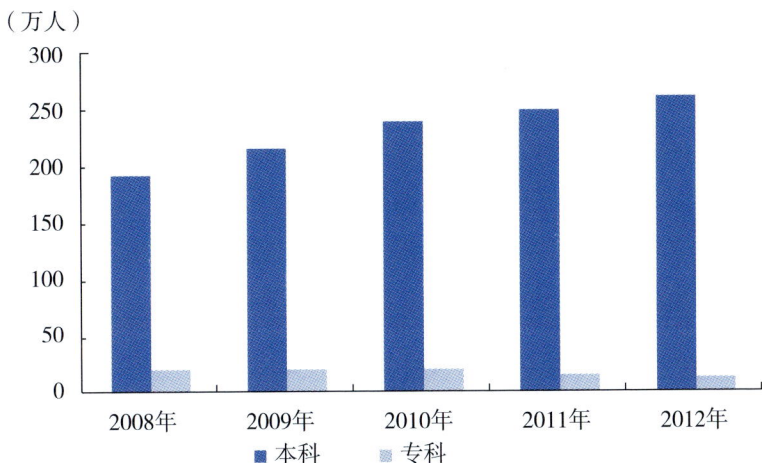

图 6-9　2008—2012 年独立学院本、专科在校生数变化①

2. 独立学院转设离普通本科学校设置标准还有差距

独立学院转设需要符合一定的条件。独立学院凡符合普通本科高等学校设置标准的，可申请转设民办高等学校，颁发民办教育办学许可证。《普通本科学校设置暂行规定》对办学规模、学科与专业、师资队伍、教学与科研水平、基础设施、办学经费、领导班子等做出了详细的规定。独立学院在有些方面难以达到转设的要求，如在师资队伍方面，要求普通本科学校应具有较强的教学、科研力量，专任教师总数一般应使生师比不高于 18：1。在基础设施方面，要求普通本科学校生均占地面积应达到 60 平方米以上。独立学院在师资上依赖母体高校，基础设施的建设需要一定的建设周期等，这些都是独立学院转设面临的困难。

3. 独立学院与母体高校之间过于依赖

独立学院和母体高校的过度依赖是相互的，主要表现在独立学院在优

① 中华人民共和国教育部. 中国教育统计年鉴 2008 ［M］. 北京：人民教育出版社，2009；中华人民共和国教育部. 中国教育统计年鉴 2009 ［M］. 北京：人民教育出版社，2010；中华人民共和国教育部. 中国教育统计年鉴 2010 ［M］. 北京：人民教育出版社，2011；中华人民共和国教育部. 中国教育统计年鉴 2011 ［M］. 北京：人民教育出版社，2012；中华人民共和国教育部. 中国教育统计年鉴 2012 ［M］. 北京：人民教育出版社，2013.

质的教学资源和无形的声誉上对母体高校过于依赖，母体高校在经济收入上对独立学院过于依赖。独立学院能够在短时间内发展壮大，主要是享用了母体高校积淀已久的社会声誉等无形资产，依托母体高校在师资和管理上的大力支持，独立学院对母体高校的依附，无法在短期内弥补，这会影响独立学院的转设。母体高校在一定程度上也抑制了独立学院的转设，在独立学院设立之初，不可否认母体高校有逐利性的倾向，母体高校的经费一部分由独立学院来提供，独立学院的转设影响母体高校的收入。这种独立学院和母体高校之间的过度依赖，阻碍独立学院的转设。

(四) 促进独立学院转设的建议

独立学院转设是独立学院发展的一个方向，根据目前独立学院的转设情况及存在的问题，提出以下政策建议。

1. 促使独立学院尽快理顺与母体高校的关系

逐步理顺独立学院和母体高校的关系，特别是在教学资源、资产投入和学校管理等方面。在教学资源上，逐步充实独立学院的软、硬件设施，对于不能长期依赖母体高校的教学资源，给予独立学院宽裕的时间达到普通本科学校设置标准。在资产投入上，明确独立学院和母体高校的关系，对母体高校和独立学院投入的各类资产进行划分并评估。在学校管理上，充分利用其办学机制上的灵活和优势，增强独立学院的自身认同感。

2. 引导独立学院做好转设后的发展规划

在办学定位上，引导独立学院在转设后形成错位竞争，通过特色建设形成持久的竞争力。在师资队伍上，形成稳定、高质量的师资队伍，加大对专任教师的引进及培养，形成教师队伍发展的长期规划，以提高教学质量。在学科设置上，对所在区域、高校发展特色等进行进一步考察，及时进行专业的调整与重设。

结 语

回顾与展望

2013 年是全面贯彻落实党的十八大精神的开局之年，是实施《国家中长期教育改革和发展规划纲要（2010—2020 年）》和"十二五"规划承前启后的关键一年，是为基本实现教育现代化奠定坚实基础的重要一年。高等教育各项工作稳步推进，从规模、结构、公平和质量等方面，都取得了巨大的成效。但是，从本报告的研究来看，我国高等教育改革发展中仍存在一些问题，还有待于进一步解决。结合 2013 年度高等教育所取得的成绩和对未来发展的预测，如下做简要的回顾和展望。

一、2013 年我国高等教育在调整中前行

2013 年，我国高校总体数量不断增长，人才培养规模不断扩大，教师队伍不断壮大，教育经费收入和支出稳步增长，硬件设施不断改善。高等教育入学机会均等得到改善，高校办学质量不断提升，师资队伍质量、人才培养质量和科学研究质量都有较显著提高。高校积极为社会提供教学服务、科技服务和创业服务，办学社会效益不断提高。31 个省份高等教育规模继续增长，中西部地区尤为突出，东部省份依然集聚了大部分的高等教育资源。从世界范围来看，中国高等教育普及程度有所提高，规模仍然处

在世界第一位置，财力投入增长迅速，人力投入绝对优势明显，国际影响力稳步提升。

2013 年，我国高等教育改革实践稳步推进，在多个方面取得了较好的成绩。比如以"2011 计划"为抓手大力加强高校协同创新，产生了首批 14 个国家协同创新中心；以"研究生教育全面收费"为突破口着力促进高校内涵发展，完善研究生投入机制；以"异地高考首次破冰"为契机推进高校教育公平，12 个省市进行异地高考；以"慕课"为切入点提升高等学校办学信息化和现代化水平，北大、清华等高校首次加入"慕课"联盟。以"综合改革"为主要方式全面提升高等教育质量，破解高等教育发展中的难题。同时，中西部高等教育振兴计划、地方院校"转型"、独立学院转设，也进一步推动了高等教育的公平和布局结构的优化。

二、未来我国高等教育发展机遇与挑战并存

党的十八届三中全会《中共中央关于全面深化改革若干重大问题的决定》对全面"深化教育领域综合改革"的重要领域做出重大部署，对办好中国特色社会主义高等教育提出了新要求。基于 2013 年高等教育的报告研究和改革实践，2014 年，高等教育的实践和研究将重点体现在如下几个方面。

一是高等教育现代化的理论探索。实现高等教育的现代化，重点要推进高等教育治理体系和治理能力建设。2014 年，将进一步加强现代大学制度建设，具体如完善大学章程、学术规程等，从制度范围规范高等教育的发展；同时，加强依法治教，依法治教，按照教育规律办事。从外部来看，有待厘清大学和社会、市场的关系，引导高校积极服务经济社会的发展。这些问题，将会从宏观层面进一步得到重视。

二是高等教育结构优化和内涵发展。落实国家教育政策方针，促进高等学校健康发展，关键在于实现高等教育结构的优化，实现内涵发展。2014 年，高等教育结构的优化，包括高等教育发展的整体布局、地方普通

本科院校的转型、学科专业和社会需求的匹配以及课程设置和教学内容、教学方式等，仍然会是高等教育实践和研究的核心问题。

三是高等教育发展质量和评价制度。当高等教育规模发展到一定阶段之后，质量无疑会成为不可回避的话题。对于质量的发展，必然借助于一定的评价制度。2014 年，高考制度的改革和探索、教学过程中的成效和评价、学生就业的质量和满意度，以及基于贡献和成效的绩效管理和评价等，这些主题也将会是高等教育实践和研究新的增长点。

总之，高等教育发展已经进入了一个关键期，国家、政府对高等教育的发展提出了许多新的要求，希望高校适应经济社会的发展，培养更多创新创业人才服务于国家重大的战略需求；同时，人们也对高等教育寄予了巨大的希望，对优质高等教育资源、人才培养质量、高质量就业提出了更多诉求。在这样一个背景下，高校发展机遇和挑战并存，只有坚定信念，不断开拓进取，继续深化改革，才能在服务社会发展的同时，促进高校自身的发展，进而为高等教育现代化和高等教育强国做出贡献。

［后　记］

本报告是中国教育科学研究院科研公益基金课题"中国高等教育发展研究 2013"的最终成果。

该课题由中国教育科学研究院高等教育研究中心承担。张男星主任为课题负责人，高等教育研究中心全体成员参与了报告的撰写。写作分工如下：前言由张男星、姜朝晖执笔；第一章由饶燕婷、楚晓琳执笔；第二章由桂庆平、罗建平执笔；第三章由王纾执笔；第四章由刘文权、王春春执笔；第五章由姜朝晖执笔；第六章由桂庆平、杨红、楚晓琳执笔；结语由姜朝晖执笔。杨红、姜朝晖参与统稿，王春春统稿、通校，张男星统稿并定稿。

感谢教育部相关司局的支持，同时，向为本报告提供支持与帮助的领导和同事们一并致谢！

中国教育科学研究院高等教育研究中心
2014 年 12 月

出 版 人　所广一
责任编辑　夏辉映
版式设计　孙欢欢
责任校对　贾静芳
责任印制　叶小峰

图书在版编目（CIP）数据

中国高等教育发展报告 . 2013 ／张男星等著 . —北京：教育科学出版社，2015.12
　（国情教育研究书系）
ISBN 978-7-5041-9963-8

Ⅰ . ①中… 　Ⅱ . ①张… 　Ⅲ . ①高等教育—发展—研究报告—中国—2013 　Ⅳ . ①G649.21

中国版本图书馆 CIP 数据核字（2015）第 321051 号

中国高等教育发展报告 2013
ZHONGGUO GAODENG JIAOYU FAZHAN BAOGAO 2013

出版发行	**教育科学出版社**			
社　　址	北京·朝阳区安慧北里安园甲 9 号	市场部电话	010-64989009	
邮　　编	100101	编辑部电话	010-64989363	
传　　真	010-64891796	网　　址	http://www.esph.com.cn	
经　　销	各地新华书店			
制　　作	北京金奥都图文制作中心			
印　　刷	保定市中画美凯印刷有限公司			
开　　本	169 毫米×239 毫米　16 开	版　　次	2015 年 12 月第 1 版	
印　　张	16.25	印　　次	2015 年 12 月第 1 次印刷	
字　　数	213 千	定　　价	49.00 元	

如有印装质量问题，请到所购图书销售部门联系调换。